LES

EXPÉDITIONS

DE

CHINE ET DE COCHINCHINE

DU MÊME AUTEUR :

L'Expédition de Crimée. 4 vol. in-8 avec 7 Portraits....... 30 fr.
    1° *L'Armée*, chroniques militaires de la guerre d'Orient.
    2 volumes.
    2° *La Marine*, chroniques maritimes de la guerre d'Orient.
    2 volumes.

La Campagne d'Italie de 1859. 2 vol. in-8 avec Cartes et Plans... 12 fr. »

Cinq mois au Camp devant Sébastopol. in-12............ 3 fr. 50

Paris. — Imprimerie de Ch. Lahure et Cie, rue de Fleurus, 9.

LES
EXPÉDITIONS
DE
CHINE
ET DE
COCHINCHINE

D'après les Documents officiels

PAR LE BARON
DE BAZANCOURT

PREMIÈRE PARTIE
1857-1858

PARIS
AMYOT, ÉDITEUR, 8, RUE DE LA PAIX

M DCCC LXI

Reproduction interdite — Droits de traduction réservés

Le travail que nous publions sur les campagnes de Chine et de Cochinchine ne pouvait point être écrit dans les mêmes conditions que le furent nos précédents récits sur les glorieux faits d'armes de Crimée et d'Italie. Alors cette fièvre d'émotions guerrières qui s'était emparée des masses demandait à être satisfaite sans retard. — Le télégraphe jetait, comme des étincelles de feu, des noms de combats livrés quelques heures à peine auparavant, et les bulletins de victoire se lisaient en France, quand le bruit du canon était à peine éteint sur les champs de bataille.

Celui qui, honoré par le gouvernement de son

pays de missions spéciales, avait à retracer ces pages héroïques, devait marcher de pair avec des événements qu'une gloire nouvelle vieillissait souvent en un jour.

Mais pour une expédition qui allait combattre à cinq mille lieues de la France, il ne pouvait en être ainsi. — Certes, cette expédition n'intéressait pas moins le pays, mais les échos de la Chine mettaient des mois entiers à traverser les mers.

Ce nouveau récit militaire, pour être entièrement vrai et complet, devait donc être écrit plus lentement. Nous croyons avoir atteint le but qui a toujours été la règle invariable de nos travaux, — exactitude incontestable et complète. — Quelque éloigné qu'ait été le corps expéditionnaire, qui a porté si haut notre drapeau aux limites de l'extrême Orient, nous l'avons suivi pas à pas, jour par jour, dans ces contrées lointaines. — Étude curieuse et intéressante sur cet immense empire, qui se refusait à comprendre la marche impérieuse de l'Europe civilisatrice.

Aujourd'hui nous publions, d'après les documents officiels, la première campagne de Chine commandée par le vice-amiral Rigault de Genouilly.

C'est le prologue, le point de départ, de celle conduite une année plus tard, par le général de Montauban, dans les murs mêmes de Pékin.

Cette seconde partie de notre travail paraîtra très-prochainement.

LIVRE PREMIER

LIVRE PREMIER.

―

CHAPITRE PREMIER.

I. — La Chine est encore pour nous autres Européens enveloppée de mystère. Sa politique, son commerce, ses mœurs n'ont point fait un pas depuis des siècles et la civilisation n'a pu atteindre ses rives lointaines. Tout contact avec des étrangers fait horreur au peuple chinois. A ses yeux, nous sommes les barbares; et nous voir pénétrer dans l'enceinte de ses villes entourées de formidables murailles, lui semble une insulte et une profanation.

Là aussi, la religion chrétienne a eu et a encore ses martyrs; là aussi, les audacieux et infatigables missionnaires se sont vus poursuivis, traqués de refuge en refuge, et condamnés à d'affreuses tortures.

II. — L'empire chinois est à lui seul presque aussi grand que l'Europe. Son commerce s'exerce dans l'intérieur de l'empire, qui compte, d'après la statistique officielle, près de quatre cents millions d'habitants.

Le système gouvernemental qui régit ce peuple étrange touche par ses racines aux temps les plus reculés et serait curieux à étudier : mais il n'appartient pas au cadre de ce travail d'entrer dans de longs détails à ce sujet, quelque intéressants qu'ils puissent être ; contentons-nous donc d'en esquisser les principaux traits.

Bien des appréciations diverses ont été portées sur le Céleste-Empire. Les uns en paraissent enthousiastes, et le donneraient volontiers pour modèle au monde européen ; ils montrent comme une grande et belle idée, cette sorte de patriarcat, qui régit la famille et l'État ; — le père absolu dans son intérieur, comme le gouverneur dans sa province, l'Empereur dans son empire, absolutisme tempéré par la responsabilité de chacun et de tous, et qui monte à différents degrés, du plus pauvre au plus riche, du plus obscur au plus puissant. — Les autres, au contraire, prennent en pitié ce peuple qui s'agite depuis tant de siècles, sans faire un seul pas en avant, chez lequel le travail de la pensée humaine n'est qu'un recueillement stérile dans les cendres du passé, et dont les révolutions et les guerres civiles ont répandu beaucoup de sang, sans faire germer une idée.

III. — Il ne faut être trop absolu ni dans un sens ni dans un autre ; mais ce qui est évident à tous les yeux, c'est la résistance systématique qu'apporte le gouvernement de la Chine, toutes les fois qu'il s'agit de nouer des relations commerciales avec les autres nations, relations amicales selon la lettre des traités, mais en réalité, d'une inimitié permanente. Il les a repoussées sans cesse, comme il repousse tout ce qui peut s'appeler : progrès ou mouvement.

La Chine d'aujourd'hui est la Chine d'autrefois ; les générations se sont succédé, sans rien amener d'imprévu; les vivants continuent les morts, voilà tout, et nul ne s'est instruit à la rude école des événements que les siècles, en passant, ont jetés sur la surface du globe. Ce peuple étrange s'enveloppe dans l'étude et la vénération du passé, sans donner un jour, une heure, une pensée à l'étude du présent. Il a bâti de puissantes murailles pour se protéger à la fois contre l'envahissement des hommes et contre l'envahissement des idées nouvelles; il craint que les *barbares* des autres nations, en entrant au cœur de l'Empire, n'y apportent cette fièvre fatale de progrès qui les dévore. Et si quelque chose le frappe, lorsque le bruit du dehors vient jusqu'à lui, ce n'est pas notre supériorité sociale, qu'il est loin de comprendre et d'apprécier, mais le bouleversement que produirait chez lui notre esprit remuant et progressif.

IV. — Le peuple chinois exerce, nous l'avons dit, son commerce dans les réseaux de son vaste Empire. Ce commerce ne s'est point agrandi, multiplié, développé, malgré la richesse du sol et sa généreuse fécondité; l'intelligence de la nation tourne, pour ainsi dire, incessamment dans le même cercle, sans chercher à en sortir. Le centre, au milieu duquel elle se meut, lui semble les limites du monde. — Aussi chaque Chinois ne voit-il, dans les commerçants européens, que des aventuriers qui, par amour de l'or, ont quitté leur patrie et le lieu vénéré où reposent les ossements de leurs ancêtres. De là, ce profond mépris dont il les entoure; de là, ces mesures exceptionnelles, injustes, injurieuses; de là, ces entraves de toutes sortes et ces résistances sans nombre, par lesquelles le gouvernement chinois tend à paralyser tout commerce venant de l'extérieur.

Enfin, entre le monde ancien avec lequel vit, pense et respire ce peuple, et le monde nouveau, il y a un abîme que les nations européennes doivent chercher à combler, au lieu de le laisser chaque année, chaque siècle se creuser davantage. — Les deux ennemis redoutables qui frappent sans cesse aux portes du Céleste-Empire sont, d'un côté, la pression matérielle des intérêts commerciaux représentée par l'Angleterre; de l'autre, la propagande religieuse poursuivie sous la tutelle de la France.

V. — Peut-on raisonnablement dire : « Puisque les Chinois ne demandent rien à votre civilisation et ne veulent rien d'elle ni de vous, pourquoi ne pas les laisser vivre et mourir en repos dans leur isolement? » Mais cette immutabilité, leur loi suprême, cet isolement des autres peuples, qui sont les bases caractéristiques de l'organisation de l'Empire chinois, sont évidemment, en principe général, contraires aux règles qui régissent les choses de ce monde. Un moment devait nécessairement arriver, où cette organisation arriérée serait profondément ébranlée, portant en elle-même, par la décadence et la décomposition morale et matérielle de son propre gouvernement, les véritables causes de cet ébranlement. La civilisation n'est pas et ne peut pas rester stationnaire; elle rayonne et s'étend partout, malgré les vains obstacles qu'on lui oppose; et le point de contact par lequel cette civilisation s'infiltre au sein même des nations déshéritées de leur part dans le progrès universel, c'est le commerce. — Là, est le lien réel des peuples entre eux.

Maintenant parlez-vous du christianisme qui est venu sur cette terre de l'idolâtrie porter la parole de Dieu ? — La religion du Christ n'a-t-elle pas eu toujours la sainte mission de combattre la barbarie et de marquer avec son sang la route que suivent les missionnaires de la foi ? — Les deux flambeaux du monde civilisé et du monde chrétien n'ont-ils pas des clartés puissantes qui marchent devant eux, et atteignent, un jour ou l'autre, les rives les plus lointaines et les peuples les plus sauvages ?

On le voit, la question morale et la question politique se rattachent étroitement l'une à l'autre. — S'il nous était permis de retracer ici quelques pages de l'histoire du peuple chinois, on verrait qu'il a eu aussi, de tout temps, ses convulsions sanglantes, ses révolutions, ses guerres civiles, qui ont fini par livrer l'Empire aux Tartares.

VI. — Quant à l'administration intérieure, elle a depuis longtemps atteint le dernier degré de la corruption et de la vénalité ; les mandarins de tous les degrés pressurent à l'envi le peuple qui, plus industrieux qu'intelligent, voit souvent la misère et la famine l'envahir inévitablement, malgré les immenses ressources que renferme le vaste territoire de la Chine.

« Le désordre des finances est surtout une des plaies qui dévorent ce pays (écrit le contre-amiral Jurien de la Gravière, auquel un long séjour dans ces lointaines contrées, et des études sérieuses sur l'administration intérieure de la Chine, donnent une grande autorité de parole); vingt millions sont affectés, chaque année, par la munificence impériale à l'entretien des fleuves ; les provinces s'imposent d'immenses sacrifices pour le même objet. Cependant les canaux se comblent, les fleuves rompent leurs digues, et l'on craint, qu'avant trente ans, l'eau ne vienne à manquer dans le grand canal. Le déficit est partout, dans le produit des douanes, dans celui des monopoles; la ferme seule du sel doit à l'État plus de quinze millions. — Les hôpitaux, les greniers publics, dotés par le gouvernement, voient leurs revenus dévorés par l'avidité des mandarins et des satellites. Ce ne sont point les institutions qui manquent à la Chine, mais ces institutions sont aujourd'hui comme un arbre épuisé qui ne peut plus porter de fruits. La Pérouse l'avait déjà remarqué en 1787. « Ce peuple, disait-il, dont les lois sont si vantées en Europe, est peut-être le peuple le plus malheureux, le plus vexé et le plus arbitrairement gouverné qu'il y ait sur la terre ; la véritable, la seule armée de la Chine est celle représentée par les Tartares, qui se servent encore de fusils à mèche et d'arcs. Ces guerriers mantchoux sont des hommes robustes et braves, mais dans la plus complète ignorance de la stratégie militaire. En dehors des Tartares, les troupes chinoises n'ont qu'une valeur fictive impuissante, même contre ces bandes de pillards et de voleurs grossies par la misère, qui bouleversent, ravagent souvent l'intérieur de l'empire et mettent parfois ses destinées en péril. »

VII. — Avant de terminer ces considérations générales qui nous ont semblé assez importantes à développer, et de commencer le récit des événements récents qui se sont passés en Chine, il nous reste quelques mots à dire au sujet des *lettrés*, qui ont une si grande part dans le gouvernement du Céleste-Empire. Un savant, M. Abel Rémusat, a beaucoup écrit sur l'organisation politique et administrative des Chinois et en particulier sur les lettrés. « Ils forment, dit-il, une association perpétuelle qui se recrute indistinctement dans tous les rangs de la nation, et c'est entre les mains de cette association que résident principalement la force publique et le gouvernement ; l'administration de l'État dépend tout entière de cette oligarchie littéraire. »

Tel était le principe sur lequel était basée cette grande association qui ne compose point en Chine une classe à part comme les Ulémas en Turquie, ou les Brahmes dans l'Indoustan. Les lettrés ne sont point les interprètes de la loi religieuse ; on pourrait tout au plus les considérer comme les gardiens de la loi civile.

Nous avons indiqué le point de départ, ce qui devait être, ce qui était il y a deux mille ans ; mais peu à peu, l'intrigue, la corruption, la vénalité se sont glissées dans cette institution, comme partout, et ont miné d'année en année cette base si solide. La dynastie des Mantchoux lui a porté le dernier coup. Il n'en reste plus que le fantôme insaisissable, mais la réalité est tombée en décadence, comme toute l'organisation de l'Empire chinois qui s'est affaissée sur elle-même, n'offrant plus aujourd'hui que le triste tableau d'une décomposition qui, chaque jour, mine davantage les forces vitales du pays.

VIII. — Pour avoir une idée des études infinies auxquelles devaient se livrer les lettrés, il faut se rappeler que la langue des Chinois diffère entièrement de celle des autres peuples. L'écriture est fondée sur un principe tout particulier. Dans les caractères, on a cherché à peindre les idées et non à exprimer des sons. Les objets matériels ont été représentés par des traits qui rappellent leur forme. Les notions abstraites, les sentiments, les passions, les opérations de l'esprit ont été figurés par des symboles ou des combinaisons de symboles. (1)

Tout lettré qui aspirait aux grades, c'est-à-dire aux emplois, devait passer des examens très-sérieux ; il fallait, nous dit M. Abel Rémusat, qu'il prît pour texte de ses

(1) Voir M. Abel Rémusat, *Mélanges posthumes d'histoire et de littérature orientales*. 1843.

travaux des ouvrages dont l'ensemble est six fois plus volumineux que notre Code civil, qu'il pût les lire couramment, en connaître tous les caractères, et qu'il fût en état d'expliquer chaque mot, d'en assigner la valeur, de remonter à son origine, qu'il fût enfin capable de récrire en entier le texte de ces mêmes ouvrages.

Certes, pour peu que l'on cherche à se rendre compte des difficultés si grandes de la langue chinoise, de tous ses caractères, des combinaisons sans nombre qu'elle comporte, on comprend à quelles profondes études il fallait que les lettrés se livrassent; c'était ainsi mettre l'administration du pays dans les mains d'hommes non-seulement d'une science incontestable, mais habitués aux travaux sans fin, et aux veilles infatigables. — Aujourd'hui ces examens sont loin d'avoir la vérité et la sincérité qui en étaient la loi fondamentale.

IX. — La formation d'établissements européens dans les ports de la Chine est une question depuis longtemps en litige.

Je lis dans quelques pages écrites sur ce sujet par M. Guizot, des considérations qui ont une grande valeur, partant d'un esprit aussi élevé, et résumant la pensée d'un homme qui a longtemps dirigé les affaires de son pays.

A l'occasion de la mission de M. de Lagrené, en 1843, mission dont le but était de rechercher un point d'appui pour une station navale destinée à protéger nos intérêts commerciaux, politiques et religieux dans les mers de Chine et de l'Inde, M. Guizot rappelle les paroles qu'il prononçait à la tribune comme ministre des Affaires étrangères; ces paroles entrent d'une manière nette et précise dans le cœur même de la question.

X. — « Une des causes, disait-il, qui font l'activité et la confiance du commerce anglais, c'est qu'il trouve l'Angleterre partout, c'est qu'il sait que la puissance nationale est partout prête à le protéger et à le soutenir. Une des causes qui font la faiblesse comparative, le défaut de confiance et d'entreprise du commerce français, c'est qu'il se trouve partout à mille, deux mille, trois mille lieues de la France ; c'est que, presque nulle part, il ne sent la France à côté de lui. C'est en lui donnant ce sentiment, c'est en rendant la France présente partout où un grand intérêt commercial se développe, qu'on peut inspirer au commerce français la confiance et l'esprit d'entreprise dont il a besoin; et le meilleur moyen de lui inspirer cette confiance, c'est de lui montrer, dans tous les grands parages commerciaux, un établissement français, le drapeau français, des vaisseaux français chargés de parcourir incessamment ces mers et d'y protéger notre commerce. Nos vaisseaux eux-mêmes, pour agir avec le degré de constance, d'assiduité et d'efficacité qu'exige leur mission, ont besoin d'avoir à leur portée une station sûre, d'où ils puissent sortir, et où ils puissent rentrer, selon les incidents et les circonstances du moment. Qu'ont fait, pour leurs marins, toutes les grandes nations maritimes ? Elles ne se sont pas contentées d'envoyer leurs vaisseaux se promener sur toute la face du globe pour protéger leur commerce ; elles se sont inquiétées de leur assurer partout des points d'appui, de ravitaillement, de refuge, de leur faire, non pas seulement sentir par la mémoire, mais toucher partout le gouvernement du pays, le drapeau du pays, la force du pays. Regardez l'histoire de l'Angleterre, de la Hollande, de l'Espagne, l'histoire même de ces petites républiques qui faisaient le commerce de la Méditerranée ; elles ont voulu que leurs vaisseaux, leurs galères retrouvassent, dans leurs courses, le gouvernement, l'appui, la force de leur patrie ; et c'est ainsi qu'elles ont réussi, non-seulement à faire prospérer leur commerce, mais à donner à leurs marins cette confiance, ce dévouement qui, sur mer comme sur terre, font la vigueur morale des armées. »

Ces appréciations d'un homme d'État aussi éminent répondent à ceux qui nient l'intérêt réel que la France avait et a encore à arborer son pavillon dans les mers de la Chine et à participer aux avantages que l'Angleterre pourrait retirer des nouveaux traités qu'elle voulait conclure avec le Céleste-Empire.

XI. — La mission de M. de Lagrené amena le traité de Wampoa (24 septembre 1844); celle du baron Gros en 1858 le traité de Tien-tsin.

L'expédition de 1860, commandée par le général de Montauban, et qui rappela le baron Gros dans les mers de Chine, eut pour résultat le traité de Pé-king (25 octobre 1860).

Cette expédition, faite de concert avec l'Angleterre, portera, on doit l'espérer, des fruits réels, et établira enfin avec l'Empire chinois des relations qui étaient devenues inacceptables.

Depuis plusieurs années l'Angleterre était en lutte permanente avec la Chine ; et avant les hostilités réelles qu'amena la question de l'opium en 1840, déjà, avec cette infatigable persévérance qui ne se lasse jamais dans ses efforts et dans sa volonté, la Grande-Bretagne avait envoyé plusieurs missions, dont les résultats négatifs devaient, un jour ou l'autre, devenir la cause et la source des graves événements, dont nous voulons retracer le récit.

XII. — C'est vers 1685 environ que commencèrent réellement, après bien des tentatives infructueuses, les premiers établissements des Anglais à Canton, établissements éphémères toutefois, et ne reposant sur aucune base solide. — A tout instant, des mesures exceptionnelles, injurieuses leur étaient imposées par les fonctionnaires de l'autorité chinoise.

Le but de la politique chinoise en agissant ainsi, était d'éloigner les Européens de ses côtes, et de mettre une barrière presque infranchissable entre le commerce intérieur du Céleste-Empire, et celui des autres parties du globe.

La ténacité du caractère britannique put seule empêcher que toute trace de commerce extérieur disparût entièrement, étouffée sous cette hostilité permanente. L'Angleterre, dans le but de mettre un terme à cette situation intenable, et de protéger les intérêts de ses nationaux contre les agressions qui venaient sans cesse les frapper à l'improviste, résolut d'envoyer une ambassade en Chine.

Lord Macartney partit en 1790. — L'ambassade échoua.

En 1816, lord Amherst partit de nouveau comme ambassadeur, pour chercher à nouer des relations directes avec le Céleste-Empire. Cette seconde ambassade échoua aussi, mais cette fois devant une question de cérémonial, à laquelle lord Amherst ne jugea pas à propos de se soumettre (1).

(1) Cette cérémonie, appelée le *Kou-teou* parmi les Chinois, consiste en neuf prosternements pendant lesquels on touche le sol de son front. — Lord Amherst refusant de se soumettre à cet usage, proposa une espèce de compromis en offrant *de mettre trois fois un genou en terre devant l'empereur et de s'incliner neuf fois*. La question fut longuement controversée et discutée. Par suite d'un nouvel incident qui se produisit, l'ambassadeur anglais dut s'éloigner sans délai de Thoung-tchéou.

L'édit adressé à ce sujet par l'Empereur de la Chine au vice-roi de Canton, à la date du 6 septembre 1816, est une des pièces les plus curieuses qui se puisse voir et montre bien tout l'orgueil de l'Empereur et le profond dédain que lui inspiraient les nations européennes. « Les ambassadeurs anglais à leur arrivée à Tien-tsin n'ont pas observé les lois de la politesse; à *Thoung-tchéou* (à quatre lieues de *Pé-king*) ils témoignèrent qu'ils étaient prêts à se prosterner et à s'agenouiller, conformément aux règles de la bienséance dans ce pays. Comme nous étions sur le point de nous rendre dans la salle d'audience pour y recevoir l'ambassade, le premier et le second ambassadeur, sous prétexte d'une indisposition, refusèrent de paraître. En conséquence, nous rendîmes un décret pour les faire retourner sans délai: mais nous avons réfléchi que, si l'ambassadeur était blâmable pour n'avoir pas observé les lois de la politesse, c'était une chose peu convenable et contraire à la maxime qui ordonne de montrer de la bonté à nos infé-

XIII. — Une question purement commerciale, mais qui prit subitement un caractère international, fit éclater la guerre entre l'Angleterre et la Chine. Le com-

rieurs, que de témoigner du mépris à un souverain qui, d'une distance immense, et à travers plusieurs mers, *avait envoyé nous offrir un tribut*. En conséquence, parmi les présents dudit roi, nous avons choisi quelques bagatelles des plus insignifiantes : *quatre cartes géographiques, deux portraits* (celui du roi et de la reine d'Angleterre), et *quatre-vingt-quinze gravures*; et, pour lui faire plaisir, nous les avons acceptées. En retour, nous avons fait présent audit roi d'un *sceptre en pierre de yu* (ou *jade*), *d'un collier d'agate, de deux paires de grandes bourses*, et de *quatre paires de petites*. Nous avons ordonné aux ambassadeurs de recevoir ces présents et de s'en retourner dans leur pays. De cette manière, nous avons mis à contribution la maxime de Confucius : « *Donnez beaucoup ; recevez peu.*

« Lorsque les ambassadeurs reçurent lesdits présents, ils en furent extrêmement satisfaits et montrèrent leur repentir. Ils ont déjà quitté *Thoung-tcheou ;* à leur arrivée à Canton, vous, gouverneur et vice-gouverneur, vous les inviterez à dîner conformément aux usages de la politesse, et vous leur tiendrez le discours suivant :

« Votre bonne fortune n'a pas été grande : vous êtes allés jusqu'aux portes du palais impérial, et vous avez été incapables d'élever vos regards jusqu'à la face du ciel (l'empereur). Le grand Empereur a réfléchi que votre roi avait désiré une chose heureuse pour lui et avait agi avec sincérité. C'est pourquoi nous avons accepté quelques présents, et avons fait don à votre roi de divers objets précieux. Vous devez rendre grâce à l'empereur de ses bienfaits et vous en retourner promptement dans votre royaume, afin que votre roi puisse éprouver, en vous recevant, une reconnaissance respectueuse pour ces actes de bonne amitié. Ayez soin d'embarquer le reste des présents avec attention, afin qu'ils ne soient pas perdus ou endommagés. »

« Après cette lecture, si l'ambassadeur vous suppliait de recevoir le reste des présents (qu'on avait refusés à *Pé-king*), répondez : « En un mot, un décret a été rendu ; nous n'osons, par conséquent, présenter à ce sujet des pétitions inopportunes, et vous devez prendre le parti extrême de vous en débarrasser vous-mêmes.

« Respectez ceci [*]. »

[*] *Journal of the proceedings of the late Embassy to China; by H. Ellis, third commissioner of the embassy.* London, 1817, p. 505, 506.

merce de l'opium avait pris avec l'Empire de la Chine une extension incalculable. En outre des ravages que ce trafic prohibé dans toute l'étendue de l'Empire exerçait sur les classes populaires, près de cinquante millions de numéraire refluaient chaque année vers l'Europe et menaçaient d'un appauvrissement prochain la réserve métallique de l'Empire.

La cour de Pé-king résolut de mettre un terme à ce trafic illicite, et, le 7 juin 1839, le commissaire impérial Lin, homme énergique et résolu, après avoir fait cerner les factoreries, obtint par la force la remise de vingt mille caisses d'opium, qui réduites en pâte, furent jetées à la mer.

Le commerce anglais était à jamais perdu dans les mers de Chine, si un acte semblable conservait l'impunité.

Après trois campagnes successives qui amenèrent pour les Chinois de grands désastres (1) le traité de Nanking fut signé le 29 août 1842, à bord du vaisseau *Cornwallis* (2).

Un traité supplémentaire fut signé le 8 octobre 1843; et c'est alors que les cinq ports déjà ouverts au commerce britannique par le traité de Nan-king, le furent également à tout le commerce européen.

Le gouvernement des États-Unis entama, à son tour, des négociations, et M. de Lagrené concluait aussi, vers la

---

(1) Voir les détails intéressants de ces trois campagnes dans le *Voyage en Chine*, par le contre-amiral Jurien de la Gravière.

(2) Voir les *Archives diplomatiques*, recueil de diplomatie et d'histoire. Paris, Amyot, année 1861, tome I, p. 285.

même époque, pour le compte de la France, un traité d'amitié, de commerce et de navigation (1).

XIV. — Outre la question de commerce, l'ambassade de France avait traité la question religieuse, soumise à des persécutions perpétuelles.

L'article 22 de ce traité donnait le droit d'établir des églises, des hôpitaux, des hospices, des écoles et des cimetières sur le territoire défini des cinq ports. De plus, un édit de l'Empereur Tao-Kouang autorisait les chrétiens indigènes à pratiquer essentiellement leur religion ; précédemment il avait décidé que les missionnaires, surpris dans l'intérieur de l'Empire pourraient être arrêtés, mais qu'ils seraient remis sains et saufs aux mains de leurs consuls respectifs.

Cet article ne protégeait toutefois que bien incomplétement la question religieuse soumise à tant de persécutions ; les faits ne tardèrent pas à le prouver, et amenèrent la promulgation d'édits dont nous aurons occasion de parler plus tard.

Tel était l'état des choses, après la signature des différents traités.

Mais d'années en années, leur exécution devenait plus irrégulière. Non-seulement les intérêts commer-

---

(1) *Recueil des archives diplomatiques*. année 1861. Tome I, pages 296, 307, 319. Traité de Whanghià entre les Etats-Unis et la Chine. 3 juillet 1844. —. Traité d'amitié, de commerce et de navigation entre la France et la Chine. signé à Wampoä. 24 septembre 1844. — Arrangement convenu entre la Belgique et la Chine à Tao-Kouang. 25 juillet 1845.

ciaux de la plus haute gravité étaient en jeu, mais souvent la sécurité des personnes se trouvait aussi sous le coup de menaces permanentes.

Les traités signés, les édits promulgués étaient devenus des lettres mortes, des engagements sans valeur, dont les Chinois violaient ou cherchaient à violer les clauses avec une astucieuse et déloyale diplomatie.

Devait-on faire remonter jusqu'à l'Empereur les actes perfides qui se renouvelaient sans cesse, ou en laisser la responsabilité aux hauts mandataires de l'autorité chinoise? nul ne pouvait le savoir, car le palais impérial restait impénétrable à toutes les réclamations, quelque fondées qu'elles pussent être.

XV. — C'est alors qu'un incident, futile en apparence, renouvela les hostilités entre la Chine et l'Angleterre, dont les intérêts commerciaux étaient beaucoup plus considérables, et par conséquent, beaucoup plus lésés que ceux des autres nations.

Le premier coup de canon tiré contre les forts chinois amena progressivement cette complication d'événements, dont les années 1858, 1859 et 1860 furent le théâtre et qui virent une seconde fois unis, comme naguère sur les champs de bataille de Crimée, les drapeaux de la France et de l'Angleterre.

Il est évident que les faits matériels sur lesquels s'appuyaient la double mission du baron Gros et de lord Elgin en 1857, aussi bien que les hostilités commencées par les Anglais, l'année précédente, n'étaient que le prétexte, le point de départ; mais le but réel que voulaient atteindre les deux nations réunies, c'était de mettre fin à un état de choses impossible, où l'honneur des pavillons nationaux et la sécurité personnelle des individus étaient à chaque instant en péril ; c'était d'imposer non-seulement l'observation des traités conclus, mais encore leur extension, pour établir désormais d'une manière nette, précise, la limite et le droit de nos relations politiques, commerciales et maritimes avec le Céleste-Empire.

Évidemment cette pensée a dès le début guidé sir J. Bowring et dirigé le feu des canons de l'amiral M. Seymour sur la rivière de Canton.

XVI.— Mais l'observation stricte des traités conclus, et l'extension acceptée des traités nouveaux seront-elles plus sérieusement garanties dans un pays que nous ne pouvons vouloir occuper militairement, et qui est si complétement en dehors de nos idées, de nos tendances, de nos mœurs politiques et sociales ? — Réussirons-nous à porter la lumière du présent et la croyance dans l'avenir, au sein d'un peuple aussi éloigné de nous par la distance géographique que par son état social ?

Là est toute la question.

Si on l'envisage sous le point de vue général, sans porter d'abord aucun jugement sur les événements qui se sont produits et sur les moyens employés, on ne saurait méconnaître, combien pour la vitalité même du commerce extérieur d'un pays, il est d'une nécessité incontestable de donner entière sécurité, pour leurs personnes et pour leurs intérêts, aux nationaux que des milliers de lieux séparent de la mère-patrie.

Le souverain qui gouverne actuellement la Chine, a succédé à l'empereur *Tao-kouang* en 1850. Son nom est J. Tchori. Il a pris, comme Empereur régnant, celui de *Irlien Foung* (qui signifie en chinois : complète abondance).

Quoiqu'il ne fût que le quatrième fils de l'Empereur Tao-kouang, son père l'avait choisi pour héritier du trône.

Mais le nouvel Empereur ne fut pas plutôt monté sur le trône, qu'il s'écarta complétement de la politique suivie par son père et éloigna de son conseil les hommes d'État auxquels le vieil empereur avait accordé toute sa confiance.

XVII. — Quelques mois s'étaient à peine écoulés depuis son avénement, que déjà ses tendances pour les relations extérieures s'annonçaient sous les couleurs les plus sombres, en même temps qu'une formidable insurrection éclatait au sein de l'Empire, et gagna bientôt les plus belles provinces de la Chine, laissant derrière elle des ruines et des flots de sang.

Cette insurrection formidable, soulevée dans le but de renverser la dynastie des Mantchoux, est aujourd'hui maîtresse de Nan-king, et s'agite encore menaçante et terrible au sein même de l'Empire.

Les hommes appelés au pouvoir par le jeune souverain

étaient ceux qui s'étaient montrés, de tout temps, les plus hostiles aux relations conciliantes, que l'Empereur Tao-kouang avait nouées avec les nations occidentales.

Les mesures injustes, les entraves de toute sorte, les agressions personnelles se succédèrent, tant à Canton que sur tous les autres points où les Européens avaient accès.

Les Anglais surtout réclamèrent énergiquement; car ils se trouvaient plus particulièrement frappés, par suite de l'extension qu'avait prise leur commerce.

Les Français, peu nombreux en Chine, représentaient des intérêts commerciaux d'une minime valeur; mais la question religieuse avait pris un caractère alarmant, qui menaçait de s'aggraver encore.

XVIII. — Pour apprécier l'importance du fait qui se passa au mois de juin 1856, quelques éclaircissements sur l'état des choses antérieurement à cette date sont nécessaires.

Si le traité avec la France, dont nous avons parlé plus haut, s'occupait des églises, des hôpitaux, des écoles et des cimetières, il ne stipulait, dans aucun de ses articles, la faculté que pourraient avoir les Chinois de pratiquer librement la religion chrétienne, proscrite au sein de l'Empire.

Le commissaire impérial Ki-ying avait, au mois d'octobre 1844, présenté à l'Empereur Tao-kouang un placet, demandant que les Chinois qui voudraient librement embrasser la religion chrétienne ne fussent plus traités en coupables. Ce placet fut approuvé ; mais, n'ayant donné lieu à aucun acte officiellement publié, il était insuffisant, et l'on ne tarda pas à s'en apercevoir. Des démarches nouvelles amenèrent un *cheng-iu* (ou édit sacré) revêtant toutes les formes officielles qui pouvaient lui donner force de loi ; cet édit fut publié dans l'Empire et porte la date du 18 mars 1846.

Jusqu'à la mort de l'Empereur Tao-kouang, aucun fait contraire aux concessions accordées par cet édit ne vint rappeler les anciennes persécutions, dont la religion chrétienne avait été l'objet. — Il n'en fut pas de même, lorsque le nouvel Empereur monta sur le trône. Les principales dispositions de cet édit protecteur furent plusieurs fois violées par les mandarins, sans que l'autorité supérieure parût se préoccuper en rien des justes réclamations qui lui furent, à ce sujet, plusieurs fois adressées.

Il était impossible au représentant de la France d'intervenir directement ; car cet édit n'était, par le fait, qu'un acte d'administration intérieure, dont la diplomatie ne pouvait exiger l'exécution.

Le gouvernement chinois ne manqua pas de profiter de cette position, et, chaque jour, des persécutions nouvelles donnaient lieu aux plaintes les plus amères.

On le voit, si d'un côté, pour l'Angleterre, la question commerciale était en grand péril ; — de l'autre, c'était pour la France la question du christianisme qui se trouvait chaque jour plus sérieusement atteinte.

XIX. — Ainsi, au mois de juin 1856, un missionnaire français, nommé Auguste Chapdelaine, fut arrêté dans le district de *Sin-Li-Hién*, condamné par le sous-préfet à d'horribles tortures, puis décapité comme émissaire des rebelles.

M. Libois, des Missions étrangères, adressa à sir J. Bowring, le 12 juillet 1856, une lettre qui contient le détail de cette horrible exécution. En la lisant, on se demande si les temps de la plus sauvage barbarie ont jamais inventé rien de plus affreux.

M. Libois à sir J. Bowring.

Hong-kong, 12 juillet 1856.

Mon cher monsieur Bowring,

Je viens d'apprendre que M. Chapdelaine, missionnaire français, de notre société, a été mis à mort le 29 février dernier, par le mandarin de Sin-Li-Hién, lieu situé à l'ouest de Quang-Si, près des frontières de Yunnan. Arrêté le 24 février, il fut immédiatement conduit au tribunal. Le mandarin commença par lui faire donner cent soufflets avec une semelle de cuir; il lui ordonna ensuite de se coucher sur le ventre, et lui fit appliquer trois cents coups de rotin. Comme, pendant ce double supplice, M. Chapdelaine n'avait proféré aucune plainte, ni fait entendre aucun soupir, le mandarin, attribuant sa patience à la magie, fit égorger un chien et ordonna d'asperger de son sang le pauvre patient, pour rompre le prétendu charme. Le mandarin ayant appris le lendemain que M. Chapdelaine pouvait encore marcher, il ordonna de le faire frapper jusqu'à extinction de forces. Quand il fut bien constaté qu'il ne pouvait plus se remuer, on lui mit une espèce de cangue à ressort qui le tenait comme sous un pressoir ; puis on le suspendit dans cet état. Enfin, quand on le vit sur le point d'expirer, on le décapita. Sa tête fut suspendue à un arbre ; mais bientôt les enfants la détachèrent à coups de pierres, et elle fut dévorée par les chiens et par les pourceaux. Pour le corps, les uns disent qu'il a été enterré, d'autres qu'il a été jeté à la voirie ; mais, auparavant, il fut ouvert par les bourreaux pour en arracher le cœur : ils le coupèrent par morceaux, le firent cuire dans la graisse, puis s'en régalèrent. Deux des néophytes ont été décapités avec lui, pour avoir refusé de renoncer à leur religion ; quatorze ou quinze autres étaient encore dans les prisons de cette ville, à cause de leur religion.

Voilà, mon cher monsieur, comment s'observent les traités en Chine, et comment se conduisent les chefs d'une nation que l'on entend quelquefois vanter, comme l'une des plus policées du monde (1).

Je suis, etc.

Signé : N.-F. LIBOIS.

---

(1) Cette lettre dont l'authenticité ne peut être mise en doute a été insérée dans le *Recueil officiel de documents anglais* (blue-book) qui a été mis à la disposition du Parlement, lors de la discussion de l'expédition de la Chine. Voir *Archives diplomatiques*, année 1861, tome II, page 301.

XX. — Cet acte de cruauté inouïe, en outre qu'il soulève le cœur d'indignation, était une violation flagrante du traité signé à Wampoa, le 24 septembre 1844 ; car ce traité disait à l'article 23 :

« Si, contrairement aux présentes dispositions, des Français, quels qu'ils soient, s'aventuraient hors des limites ou pénétraient au loin dans l'intérieur, ils pourront être arrêtés par l'autorité chinoise, laquelle, dans ce cas, sera tenue de les faire conduire au consulat français le plus voisin ; mais il est formellement interdit, à tout individu quelconque, de frapper, de blesser ou de maltraiter en aucune manière les Français ainsi arrêtés, de peur de troubler la bonne harmonie qui doit régner entre les deux Empires. »

Quelle que fût l'inculpation sous laquelle était arrêté le missionnaire Chapdelaine, la sauvage barbarie du gouvernement chinois n'avait aucune excuse. Non-seulement le fonctionnaire, qui s'était rendu coupable de cette sanglante violation aux stipulations catégoriques d'un traité international, ne fut pas mis en jugement ou destitué, mais les réclamations de la France restèrent sans effet.

Cette puissance dut donc, ainsi que l'Angleterre, songer sérieusement à réclamer du cabinet de Pé-king le règlement définitif de difficultés qui, à tout instant, par le mauvais vouloir des Chinois, surgissaient plus nombreuses et plus inacceptables.

Éclairées par l'expérience, les deux nations étaient décidées à agir énergiquement pour obtenir satisfaction, et pour défendre en Chine les intérêts chaque jour plus compromis du commerce, de la civilisation et du christianisme.

CHAPITRE II.

XXI. — Un événement imprévu vint déranger les combinaisons diplomatiques, et mettre subitement l'Angleterre aux prises avec l'Empire chinois.

C'était un incident en apparence futile, mais auquel les Anglais donnèrent un grand cachet de gravité, par suite de l'amertume et de l'irritation qui depuis plusieurs années existaient dans les relations des deux nations, et par suite de la conduite tenue en cette circonstance par le commissaire impérial. — Les esprits étaient trop aigris, pour que l'affaire du bâtiment *Arrow* n'amenât pas une sérieuse collision.

Voici les faits tels qu'ils ressortent des documents nombreux qui ont été produits pour les débats des deux chambres anglaises, sur la question de la Chine.

L'arrestation du *lorcha* (1) *Arrow* est ainsi racontée par

---

(1) *Un lorcha* est un grand bateau ponté. Cette dénomination leur vient des Portugais.

M. Laurence Oliphant, secrétaire particulier de lord Elgin, dans son livre sur la Chine (1).

XXII. — « On se souvient que, le 8 octobre 1856, un corps de soldats chinois, commandé par un officier, aborda le lorcha *Arrow*, bâtiment enregistré d'après une ordonnance rendue à Hong-kong dix-huit mois auparavant, arracha le pavillon et enleva l'équipage chinois, en refusant d'écouter les remontrances du capitaine et du consul, sous prétexte que ce bâtiment n'était pas anglais, mais chinois. Ses papiers étaient alors au consulat, mais le terme de son enregistrement était expiré depuis plus d'un mois. M. Parkes soutenait pourtant que ce bâtiment avait droit à sa protection, d'après l'article 10 de l'Ordonnance, puisqu'il n'avait pas paru dans les eaux de la colonie, depuis le jour où expirait son enregistrement. M. Parkes écrivit aussitôt au commissaire impérial Yeh pour se plaindre de cet outrage, et pour offrir d'examiner toutes les accusations qu'on pourrait présenter

---

(1) M. Laurence Oliphant fit d'abord partie de l'ambassade de Chine comme secrétaire particulier. Lorsque l'honorable T. W. A. Bruce, secrétaire d'ambassade, retourna en Angleterre, chargé du traité de Tien-tsin, M. Oliphant le remplaça dans le poste qu'il occupait.

Il est à regretter dans un livre d'ailleurs intéressant par les détails qu'il renferme, de voir son auteur se livrer à un système de dénigrement envers la France qui avait uni son drapeau à celui de l'Angleterre. et y mêler des plaisanteries railleuses, sans portée aucune, mais déplacées dans un écrit sérieux ou du moins qui tend à l'être. Du reste, la parfaite intelligence qui n'a cessé de régner un seul instant entre les plénipotentiaires et les commandants en chef, est la meilleure réponse à faire à M. Oliphant.

contre les personnes saisies. Il informa également sir John Bowring et le commodore Elliot, le plus ancien officier de marine sur les lieux, des détails de l'affaire.

« Dans la correspondance qui suivit avec M. Parkes, Yeh refusa d'admettre que le lorcha fût anglais, et soutint qu'une partie de l'équipage se composait de pirates. Il offrait de rendre neuf hommes. M. Parkes, néanmoins, reçut l'ordre de demander à Yeh d'écrire une lettre d'excuses, de renvoyer sur leur vaisseau les Chinois arrêtés, et s'il les remettait aux mains des autorités, que le consul en fût chargé. Yeh persista à répondre que le lorcha n'était pas la propriété des étrangers et n'avait point de pavillon au vent ; il promit que les agents chinois ne s'empareraient pas des lorchas étrangers, et soutint que les étrangers ne devaient pas vendre des titres aux sujets chinois qui construisaient des vaisseaux. Cependant sir John Bowring avait menacé le commissaire d'en appeler aux autorités navales, et on saisit par voies de représailles une jonque qu'on prit d'abord pour une jonque impériale, mais qui se trouva être un bâtiment de commerce, et qu'on relâcha.

« Le 15 octobre, M. Parkes informa Yeh de cette prise, en l'avertissant que les forces navales se trouvaient auprès des forts de Barrière. Le 21 du même mois, M. Parkes, agissant d'après ses instructions, prévint Yeh que, s'il ne remplissait pas les conditions requises dans les vingt-quatre heures, on adopterait des mesures ultérieures.

« Sur cette menace, une heure avant l'expiration du

terme indiqué, Yeh envoya les douze hommes au consulat, sans les faire accompagner d'un agent de marque ou d'une lettre d'excuses. M. Parkes écrivit de nouveau à Yeh. Cette lettre n'ayant amené aucun résultat, il fit circuler dans la colonie étrangère la pièce qui contenait l'ultimatum du 21. Le même jour, Yeh avait écrit en répétant ses anciens arguments et en se plaignant de la saisie de la jonque marchande. Le 22, M. Parkes répondit comme auparavant, et, dans la soirée, il prévint la colonie, par une circulaire, que l'affaire se trouvait, pour le moment, dans les mains du plus ancien officier de marine de Sa Majesté. »

XXIII. — Le grand argument qu'opposait le commissaire impérial du vice-roi Yeh était que la patente (sailing license), obtenue à Hong-kong par le bâtiment *Arrow*, était expirée du 27 septembre ; que ce bâtiment, monté par des Chinois, s'étant livré à la piraterie sur les côtes du To-Kién, et étant même accusé d'avoir massacré le patron et l'équipage d'un lorcha portugais de Macao, avait fait son devoir en arrêtant les pirates. D'ailleurs, ajoutait-il, le lorcha ne portait point le pavillon anglais à son mât, lors de l'arrestation des Chinois.

Cependant le plénipotentiaire de Sa Majesté Britannique en Chine, sir John Bowring, et le contre-amiral Michaël Seymour, commandant en chef les escadres de Sa Majesté dans les stations de l'Inde et de la Chine, décidèrent, à la suite d'une conférence tenue à Hong-kong, à laquelle assistait M. Parkes, que le seul moyen à employer, pour obtenir satisfaction complète, serait de s'emparer des fortifications de la ville de Canton (1).

(1) Le contre-amiral M. Seymour dans sa dépêche du 14 novembre adressée à l'amirauté rend ainsi compte des faits qui précédèrent les hostilités.

« Monsieur, au sixième paragraphe de ma lettre générale, n° 91 du 15 septembre, j'ai fait allusion au fait que les autorités chinoises avaient, quelques jours auparavant, capturé l'équipage chinois d'un lorcha sous pavillon anglais, et que j'avais demandé satisfaction de cette insulte.

« 2° J'ai maintenant l'honneur de faire savoir aux lords commissaires de l'amirauté que, le 8 octobre, le lorcha *Arrow*, muni d'une patente coloniale délivrée par le gouverneur de Hong-kong, fut, pendant qu'il était à l'ancre dans les eaux de Canton, abordé par un officier et quelques soldats chinois. Ceux-ci, malgré les remontrances du capitaine du lorcha, un Anglais, saisirent 12 hommes de l'équipage, les lièrent et les emportèrent après avoir amené le pavillon anglais. Le consul de Sa Majesté eut ensuite une explication qui n'amena aucun résultat avec l'officier qui avait capturé l'équipage.

« 3° Le grand commissaire impérial fut immédiatement informé de cet outrage par M. Parkes, consul de Sa Majesté qui exigea que les douze prisonniers fussent reconduits à bord du lorcha par le même officier qui les avaient faits prisonniers, que des excuses seraient faites, et que les autorités chinoises promettraient de respecter le pavillon anglais à l'avenir.

« En lisant les documents qui accompagnent ces dépêches, Leurs Seigneuries observeront que, bien que les douze hommes aient été rendus, ce ne fut pas publiquement comme ils avaient été faits prisonniers, et que toute apparence d'excuse fut soigneusement évitée par les autorités chinoises.

« 4° Le 11 octobre, cette circonstance désagréable m'ayant été communiquée par sir John Bowring, plénipotentiaire de Sa Majesté en Chine, je fis, en représailles, capturer une jonque chinoise, et envoyai au commodore *l'Encounter* et *le Sampson*, espérant que la présence d'une force aussi imposante, donnerait au grand commissaire la prudence d'accéder à nos demandes; mais Son Excellence parut déterminée à résister.

« 5° Alors M. Parkes se rendit à Hong-kong pour s'entendre avec moi et sir John Bowring sur les meilleures mesures à adopter. »

On devait espérer qu'une pareille démonstration prouverait clairement aux autorités supérieures chinoises les funestes résultats que pourraient amener de plus longs refus.

L'amiral mit donc, sans retard, sous vapeur, avec une flottille composée d'un vaisseau de quatre-vingts et de six frégates et corvettes à vapeur. — *Le Calcutta*, s'avança au delà des ports du Bogue, autant que son tirant d'eau pouvait le lui permettre, et le contre-amiral M. Seymour, mettant son pavillon sur l'aviso à vapeur *le Coromandel*, se dirigea de sa personne sur Canton avec des bateaux de débarquement, et suivi du *Sampson* et du *Barracouta* qui emportaient les équipages et les soldats de marine du *Calcutta* et de deux autres bâtiments.

XXIV. — Dès que l'amiral fut en vue du port de Blenheim, il détacha *le Sampson* et une partie de ses forces qui allèrent occuper le passage de Macao et prendre possession du fort de Bleinheim, afin d'empêcher les Chinois de bloquer le canal. Pendant ce temps l'amiral remontait lui-même avec *le Barracouta* jusqu'aux forts des *Quatre-Barrières*, à cinq milles environ au-dessous de la ville.

« Là, écrit-il, les steamers jetèrent l'ancre, et j'envoyai prendre les forts. Les deux qui se trouvaient les plus rapprochés essayèrent vainement de se défendre et tirèrent sur les steamers et sur les bateaux de débarquement. Nous tuâmes cinq soldats chinois. Les forts étaient armés de cent cinquante canons de tout calibre, depuis le 36 jusqu'au 4. »

On le voit, la flottille anglaise ne rencontrait nulle résistance; car, pendant que l'amiral enclouait les canons des ouvrages dont il venait de s'emparer, détruisait les affûts, incendiait les forts eux-mêmes, et se dirigeait sur Canton, *le Sampson* auquel était venu se rejoindre *le Barracouta* s'emparait aussi du fort de Bleinheim et de celui de Macao, importante position qui s'élevait sur une île au milieu de la rivière, et que protégeait quatre-vingt-six bouches à feu.

Tels étaient les premiers actes de guerre par lesquels le contre-amiral Seymour espérait dompter les refus dédaigneux du commissaire impérial Yeh.

Il lui fit donc connaître son arrivée devant Canton et les mesures agressives qu'il avait cru devoir adopter, ainsi que son intention très-formelle de les continuer contre les fortifications de la ville elle-même, les bâtiments publics et les vaisseaux du gouvernement.

XXV. — La réponse de Yeh ne fut point satisfaisante; et l'amiral, poursuivant le plan arrêté entre lui et sir J. Bowring, se prépara à agir énergiquement.

L'amiral craignait avec raison que les Chinois incendiassent les factoreries; aussi, dès le 24, il donnait des ordres pour protéger cet établissement commercial, et des soldats de marine venaient appuyer les détachements déjà jetés à terre.

Aussitôt que le débarquement fut effectué, l'amiral Seymour vint se replacer devant le fort de Macao.

Le signal de l'attaque fut immédiatement donné, et les marins anglais enlevèrent, sans résistance aucune, le fort du *Nid d'Oiseaux*, armé de trente-cinq canons. Un autre fort plus petit, situé en face de la ville, pouvait, par sa situation dominante, causer de grands dégâts dans les factoreries ; il fut aussi enlevé. — A l'entrée du passage de Macao, les Chinois abandonnèrent les forts du Shamin, dont les canons furent encloués et les caissons détruits.

Ces premières opérations accomplies, le reste des soldats de marine fut envoyé à terre ; des postes avancés et des batteries furent établis sur tous les points qui ne paraissaient pas suffisamment protégés contre un retour offensif des Chinois sur les factoreries. Il était en effet incompréhensible qu'ils aient laissé la marine anglaise s'emparer successivement de tous les forts, sans coup férir.

Le capitaine W. K. Hall prenait de son côté toutes les mesures nécessaires pour garantir les bateaux de la dérive des brûlots, et se garder contre toute attaque par eau.

XXVI. — Le 25, l'amiral fit occuper un îlot fortifié, appelé *la Folie hollandaise*. Le fort armé de cinquante canons était en face de la ville, et permettait de battre vigoureusement en brèche l'enceinte fortifiée de Canton. — Cent quarante hommes de garnison vinrent s'y installer avec le capitaine Rolland du *Calcutta*.

« Toutes les positions fortifiées de la ville se trouvaient alors entre nos mains (écrit l'amiral Seymour dans sa dépêche du 14 novembre à l'amirauté); j'ai pensé que le grand commissaire verrait la nécessité de se soumettre. Je lui fis donc écrire par M. Parkes, déclarant que lorsque Son Excellence consentirait à arranger l'affaire d'une façon convenable, je suspendrais mes opérations; mais la réponse ne me satisfit pas. »

En effet, Yeh persistait dans sa résistance, reprochant à l'amiral les actes auxquels il se livrait, et contre lesquels, au nom de son souverain, il protestait énergiquement. — Vers le milieu de la journée, un corps de troupes chinoises, appuyé par des forces considérables, occupa les rues des factoreries les plus éloignées de la rivière. Le consul Parkes les somma inutilement de se retirer, et la garde des soldats de la marine royale, s'avançant alors sous les ordres du capitaine Penrose, dut les repousser, en leur faisant essuyer une perte de quatorze hommes tués ou blessés.

En présence de l'attitude de Yeh, il fallait donc ou s'arrêter, ce qui, loin d'amener un heureux résultat, eût décuplé l'arrogance du commissaire impérial, et amoindri encore l'influence anglaise déjà si compromise, ou bien suivre la voie d'agression dans laquelle on s'était imprudemment jeté.

XXVII. — Des deux côtés, la position était franchement mauvaise. — Loin d'avoir fait un pas vers la conciliation, on semblait avoir détruit toute possibilité d'un accord; le ton amer et plein d'irritation des correspondances échangées chaque jour ne laissait aucun doute à cet égard. Pour motiver une attaque sérieuse contre Canton, il fallait agrandir la question, l'élever au-dessus de la réclamation primitive, au sujet de *l'Arrow* et changer le terrain de la discussion, en réveillant une question politique très-importante et très-débattue depuis longtemps.

A ce double point de vue, il nous paraît utile de retracer dans tous leurs détails les événements qui vont se passer devant Canton; car, en Angleterre même, ils ont donné lieu à de sérieux et retentissants débats.

XXVIII. — Après s'être entendu avec sir J. Bowring, l'amiral Seymour écrivit, le 27 octobre, au gouverneur impérial une lettre très-significative, au sujet des nouvelles prétentions qu'il croyait pouvoir élever dans les circonstances présentes, et il en parle en ces termes:

« Je suis d'avis, comme sir John Bowring, que l'occasion était bonne pour réclamer l'accomplissement de certaines obligations du traité qu'on éludait depuis longtemps, et je donnai, en conséquence, mes instructions à M. Parkes pour qu'il fît la communication suivante en addition aux prétentions primitives. »

Ces prétentions, nouvellement émises, comprenaient le droit de tous les représentants étrangers d'avoir un libre accès auprès des autorités et dans la ville de Canton.

Le gouverneur Yeh était trop habile pour ne pas se placer immédiatement, à son avantage, sur ce nouveau terrain où le débat venait d'être entraîné, et il adressait aux habitants de Canton une proclamation très-résolue dans laquelle on lisait ce paragraphe :

« Vu que les barbares anglais ont soulevé des troubles sous un faux prétexte, leur véritable objet étant d'obtenir un accès dans la ville, le gouverneur général se rappelant les objections unanimes de toute la population de Canton à cette mesure, en 1849, a nettement refusé de consentir et est résolu à ne pas leur accorder leur requête, à quelque degré qu'ils puissent pousser leurs hauts faits et leurs machinations. »

Cette proclamation se terminait en promettant trente dollars par tête d'Anglais qu'on lui apporterait.

XXIX. — Devant une semblable attitude, il fallait forcément recommencer les hostilités. — L'attaque directe contre Canton était une dure extrémité, mais dans la position où se trouvaient le ministre plénipotentiaire et l'amiral anglais, il n'y avait pas à hésiter.

Le 28, à une heure de l'après-midi, deux pièces de 36 placées sur *la Folie hollandaise* ouvraient leur feu, dirigeant leurs premiers boulets sur le palais du gouverneur et sur les maisons qui font face à l'îlot. — Le feu continua régulièrement jusqu'au coucher du soleil; le but était d'ouvrir une large brèche dans les murs de la ville. Bientôt les bâtiments qui se trouvaient sur la ligne d'attaque furent incendiés.

Le lendemain l'amiral, ayant reçu l'avis que les Chinois avaient pendant la nuit monté des canons sur les murs de la ville, fit recommencer le feu dès le lever du jour. — A onze heures, la brèche était devenue praticable; aussitôt les forces dont on pouvait disposer se ralliaient sous les ordres du commodore X. C. Elliot, pour livrer l'assaut.

XXX. — C'est à deux heures que le signal de l'attaque est donné aux troupes qui viennent de débarquer et qui traînent avec elles deux pièces de campagne. Marins et soldats de marine s'élancent avec une égale impétuosité; le capitaine Bate paraît le premier sur la brèche et y plante le drapeau de l'Angleterre (1). — Quelques instants après, le parapet du mur est couvert de soldats qui s'élancent dans toutes les directions, et s'emparent des pièces d'artillerie et des points fortifiés entre deux des portes principales.

Les équipages du *Calcutta* et du *Barracouta* ont aperçu le drapeau anglais hissé sur la porte de droite ; conduits par le capitaine Hall, ils pénètrent par les rues jusqu'à la grande porte de la ville; des sacs de poudre placés près

(1) *Dépêche du contre-amiral M. Seymour à l'Amirauté.*

« Le débarquement s'effectua à deux heures de l'après-midi. La troupe et deux pièces de campagne furent conduites à l'attaque par les lieutenants Bushnell et Twysden. Les marins étaient commandés par le commodore Keith Stewart et les capitaines Bate et Rolland ; les soldats de marine, par les capitaines P. C. Penrose et R. Boyle. La conduite du capitaine Bate a été intrépide. J'ai observé cet officier un drapeau en main et seul sur la brèche. »

de cette porte la brisent en éclats. — Les troupes chinoises résistent faiblement, se servant seulement des canons qui couronnent les parapets pour lancer quelques volées dans les rues sur les assiégeants. — De l'intérieur des maisons partent aussi des coups de fusil et des flèches. — Trois soldats de marine tués, onze blessés, tel est le chiffre des pertes essuyées par les compagnies de débarquement qui viennent de pénétrer dans l'intérieur de cette portion de Canton appelée *la ville neuve*.

Des premiers est entré l'amiral Seymour, avec le commodore et le consul.

XXXI. — « Au coucher du soleil, écrit-il, nous retournâmes à bord ayant rempli le but que je m'étais proposé, de montrer à Son Excellence Yeh que j'avais le pouvoir de pénétrer dans la ville. »

Pendant les trois jours qui suivent, l'amiral continue à lancer de temps en temps des boulets et des bombes.

Un grand incendie s'est déclaré dans les faubourgs et la plus grande partie des maisons est réduite en cendres. — Cruelle et facile victoire!

L'amiral Seymour est un brave marin. En attaquant la ville, il ne comptait pas sur une aussi faible résistance, qui rend sa position plus fausse encore.

Le 1er novembre, il se décide à s'adresser personnellement au grand commissaire, pour tenter encore les voies de la conciliation. Mais Yeh se sent sur un trop beau terrain, par suite des nouvelles prétentions des Anglais, pour vouloir l'abandonner; il répond, comme il a toujours répondu, avec hauteur et arrogance. — Combien est oubliée maintenant la question de l'*Arrow!* — qui s'en souvient?

L'obstination du commissaire impérial irrite l'amiral. D'ailleurs il n'est plus temps de reculer. Il faudra bien que Yeh cède devant la canonnade, qui va reprendre avec plus d'intensité.

XXXII. — « Ayant le plus grand désir (écrit l'amiral Seymour dont nous suivons pas à pas la correspondance) de ne pas avoir à recourir encore à des mesures coercitives, je m'adressai de nouveau le 3 au grand commissaire, mais n'ayant pu obtenir qu'il admît la justice de nos demandes, je rouvris le feu. »

Yeh, en effet, est loin de regarder la terrible partie qui se joue comme entièrement perdue; il organise la résistance; il médite une attaque à la fois contre les factoreries et les vaisseaux anglais, sur lesquels des brûlots sont à tout instant lancés à la dérive. — L'amiral est prévenu de ses projets et abat avec ses boulets toutes les maisons qui peuvent servir d'abri aux Chinois.

Le Barracouta a reçu l'ordre de faire prisonnières, ou de couler bas vingt-trois jonques de guerre qui sont à l'ancre sous la protection d'un fort. — *Le Barracouta* vient s'embosser à deux cents mètres environ des jonques les plus rapprochées, placées en ligne de bataille et préparées à combattre. Sans se donner le temps de prendre toutes les dispositions nécessaires, trop grand honneur sans doute pour d'aussi faibles ennemis, le bâtiment anglais ouvre son feu; les jonques répondent énergiquement, ainsi que les forts. — C'est donc enfin un combat, feu pour feu, coup pour coup; mais les boulets des jonques et des forts pleuvent autour du bâtiment, sans l'atteindre, et passent en sifflant dans les agrès ou s'engloutissent dans la rivière. La canonnade dure ainsi trente-cinq minutes. — Les jonques sont tellement criblées de mitraille que les Chinois qui les montent sont forcés de les abandonner; alors *le Barracouta* concentre tout son feu sur le fort, *la Folie française*, et ne tarde pas à s'en rendre maître. Toutes les jonques sont détruites, excepté la jonque amirale.

Le feu de l'ennemi avait duré plus d'une demi-heure avec une excessive vivacité; et telle était l'inhabileté du tir des Chinois, que le bâtiment anglais n'avait à constater qu'un seul matelot tué et quatre blessés (1).

XXXIII. — Cependant le gouverneur Yeh ne fléchit pas dans sa résistance; l'état de guerre continue, et à tout instant on peut craindre que des brûlots enflammés viennent s'attacher aux flancs des navires.

Ainsi le 8, pendant la nuit, la marée montante en apporte quatre: l'un deux s'accroche au *Barracouta*, l'incendie du bâtiment est imminent; heureusement des matelots se précipitent sur le câble et le coupent.

Dans l'intervalle du 8 au 12 novembre, trois députa-

---

(1) Rapport de l'amiral M. Seymour.

tions des négociants les plus importants de Canton se rendent auprès du consul. — Malgré leur vif désir de voir cesser la terrible position dans laquelle ils se trouvent, ils ne peuvent cacher que le vice-roi reste inflexible dans sa volonté, et que les Anglais ne peuvent espérer qu'il admette jamais le droit de résidence des représentants anglais dans l'intérieur de la ville. « Pourquoi, disent-ils, soulever cette nouvelle question qui aggrave les difficultés pendantes, et ne pas en faire l'objet de transactions ultérieures? »

La question ne faisait donc pas un seul pas vers une solution possible. — Le petit nombre de troupes dont disposait l'amiral ne permettait pas une occupation sérieuse sur différents points; il fallait se contenter de bombarder la ville par intervalles, de s'emparer successivement des différents forts, et de les détruire, en sachant bien, toutefois, que ces ruines fumantes et ces affûts de canons brisés ne pouvaient donner ni l'orgueil ni le résultat d'une victoire. Les forts du Bogue seront attaqués et pris, comme ont été attaqués et pris les autres forts. — Qu'importe? le commissaire n'en persistera pas moins dans son refus.

XXXIV. — En effet l'attaque a lieu. — Les forts sont bien armés; ils sont défendus par deux cents canons. Pendant une heure, ils résistent énergiquement, avec la même inhabileté, mais avec courage, car les canonniers chinois se font tuer sur leurs pièces et attendent de pied ferme les troupes de débarquement. Mais le désordre se met bientôt parmi eux, et un grand nombre se jette dans la rivière pour rejoindre les bateaux des mandarins qui s'éloignent.

Les autres forts, du côté opposé à l'entrée du Bogue, sont aussi emportés, après une résistance toujours inefficace, mais qui de jour en jour prend un caractère plus sérieux.

« Maître aujourd'hui du cours du fleuve (écrivait l'amiral en date du 14), je n'ai pas en vue d'autres opérations. J'attends donc la décision du gouvernement chinois. »

L'amiral se trompait; il allait être fatalement contraint à continuer ses attaques et ses destructions, s'il ne voulait perdre le fruit de tout ce qu'il venait de faire, et les mois devaient se succéder, amenant des combats partiels, sans importance comme sans résultat réel.

Le gouverneur général de Canton ne cessait d'exciter, contre les *barbares du Nord*, les habitants de la ville, et continuait à mettre leurs têtes à prix, en portant la récompense promise de trente à cent taëls.

XXXV. — M. de Courcy, chargé d'affaires de France, crut même devoir, en l'absence de M. de Bourboulon, protester énergiquement contre cet acte odieux de barbarie, et écrivait en ces termes au vice-roi :

« M. le vice-consul de Sa Majesté Impériale à Canton vient de m'adresser des exemplaires d'une proclamation et d'un avis qui ont été affichés sur les murs de la ville.

La première promet trente livres sterling au nom de Votre Excellence, et la seconde cent taëls au nom du comité de coopération, à tout Chinois qui coupera la tête d'un Anglais. Bien que ces documents soient revêtus de caractères qui paraissent en attester l'authenticité, je ne puis croire, noble commissaire impérial, qu'ils émanent de votre initiative ou que vous les ayez autorisés. Votre Excellence sait bien que ce n'est pas ainsi que les nations civilisées se font la guerre, et que la raison et l'équité protestent hautement contre cet encouragement donné à la perfidie et à l'assassinat. Mes nationaux et les sujets de Sa Majesté Britannique portent le costume européen. Il pourrait donc arriver que, les instincts pervers de la populace venant à être excités par ces odieuses proclamations, elle ne confondît, dans l'accomplissement de ses aveugles vengeances, les Français et les Anglais. S'il arrivait qu'un des sujets de mon grand empire en devînt la victime, je me verrais dans l'obligation de considérer le gouvernement de Votre Excellence comme responsable de ce forfait. »

XXXVI. — Depuis le commencement de cette malheureuse entreprise, toutes les tentatives de conciliation échouaient l'une après l'autre, et chacune emportait avec elle un des derniers lambeaux de l'influence morale des Anglais, en donnant une nouvelle confiance au gouverneur dans ses propres ressources et dans la position qu'il s'était créée. Il se disait que les Anglais comprenaient enfin l'impossibilité d'obtenir satisfaction par les armes, et cherchaient par tous les moyens en leur pouvoir à sauver leur position compromise.

Était-il possible en effet que cet homme orgueilleux, rompu au travail d'une diplomatie astucieuse, inspiré en outre par sa haine instinctive contre les nations européennes et contre leurs prétentions de faire pénétrer des représentants dans l'intérieur de l'empire, ne pesât pas à sa juste valeur l'insuffisance des ressources que ses ennemis pouvaient appeler à leur aide? Était-il possible qu'il ne calculât pas la distance qui séparait la flotte anglaise de son propre pays, isolée, pour ainsi dire, au milieu des mers de la Chine, sans instructions précises de son gouvernement, et qu'il ne cherchât pas à en tirer profit pour sa propre cause? — Voilà tout le secret de son imperturbable résistance et de ses refus d'adhérer aux propositions qui lui étaient sans cesse renouvelées.

Ainsi, le représentant de l'Angleterre cherche vainement à se mettre en rapport avec le grand commissaire impérial. En vain il demande qu'une entrevue lui soit accordée dans la ville; l'entrevue est catégoriquement refusée (1).

Il faut reprendre sérieusement les hostilités. *La Folie française*, que l'on avait dû abandonner après l'avoir occupée, a été fortifiée par les Tartares. On s'en empare de nouveau; mais cette fois la résistance est déjà mieux

---

(1) Dépêche de l'amiral Seymour du 24 novembre 1856.

ordonnée (1). Les Anglais comptent quelques tués et blessés.

XXXVII. — On est arrivé au 15 décembre. Les Chinois, sentant bien qu'ils ne peuvent se mesurer contre les Anglais, ont organisé l'incendie sur une grande échelle, et tout à coup, sur vingt points à la fois, s'élèvent des tourbillons de flamme et de fumée. — Ce sont toutes les factoreries étrangères que le feu dévore. L'ennemi sait que tous les îlots et tous les forts dont se sont emparés et peuvent s'emparer les Anglais, ne valent pas à leurs yeux (2) ces grands établissements de commerce réduits en cendre.

Cependant l'église et les casernes ont été sauvées de l'incendie général, et l'amiral comprend l'importance de conserver à tout prix sa position à Canton ; il occupe l'église, les casernes, et se retranche dans les jardins des factoreries avec un petit corps de trois cents hommes.

Néanmoins dans la ville et sur la rivière la résistance continue à se développer ; elle rend de plus en plus précaire la situation dans laquelle se sont imprudemment placés les Anglais.

Enhardi par cette apparence de succès qui, non-seulement arrête l'invasion de ses adversaires, mais les force même à prendre une position défensive, le commissaire impérial Yeh retrempe sa résistance dans l'effet

(1) Dépêche du 14 décembre 1856.
(2) Dépêche du 29 décembre 1856.

moral que produit ce fait aux yeux de la population chinoise qu'il soulève et agite chaque jour davantage par les proclamations les plus violentes.

« Le 23, M. Cowper est enlevé à Wampoa. — Le 30, le paquebot de poste, *le Chardon*, est capturé par les Chinois qui sont à bord ; ils massacrent onze personnes et emportent leurs têtes. Les propriétaires chinois du district en face de Hong-kong interdisent de fournir des provisions à la colonie. Le magistrat d'un autre district ordonne aux domestiques de quitter le service des étrangers. Partout des affiches interdisent le commerce, et mettent à prix la tête des étrangers (1). »

XXXVIII. — On le voit, la colonie anglaise de Hong-kong elle-même est sérieusement menacée. L'assassinat des *barbares* est partout organisé ; on parle même de sources empoisonnées, et de temps à autre des incendies partiels indiquent la surexcitation des esprits.

Bientôt les agressions directes se multiplient dans la rivière de Canton ; les Chinois coulent des jonques pour intercepter le passage, et continuent à lancer des brûlots qui souvent font courir de grands dangers aux vaisseaux anglais. — *Le Coromandel*, sur lequel flotte le pavillon de l'amiral Seymour, est attaqué au moment de la plus basse marée, car l'ennemi n'ignore pas que les steamers ne peuvent alors se prêter un mutuel

---

(1) Récit de M. Laurence Oliphant, secrétaire de la mission anglaise, vol. I, p. 10.

appui; des forces considérables se montrent aussi autour du fort Macao.

On est au mois de janvier 1857. — Les troupes de débarquement sont sérieusement menacées dans les jardins de la factorerie. L'amiral fait détruire, aux alentours, toutes les maisons qui peuvent faciliter les approches de l'ennemi, et, pendant qu'un incendie, allumé par ses ordres, embrase les faubourgs, il lance un fort détachement qui essaye d'entrer dans la ville. Les Chinois, cette fois, sont sur leurs gardes; l'attaque est repoussée avec une perte d'hommes qui, bien que minime, n'en est pas moins très-sensible dans la situation présente.

D'un jour à l'autre, la position des Anglais autour des factoreries réduites en cendres peut devenir intenable. — Le 14 janvier 1857, l'amiral Seymour se décide enfin à l'abandonner, ainsi que celle qu'il occupait à *la Folie hollandaise* et se retire, sur le fort du *Nid d'Oiseaux* et sur celui de Macao.

XXXIX. — Le commandant en chef anglais ne se dissimule pas que ce mouvement en arrière détruit en partie l'effet de ses premières attaques si heureusement accomplies; il craint surtout d'être forcé de se replier encore. Aussi demande-t-il avec instance au gouverneur de l'Inde un renfort de cinq mille hommes. Ses prévisions ne tardent pas en effet à se réaliser; il lui faut encore abandonner le fort du *Nid d'Oiseaux*, et réunir les deux garnisons dans celui de Macao, confié au brave capitaine Bate, dont on devait bientôt avoir à déplorer la perte.

Un mouvement insurrectionnel est à redouter. Sir J. Bowring, justement préoccupé des dangers de la situation, s'est concerté avec l'amiral Guérin, commandant en chef la division française, afin d'être à même de contenir la population chinoise de la colonie, si l'insurrection, dont on est menacé, venait à éclater. — Cinquante hommes des équipages français ont pris position dans la partie est de la ville, et tout est préparé pour mettre à terre, au premier signal, les compagnies de débarquement au complet, ainsi que quatre obusiers de campagne.

De son côté, l'amiral Seymour attend l'arrivée des renforts, qui seuls peuvent lui permettre de reprendre fructueusement l'offensive. Mais il devait rester longtemps encore dans cette alternative, et laisser s'accroître ainsi la confiance dédaigneuse du vice-roi de la province de Canton.

A l'exception d'un engagement assez sérieux dans la baie de *Fatshan*, ce n'étaient plus que des actes partiels. « Les Chinois continuaient à enlever les individus, à assassiner, à capturer les paquebots et à harasser les troupes anglaises de cent manières fort ingénieuses. Nous continuions, écrit M. Oliphant, à les poursuivre dans les baies, à brûler les villages où l'on nous avait insultés, et à nous venger en tout point de notre mieux, sans que ce fût, il faut l'avouer, de manière à augmenter leur effroi de nos armes et leur respect pour notre civilisation. »

XL. — En retraçant ces événements, qui furent le prologue de la double mission du baron Gros et de lord Elgin dans les mers de la Chine, nous avons suivi avec une scrupuleuse exactitude les documents anglais et les dépêches de l'amiral Seymour à l'Amirauté.

Ce prologue a deux aspects très-distincts qui ne peuvent manquer de frapper celui qui l'étudie dans son ensemble et dans ses détails.

D'abord les Chinois, surpris par les attaques des Anglais, ne tentent même pas de se défendre ; ils semblent avoir à la fois l'inexpérience du combat et de la mort. — Au premier coup de canon, ils abandonnent tous les forts les uns après les autres ; c'est ainsi que les bâtiments anglais et les compagnies de débarquement pénètrent dans la rivière de Canton et bombardent la ville, dont les faubourgs sont incendiés. Les Anglais croient marcher à une conquête certaine, et, malgré l'insuffisance des forces qu'ils ont à leur disposition, ils ne doutent pas un instant qu'ils amèneront le commissaire impérial à leur rendre pleine et entière satisfaction; aussi profitent-ils de la terreur qu'ils se figurent avoir inspirée aux Tartares, pour remettre au jour de nouvelles prétentions et des réclamations nouvelles. — Mais demandes, négociations, tentatives de toute nature, viennent se briser contre l'impassible et immuable dénégation du gouverneur.

XLI. — Pendant ce temps, les Chinois ont repris courage, et les voilà qui, à leur tour, lancent sans se fatiguer des brûlots contre les bâtiments anglais, et, imitant l'exemple qui leur a été donné, procèdent de tous côtés par l'incendie, réduisant en cendres la plus grande partie des factoreries. — Les proclamations les plus implacables contre les Anglais se succèdent sans relâche. Les assassinats isolés se renouvellent sur différents points, et, peu à peu, l'amiral anglais, pressé par des attaques incessantes auxquelles il était loin de s'attendre, se voit forcé d'abandonner une à une toutes les positions qu'il avait occupées, et que le petit nombre de troupes qu'il possède ne lui permet plus de conserver; il ne garde, comme dernière position, que le fort de Macao. — Fâcheux revirement pour l'influence anglaise dans ces contrées lointaines.

Tous ces événements sans importance aucune, comme faits de guerre, empruntaient pourtant une valeur réelle à la position imprudente dans laquelle s'étaient mis sir John Bowring et l'amiral Seymour, et rendaient inutiles les violences qu'ils avaient exercées dans un but dont ils se trouvaient plus éloignés que jamais. Lorsque la nouvelle en parvint en Angleterre, elle produisit une douloureuse sensation, et amena des discussions sérieuses et animées au sein des deux Chambres. — Les orateurs les plus éminents prirent la parole, et, à la Chambre des Lords, le comte de Derby proposa une motion de blâme (1) contre les actes vio-

(1) *Motion du comte de Derby à la Chambre des Lords.*

« 1° Que la Chambre des Lords a appris, avec un profond regret, l'interruption des relations amicales entre les sujets de Sa Majesté et les autorités chinoises à Canton, par suite de mesures adoptées par

lents et insuffisamment motivés qui s'étaient passés en Chine.

XLII. — Le noble lord accuse sir J. Bowring, qui exerçait les hautes fonctions de ministre plénipotentiaire de Sa Majesté Britanique de s'être laissé maîtriser par l'idée absorbante de sa réception officielle à Canton, but devant lequel a bientôt disparu la cause primitive du différend qui s'était élevé, au sujet du bâtiment *l'Arrow*.

Le comte de Derby adjure enfin les Lords qui siégent à la haute Chambre « de ne pas souffrir, de la part des autorités qui sont sur les rives étrangères, cette usurpation de la plus importante prérogative de la couronne, celle de déclarer la guerre, de ne pas permettre que, sous de frivoles et vains prétextes, des navires de commerce soient pris, que des forces appartenant à un pays ami soient détruites, qu'une ville sans défense soit bombardée, et que le sang d'une population innocente et non aguerrie soit versé au mépris de la loi, et sans nulle justification morale. » (1)

l'inspecteur en chef du commerce, pour obtenir réparation d'une prétendue infraction au traité supplémentaire du 8 octobre 1843.

« 2° Que suivant l'opinion de cette Chambre, les différends survenus à cet égard, rendaient le moment particulièrement inopportun pour imposer aux autorités chinoises une prétention tendant à faire admettre et soutenir par la force des armes, dans la ville de Canton, tous les sujets anglais, prétention qui était restée en suspens depuis 1849.

« 3° Qu'aux yeux de cette même Chambre, des opérations sérieusement hostiles n'auraient pas dû être entreprises sans les instructions expresses préalablement reçus du gouvernement de Sa Majesté, et que les motifs dont il s'agit dans la résolution ci-dessus, ne justifiaient pas suffisamment lesdites opérations. »

(1) Discours du comte de Derby.

On le voit, de graves accusations étaient portées contre les actes, qui avaient amené une éclatante rupture des relations avec l'Empire de la Chine.

Le comte de Clarendon lui-même, qui défendait les faits si vivement attaqués, regardait comme une question secondaire, celle du *Lorcha ;* sa pensée se reportait plus haut.

« Les Chinois, disait-il, avaient depuis longtemps cherché à violer les droits acquis en vertu des traités ; depuis longtemps, l'état actuel des choses avait paru intolérable à tous les résidents à Canton, à quelque nation qu'ils appartinssent. Selon lui, prononcer une motion de blâme contre des agents élevés, agissant si loin de leur pays, aurait pour effet de mettre en péril la vie et les biens de tous les sujets britanniques en Chine, discréditerait le nom et le pavillon anglais, et minerait à jamais le commerce de l'Angleterre avec le pays. »

Après de vifs débats, dans lesquels cette question, si importante pour l'avenir, fut diversement appréciée, la motion du comte de Derby fut rejetée par une majorité de trente-six voix.

XLIII. — Mais à la Chambre des Communes, la motion Cobden(1), présentée dans le même sens que celle du

---

(1) *Motion présentée par M. Cobden à la Chambre des Communes.*

« Que la Chambre a appris avec inquiétude la lutte qui avait eu lieu entre les autorités anglaises et chinoises sur la rivière de Canton, et sans exprimer une opinion sur la part que peut avoir le gouverne-

comte de Derby, obtenait au contraire contre le gouvernement une majorité de seize voix, et ce fut en vain que lord Palmerston, dans un de ses plus éloquents discours, fit appel au sentiment d'orgueil national de la vieille Angleterre.

« Nous avons, disait-il, d'immenses intérêts ailleurs qu'à Canton ; Shang-haï fait presque partie de la société européenne. — Qui répondra que nous sommes là en sûreté? Ce serait la ruine de nos résidents anglais ; ce serait les abandonner à la merci de ces barbares ; ce serait déclarer hautement au monde entier, que vous n'êtes pas en mesure de défendre ceux que vous avez engagés à s'établir, eux et leurs biens, dans ces contrées lointaines : et alors, les étrangers verront que la nation anglaise est déchue de ce haut rang où elle s'est maintenue pendant des siècles. »

XLIV. — Certes tous ceux qui connaissent quel est souvent, dans les chambres représentatives, le mobile des accusations portées contre les actes du gouvernement, savent que la question de renverser un ministère entre pour beaucoup dans la proportion que prennent les débats, et que l'opposition, injuste et aveugle en

---

ment de la Chine dans les motifs de plainte que l'Angleterre croit avoir à élever relativement à l'exécution du traité de 1842, cette Chambre considère que les documents qui ont été déposés sur le bureau, ne justifient pas suffisamment les mesures violentes employées à Canton, dans l'affaire récemment survenue, et demande qu'une commission soit nommée pour faire une enquête sérieuse sur l'état de nos relations en Chine. »

ses colères, s'attaque moins à la cause elle-même qu'aux hommes qui la défendent. — Aussi ne faisons-nous que constater la sensation produite par ces événements en Angleterre, sans chercher à en tirer aucune conclusion.

Que sir J. Bowring, que l'amiral Seymour aient eu tort ou raison ; là n'était plus la question ; l'honneur de l'Angleterre se trouvait engagé, ses intérêts commerciaux étaient en jeu ; la partie ne pouvait plus être abandonnée.

Lord Palmerston après le vote de la Chambre des Communes n'hésita pas à provoquer la dissolution de la Chambre et à faire de nouveau appel au pays. — Les élections lui apportèrent, cette fois, la majorité dans les deux Chambres, et assurèrent la victoire définitive du ministère sur cette question devenue tout à coup si importante et si capitale.

Dès lors une impulsion rapide allait être donnée aux affaires de la Chine. — Le gouvernement anglais décida qu'un corps expéditionnaire de cinq mille hommes serait envoyé dans les mers de la Chine, et qu'un diplomate anglais, chargé de pleins pouvoirs, s'y rendrait à la tête d'une brillante ambassade, pour régler nettement les différends qui s'étaient élevés, et arriver, s'il était possible, par voies diplomatiques à la révision des traités, dans le sens que désirait l'Angleterre.

Lord Elgin fut chargé de cette importante mission.

XLV. — En face des préparatifs de l'Angleterre, de son

intention bien formelle d'obtenir la révision des traités, et dans la prévision des résultats, sans nul doute favorables à sa position dans les mers de la Chine, qu'elle obtiendrait par le fait de cette mission extraordinaire, la France pouvait-elle rester indifférente, et inactive? Ne devait-elle pas chercher, elle aussi, par la voie diplomatique à améliorer sa situation dans ces mêmes parages et à montrer sa juste sollicitude pour les intérêts et même l'existence souvent compromis de ses nationaux. — Sans se préoccuper en rien des différends particuliers qui divisaient en ce moment la Grande-Bretagne et le Céleste-Empire, elle trouvait dans la mort cruelle du missionnaire Chapdelaine et dans les vives et inutiles réclamations de ses représentants auprès des autorités chinoises, un motif plus que suffisant pour saisir cette occasion que venaient lui offrir des événements qu'elle n'avait pas provoqués ; son but était d'établir nettement sa situation politique, commerciale et, pour ainsi dire, morale avec la cour de Pé-king, c'était surtout d'empêcher le retour d'actes odieux et sauvages, violation flagrante à la fois du droit des gens et des principes sacrés de la civilisation.

C'est pourquoi l'empereur Napoléon désignait le baron Gros pour se rendre en Chine, en qualité de commissaire extraordinaire. — Les deux plénipotentiaires de France et d'Angleterre devaient se prêter un mutuel concours dans les négociations qu'ils allaient entreprendre, et dont le succès (1) ouvrirait sans aucun doute un

---

(1) *Moniteur universel*, 7 mai 1857.

nouveau champ à la civilisation chrétienne et au commerce de toutes les nations.

XLVI. — Le baron Gros devait prendre passage à bord de la frégate française *l'Audacieuse*, emmenant avec lui M. Duchesne de Bellecourt, secrétaire de 1re classe, le vicomte de Contades secrétaire de 3e classe, le marquis de Moges et le comte de Latour-Maubourg attachés à cette mission extraordinaire.

Quelques jours plus tard le marquis de Trévise et le comte de Flavigny complétaient la liste des membres de l'ambassade; M. de Besplas, lieutenant de vaisseau, était aussi, sur la demande particulière du baron Gros, attaché à l'état-major de la frégate.

Le gouvernement de l'Empereur mettait nos intérêts dans les mers de l'extrême Orient aux mains d'un diplomate habile et expérimenté, que ses longs et éclatants services dans la diplomatie, depuis 1823, rendaient digne à plus d'un titre de l'importante mission dont il était chargé.

En même temps les deux cabinets de Paris et de Londres engageaient officieusement les gouvernements de Russie et des États-Unis d'Amérique, dont les intérêts politiques et commerciaux étaient considérables dans ces parages, à joindre leur action à la leur dans les négociations importantes qui allaient s'ouvrir avec le Céleste-Empire. — Toutes les nations n'étaient-elles pas à un même degré intéressées aux justes réclamations dont la France et l'Angleterre étaient décidées à avoir enfin satisfaction, fût-ce même par les armes ?

La Russie et les États-Unis d'Amérique décidèrent qu'ils enverraient chacun un haut plénipotentiaire. — Mais les instructions de leur gouvernement leur interdisaient de prendre aucune part aux mesures coercitives qui pourraient être employées contre la Chine, leur prescrivant de borner leur action à des négociations pacifiques.

Le 27 mai 1857, à 7 heures du matin, le baron Gros, suivi de tout le personnel de son ambassade, montait, en rade de Toulon à bord de l'*Audacieuse*, commandée par le capitaine de vaisseau d'Aboville, et se dirigeait vers les mers de Chine.

CHAPITRE III.

XLVII. — Déjà plusieurs mois auparavant, le gouvernement de l'Empereur, en face des graves événements qui se passaient devant Canton, avait augmenté les forces navales qui stationnaient dans ces parages.

Le 4 février 1857, le contre-amiral Rigault de Genouilly, alors à Brest, avait reçu l'ordre de rallier la division navale commandée par le contre-amiral Guérin. Le contre-amiral Rigault de Genouilly avait mis son pavillon sur *la Némésis*, frégate à voiles de cinquante canons, placée sous le commandement du capitaine de vaisseau Reynaud, qui remplissait en même temps les fonctions de chef d'état-major.

Le Primauguet, *le Phlégéton*, *la Meurthe*, *la Durance*, *la Mitraille*, *la Fusée*, *la Dragonne* et *l'Avalanche* appareillaient de différents ports pour la même destination.

Après une première relâche dans la rade de Gorée qu'elle atteignait le 26 février, *la Némésis* mouillait au cap de Bonne-Espérance à Simoun's-Bay le 22 avril, et arrivait à Singapour le 15 juin, par le côté est du détroit. — A la même époque, *le Primauguet*, et *la Mitraille*, y arrivaient par le côté ouest. L'avant-veille, *le Phlégéton* et *la Dragonne* avaient déjà quitté ce mouillage pour se rendre en Chine. — Selon toute apparence, *la Meurthe*, *la Durance* et leurs conserves ne devaient point tarder à paraître.

XLVIII. — Ce fut à Singapour, que le contre-amiral Rigault de Genouilly fut instruit par dépêche du ministre de la marine que le contre-amiral Guérin devait lui remettre le commandement en chef de la division navale de l'Indo-Chine, aussitôt qu'il aurait opéré sa jonction avec lui. La même dépêche lui annonçait l'arrivée prochaine du baron Gros, en qualité d'ambassadeur extraordinaire. Le ministre de la marine envoyait à cet égard au nouveau commandant en chef des instructions qui établissaient nettement sa position vis-à-vis du baron Gros et prévoyait le cas où il deviendrait indispensable d'avoir recours à la force des armes (1).

(1) *Dépêche de Son Excellence le ministre de la marine, au contre-amiral Rigault de Genouilly, commandant en chef la station navale indo-Chine.*

Paris, 9 mai 1857.

« Monsieur le contre-amiral, l'Empereur a décidé que M. le baron Gros se rendrait en Chine, en qualité d'Ambassadeur Extraordinaire, afin d'y régler les questions actuellement pendantes et d'y établir nos relations avec le Céleste-Empire sur un pied plus satisfaisant, notamment pour nos intérêts commerciaux.

« Le gouvernement anglais a pris une pareille résolution : le comte d'Elgin se rend également en Chine avec les pleins pouvoirs de Sa Majesté Britannique et les deux plénipotentiaires auront à se concerter et à se prêter un mutuel appui pour l'accomplissement de leur importante mission.

« La frégate de huit cents chevaux, *l'Audacieuse*, placée sous le commandement de M. le capitaine de vaisseau d'Aboville, a été mise à la disposition de M. le baron Gros pour le transporter en Chine avec les personnes de son ambassade. *L'Audacieuse* partira de Toulon vers le 15 de ce mois, elle fera route prompte et directe vers la Chine.

« Aussitôt arrivé à sa destination, M. le baron Gros doit se mettre en rapport avec le ministre actuellement accrédité de Sa Majesté et avec vous, ainsi qu'avec les représentants diplomatiques et le commandant des forces navales de la Grande-Bretagne et des États-Unis.

« Ces relations établies, le Gouvernement de Sa Majesté Britannique et celui de l'Empereur ont pensé que leurs plénipotentiaires devraient, quel que fût à ce moment l'état des affaires en Chine, se transporter sans retard à l'embouchure de Peï-ho pour tenter d'entrer en communication avec la cour de Pé-king.

« M. le baron Gros appréciera par suite de l'accueil qui sera fait à ses ouvertures, s'il doit descendre à terre, ou rester sur un de nos bâtiments avec le personnel de sa mission, ou s'éloigner après plus ou moins de temps, pour laisser cours aux opérations prévues.

« Il est d'ailleurs à désirer que les deux plénipotentiaires en se rendant au Peï-ho, puissent être accompagnés d'une force navale imposante, afin de convaincre les autorités de la province de Pe-tchi-li qu'ils ont à leur disposition des moyens suffisants pour appuyer, au besoin, les demandes qui seront formulées. Ce qu'il conviendra de

XLIX. — Déjà le haut plénipotentiaire de Sa Majesté Britannique était à Singapour avec le personnel de son ambassade, lorsque l'amiral Rigault de Genouilly y arriva.

faire à cet égard dépendra, du reste, de la situation des choses à l'époque où M. le baron Gros et lord Elgin se dirigeront sur le Peï-ho ; si elles étaient toujours en l'état où elles sont actuellement, vous vous borneriez, en vous entendant avec le commandant en chef des forces navales anglaises, à faire simplement accompagner les ambassadeurs par les forces dont vous croiriez l'un et l'autre pouvoir disposer, jusqu'à l'embouchure du Peï-ho. Vous auriez à apprécier, de concert avec l'ambassadeur de Sa Majesté Britannique, si vous devez l'accompagner ou bien rester à Canton.

« Si les hostilités avaient pris un caractère international, avant que M. le baron Gros se dirigeât sur le Peï-ho, il pourrait être à propos d'occuper les approches et la rade de Chusan, et probablement aussi d'envoyer des forces dans le Yang-tse-kiang, pour interrompre la communication par le grand canal, en même temps que les plénipotentiaires se rendront au Peï-ho.

« Vous déciderez, de concert avec M. l'amiral sir Michaël Seymour, si les forces à votre disposition vous permettent de prendre ces mesures, après avoir laissé ce qui serait nécessaire à Canton.

« Je vous dirai d'ailleurs, monsieur le contre-amiral, que le gouvernement de Sa Majesté Britannique, ayant prescrit au commandant en chef de ses forces navales en Chine de concerter avec vous, autant que possible, toutes les opérations à entreprendre, l'Empereur désire que vous agissiez de même à l'égard de sir Michaël Seymour.

« C'est exclusivement aux mains de M. le baron Gros que sont remises toutes les négociations que nous allons entamer avec la Chine. L'Empereur a donc décidé que ce sera à lui seul qu'il appartiendra de désigner le lieu où elles s'entameront, de la durée qu'elles devront avoir, et, si elles étaient infructueuses, du moment où il conviendra de les rompre. Mais lorsqu'il jugera que les négociations sont devenues inutiles, et qu'il y a nécessité de recourir à la force pour amener le gouvernement chinois à accéder aux demandes qui lui auront été adressées, il vous en fera part, et c'est dès lors à vous qu'il appartiendra de déterminer sur quel point et de quelle manière seraient employées les forces navales sous vos ordres.

« Il est superflu, monsieur le contre-amiral, que je vous signale à quel point il importe que vous entreteniez les rapports les plus intimes et les plus confiants avec l'ambassadeur extraordinaire de Sa

Lord Elgin venait d'apprendre les premières nouvelles des troubles qui commençaient à éclater dans l'Inde au sein des possessions anglaises. Cette terrible révolte n'en était qu'à son début ; les massacres de Delhi n'avaient pas encore porté jusqu'à Singapour leurs sanglants échos ; mais déjà il était aisé de prévoir la gravité que pouvait prendre subitement un semblable événement, et lord Elgin manifesta ses craintes sérieuses à l'amiral français, lorsque celui-ci alla, dès son arrivée, lui rendre visite. — Beaucoup de versions différentes circulaient sur les causes et les résultats probables de cette insurrection, à la tête de laquelle s'étaient mis les officiers indous qui commandaient les troupes indigènes.

Majesté et que vous déféreriez à son jugement, dans toutes les questions qui n'auraient point un caractère purement militaire ou nautique.

« Ainsi M. le baron Gros sera, sans doute, plus que personne, par suite de ses communications avec les autorités chinoises, en mesure d'apprécier si ce sont des opérations dans le nord de la Chine ou des opérations à Canton, qui devront exercer une plus grande influence sur les déterminations de la cour de Pé-king, conformément aux intentions de l'Empereur. Vous auriez, dans ce cas, à combiner vos dispositions en conséquence, à moins que des raisons toutes nautiques ne s'y opposassent, et qu'il en dût résulter des inconvénients au point de vue militaire ou naval. Si, une fois les hostilités commencées, des ouvertures étaient faites à M. le baron Gros et qu'elles lui parussent de nature à pouvoir conduire à un arrangement satisfaisant des questions en suspens, l'ambassadeur de Sa Majesté vous ferait connaître son opinion et vous auriez à suspendre immédiatement toutes les opérations commencées, à moins d'être sur le point d'obtenir un succès immédiat ; en ce cas, vous poursuivriez l'opération entamée, et vous voudriez bien seulement exposer, sans réserve aucune, à l'ambassadeur de Sa Majesté les motifs qui vous y auraient décidé.

« Recevez, etc....

« *L'amiral, ministre de la marine et des colonies,*
« Hamelin. »

Cette complication imprévue venait subitement entraver les opérations projetées en Chine, et les troupes anglaises envoyées dans ce but allaient trouver au détroit de la Sonde l'ordre de se rendre à Calcutta.

L. — Quelle que fût en effet l'importance sérieuse des faits qui avaient amené en Chine l'ambassade de lord Elgin, les événements qui se passaient dans les provinces du nord-ouest de l'Inde, devaient entièrement absorber l'attention du gouvernement britannique ; car la défection des troupes indigènes, très-probable sur tous les points, pouvait amener les conséquences les plus désastreuses.

Pour ce qui concernait les affaires de la Chine, l'amiral Rigault de Genouilly écrivait au ministre : (1) « J'ai cru voir dans tout ce que m'a fait l'honneur de me dire le plénipotentiaire de Sa Majesté Britannique la résolution à une solution des difficultés présentes par de simples démonstrations, sans engager une guerre sérieuse dont les conséquences pouvaient être le renversement de la dynastie impériale chinoise, et un état d'anarchie pour l'Empire qui arrêteraient toute relation commerciale avec les Européens. »

« Lord Elgin, ajoutait l'amiral, a pleine confiance dans la grandeur des démonstrations navales que pourra faire M. l'amiral Seymour.

---

(1) Dépêche à Son Excellence le ministre de la marine. — Singapour, 17 juin 1857.

« Cet officier général va réunir en effet sous son pavillon quarante bâtiments de guerre anglais, dont vingt-quatre vaisseaux, frégates, corvettes à vapeur et seize canonnières. »

On ne pouvait compter, le cas échéant, sur la coopération de l'escadre des États-Unis, qui avait annoncé vouloir s'abstenir de toute hostilité contre les Chinois, et se borner au simple rôle d'observateur.

Si cette abstention était regrettable, c'était seulement comme effet moral, car au point de vue militaire, les forces américaines en Chine étaient d'un ordre très-inférieur.

Dans la rivière de Canton, l'amiral Seymour se maintenait en hostilité permanente et capturait ou coulait bas quelques jonques; ses bâtiments sillonnaient la rivière. — De temps à autre, des escarmouches sans grande importance et le bruit de quelque canonnade lointaine montraient que la guerre n'avait pas cessé, sans toutefois causer grande frayeur aux habitants des deux rives qui continuaient fort paisiblement leurs travaux dans les champs environnants.

LI. — Tel était l'état général des choses dans les mers de Chine, au mois de juin 1857.

L'Empereur en faisant tomber son choix sur le contre-amiral Rigault de Genouilly, dont l'énergique conduite en Crimée, à la tête des batteries de la marine devant Sébastopol, avait été justement appréciée, savait qu'il remettait le commandement en chef à un homme qui saurait allier l'énergie d'un intrépide marin au tact que commandaient les exigences d'une position difficile.

L'emploi des forces militaires était un cas prévu dans les éventualités possibles, mais les deux gouvernements de France et d'Angleterre espéraient alors que la diplomatie parviendrait à triompher de la situation et à régler les différends qui avaient amené de si regrettables hostilités. — Il ne faut pas se le dissimuler, toutes les fois que deux nations alliées réunissent leurs drapeaux pour combattre un ennemi commun, ou stipuler avec lui un traité de paix dans lequel sont engagés leurs intérêts réciproques, il se produit toujours des susceptibilités de part et d'autre. — La guerre de Crimée l'avait prouvé surabondamment.

Les intérêts commerciaux de la Grande-Bretagne, beaucoup plus considérables que les nôtres dans ces lointains parages, avaient nécessité de la part du gouvernement anglais l'envoi d'une station navale plus importante. L'honneur de son pavillon sérieusement engagé lui ordonnait, pour conserver son prestige et son influence, un déploiement de forces, dont les proportions n'étaient point en rapport avec celles que la France mettait sous les ordres de l'amiral Rigault de Genouilly.

LII. — Malgré cette infériorité numérique, commandée par les circonstances tout exceptionnelles dans lesquelles se trouvait l'Angleterre, la France devait peser du même poids dans la balance des événements qui pouvaient se produire, et sa dignité personnelle, comme le haut rang qu'elle occupe au sein des nations européennes, ne lui permettaient pas de paraître se traîner à la remorque des intérêts anglais dans les mers de Chine.

Lord Elgin, en effet, dans un discours public qu'il avait prononcé tout récemment à la communauté de Singapour, attribuait à la Grande-Bretagne le patronage exclusif de ces contrées, et ne faisait point mention de l'alliance française.

Le nouveau commandant en chef sut tout d'abord apprécier cette situation délicate, et il résumait ainsi la ligne de conduite qu'il croyait devoir tenir.

« Maintenir l'intimité de l'alliance avec les Anglais, mais en ayant soin de bien établir près des autorités chinoises, que la France agit *proprio motu* et que son rang dans le monde, la puissance du grand souverain qui la gouverne lui donnent les mêmes titres qu'à l'Angleterre pour sauvegarder et régler, non-seulement les intérêts particuliers, mais l'ensemble des intérêts européens dans le Céleste-Empire. »

LIII.—Le 23 juin, lord Elgin quittait Singapour pour se rendre à Hong-kong, et avant son départ, répétait à l'amiral français que la guerre, dans sa pensée, était une mesure extrême, à laquelle il espérait bien n'être pas forcé d'avoir recours. — En effet la révolte des Indes faisait chaque jour de rapides progrès ; elle réclamait toutes les forces vives de l'Angleterre sur un autre champ de bataille, et devait conseiller, plus que jamais, au noble lord de tenter près de l'empire de Chine toutes les voies possibles de conciliation.

Les dépêches de lord Canning devenaient très-inquiétantes, et le plénipotentiaire anglais avant de se rendre à Hong-kong, avait assuré la prompte expédition dans l'Inde des troupes destinées à la Chine. Des navires furent envoyés en éclaireurs jusqu'au détroit de la Soude, afin de faire changer de route aux bâtiments de transport qui amenaient des régiments anglais.

Toutes les combinaisons de l'Angleterre étaient donc renversées. Si la guerre devait s'engager en Chine, ce ne pouvait être, en tous cas, que dans plusieurs mois, lorsque les forces anglaises envoyées d'Europe pour cette destination primitive deviendraient disponibles : car on devait leur adjoindre le triple de leur nombre, en troupes de l'Inde, et, la révolte qui venait d'éclater fut-elle entièrement comprimée, il n'était pas supposable que l'on osât confier l'honneur du drapeau anglais à des soldats d'une fidélité si douteuse.

LIV. — Des bruits favorables, qui malheureusement devaient être démentis, donnaient à lord Elgin l'espérance d'arriver à une solution heureuse dans les négociations dont il était chargé ; on parlait de la destitution de Yeh et de la nomination de Ki-ying comme gouverneur général des provinces de Kouang-toung (Canton) et de Kouang-si. Ce haut fonctionnaire devait, disait-on, traiter avec les Européens. — Ki-ying, membre de la famille impériale, grand seigneur tartare avait été déjà chargé de négociations avec les agents des nations européennes ; on le regardait comme le chef du parti de la paix et des alliances avec les peuples occidentaux. Ce revirement dans la politique de Pé-king était attribué aux nouveaux progrès des rebelles qui avaient pénétré dans la province de Canton ; car les insurrections, un instant endormies, s'étaient réveillées sanglantes et audacieuses au cœur de l'empire. Elles grandissaient s'étendant de province en province ; et si ces bandes insurgées, qui ne savaient que se livrer au meurtre et au pillage, avaient eu à leur tête un chef digne de les commander, elles eussent porté un coup mortel à la dynastie des Mantchoux.

LV. — Le 6 juillet, lord Elgin était à Hong-kong, et de son côté, l'amiral Rigault de Genouilly, parti le 28 juin de Singapour, arrivait le 8 juillet sur les côtes du Céleste-Empire. Mais, n'ayant point de données certaines sur le point précis où il trouverait le contre-amiral Guérin, et craignant un typhon (1) que semblaient présager la baisse du baromètre, l'excès de la chaleur et les apparences menaçantes du ciel, il se rendit directement au mouillage de Castle-Pack-Bay, recommandé comme un excellent abri contre les terribles ouragans de ces parages. La canonnière à vapeur *la Mitraille*, sous

(1) Un typhon est un ouragan circulaire des mers de Chine qui produit de très-grands ravages, renverse les maisons, arrache les arbres sur son passage, et met les navires qui y sont exposés dans le plus grand danger de perte totale. Sur la rade de Macao, très-mal abritée, les navires qui sont surpris par un semblable coup de vent y sont en perdition.

les ordres du lieutenant de vaisseau Bérenger, se dirigea sur Macao, pour savoir où se trouvait l'amiral Guérin.

La Virginie, qui portait le pavillon de cet amiral, était en effet en rade de Macao.

Il fut alors convenu que le contre-amiral Guérin remettrait son commandement aux mains du contre-amiral Rigault de Genouilly le 15 du même mois (1).

(1) La division navale allait se trouver ainsi composée :

La Némésis, frégate à voiles de 50 canons portant le pavillon du commandant en chef. Commandant : M. Reynaud, capitaine de vaisseau, chef d'état-major.

La Capricieuse, corvette à voiles de 30 canons. Commandant : M. Collier, capitaine de vaisseau, *en station à Canton*.

Le Catinat, corvette à vapeur de 30 canons. Commandant : M. Lelieur de Ville-sur-Arce, capitaine de frégate, *en station à Canton*.

Le Primauguet, corvette à vapeur de 12 canons. Commandant : M. Vrignaud, capitaine de frégate.

Le Phlégéthon, corvette à vapeur de 12 canons. Commandant : M. Lévêque, capitaine de frégate.

Le Marceau, aviso à vapeur de 6 canons. Commandant : M. Lefer de la Motte, capitaine de frégate, *en station à Canton*.

La Meurthe, transport à vapeur. Commandant : M. Martineau des Chenez, capitaine de frégate.

La Durance, transport à vapeur. Commandant : M. Thoyon, capitaine de frégate.

La Mitraille, canonnière à vapeur. Capitaine : M. Beranger, lieutenant de vaisseau.

La Fusée, canonnière à vapeur. Capitaine : M. Gabrielli de Carpégna, lieutenant de vaisseau.

La Dragonne, canonnière à vapeur, Capitaine : M. Barry, lieutenant de vaisseau.

L'Avalanche, canonnière à vapeur. Capitaine : M. Lafond, lieutenant de vaisseau.

Plus tard : *l'Audacieuse*, frégate à vapeur de 50 canons. Commandant : M. d'Aboville, capitaine de vaisseau. — Cette frégate avait à bord le baron Gros, ministre plénipotentiaire de France.

LVI. — Très-désireux de savoir sur quel pied étaient les relations réciproques de la France et du Céleste-Empire, l'amiral Rigault de Genouilly se rendit aussitôt auprès du ministre de France résidant à Macao.

M. de Bourboulon, dans sa dernière dépêche au gouverneur général Yeh, lui avait fait savoir que s'il n'obtenait pas, pour le meurtre commis sur la personne du missionnaire Chapdelaine, les justes réparations demandées, il s'arrêterait à telle résolution qu'il jugerait convenable. — Le gouverneur de Canton n'avait point répondu à cette dépêche, et, par suite de ce silence, il y avait comme une sorte de suspension de relations entre les autorités; mais, du reste, sans aucune hostilité ni de leur part, ni de la nôtre.

On ne pouvait apporter aucune modification dans la situation, avant l'arrivée du baron Gros; lui seul devait décider s'il y avait lieu de maintenir la paix ou de déclarer la guerre.

L'amiral établit son quartier général à Castle-Peak; ce mouillage à petite et égale distance de Macao et de Hong-kong facilitait ainsi ses communications avec le ministre de France et les autorités anglaises.

En effet, l'amiral, avec cette infatigable activité dont il avait donné de si éclatantes preuves en Crimée, avait de fréquentes conférences avec lord Elgin, sir J. Bowring, gouverneur de Hong-kong, et son collègue l'amiral Seymour, dont il appréciait à sa juste et haute valeur la droiture du caractère et la sûreté du jugement.

LVII. — Il était évident à tous que la situation des Anglais devenait chaque jour plus difficile, car l'amiral Seymour ne pouvait se dissimuler un seul instant l'inefficacité de la guerre qui se faisait depuis plusieurs mois dans la rivière de Canton. — A Hong-kong, on était impatient d'une solution, et les personnages les plus influents de cette colonie pressaient lord Elgin de prendre une résolution énergique, sans laisser par de plus longs retards empirer encore une position devenue l'objet des railleries et du dédain des hautes autorités chinoises.

La crainte de voir la France prendre sa large part d'influence et d'éclat dans les événements futurs n'était pas étrangère aux pressantes sollicitations de ces meneurs de l'opinion publique.

Sous cette impression, lord Elgin annonça à l'amiral Rigault de Genouilly son intention de partir, dans un bref délai, pour le golfe de Pe-tchi-li, afin d'y porter ses sommations à la cour de Pé-king.

LVIII. — L'amiral écrit à ce sujet, en date du 22 juillet 1857 :

« Les raisons de Son Excellence pour tenter cette démarche étaient : que la situation inactive à Hongkong ne pourrait se prolonger sans dommage, tant pour l'importance de sa mission, que pour l'influence de l'Angleterre et du plénipotentiaire qu'elle avait choisi. Lord Elgin ajoutait encore, qu'à cette époque de l'année, le golfe de Pe-tchi-li était accessible, qu'il ne le serait plus passé le mois de septembre, et qu'il craignait de perdre une année, s'il ajournait son voyage. Sa Seigneurie m'annonça d'ailleurs qu'elle avait écrit à M. de Bourboulon pour lui proposer de l'accompagner à l'embouchure du Peï-ho; mais que le ministre de France avait décliné toute démarche semblable, dont il devait laisser l'initiative à M. le baron Gros.

« Quoique je n'eusse pas d'opinion officielle à émettre sur les projets de lord Elgin, Sa Seigneurie paraissant très-désireuse de connaître mon avis, j'ai dû combattre son projet. Je l'ai donc combattu tout d'abord, au point de vue exclusivement anglais, faisant remarquer à Son Excellence que, si en remontant jusqu'au Peï-ho, elle allait poser un ultimatum, il serait fâcheux que la présentation de cet ultimatum, s'il était rejeté ou bien dédaigneusement accueilli, comme c'était probable, ne pût être suivi d'une entrée en action, que rendait impossible l'envoi dans l'Inde des troupes destinées à la Chine. J'ajoutai encore que de puissants steamers pouvaient séjourner dans le golfe de Pe-tchi-li jusqu'au mois de novembre, et je citai le précédent de l'expédition des États-Unis. Plus tard, dans une autre conversation sur le même sujet, je représentai à Son Excellence, combien il serait regrettable qu'elle n'attendît pas la venue de M. le baron Gros pour commencer l'action diplomatique; que cette action divisée perdrait beaucoup de sa force et laisserait aux Chinois l'espoir de rompre le concert de la France et de l'Angleterre. Je lui dis encore :

que les deux gouvernements s'étant complétement entendus, pour que le plénipotentiaire extraordinaire de S. M. l'empereur des Français agît de concert avec le plénipotentiaire extraordinaire de S. M. la reine de la Grande-Bretagne, le gouvernement français éprouverait au moins un étonnement pénible, pour ne pas dire plus, qu'on n'attendît pas son envoyé pour commencer les négociations, surtout en présence des circonstances actuelles, qui ajournaient forcément à plusieurs mois l'action militaire.

« Ces raisons exposées nettement, loyalement, et appuyées, je dois le dire, de toute l'influence de M. l'amiral Seymour, auquel j'avais manifesté toutes mes inquiétudes sur le projet de lord Elgin, ébranlèrent d'abord Son Excellence et finirent par la décider à abandonner son projet de voyage au golfe de Pe-tchi-li. »

LIX. — Lord Elgin toutefois ne resta pas à Hongkong et partit aussitôt pour Singapour et Calcutta.

En renonçant à son projet, le plénipotentiaire de Sa Majesté Britannique fit preuve de sagacité et de loyauté diplomatique. — L'union et le parfait accord des démarches faites par les puissances alliées étaient en effet, aux yeux des Chinois eux-mêmes, d'une haute importance, afin qu'ils ne pussent pas supposer pouvoir désunir cette alliance par quelque menée sourde de leur diplomatie astucieuse. La France avait son rang à conquérir dans l'appréciation du peuple chinois, un rang digne d'elle et du noble but qu'elle se proposait. Il importait que la cour de Pé-king, si dédaigneuse pour les peuples occidentaux, fût réellement éclairée par des faits sur la valeur respective des grands pouvoirs européens.

Espérer une favorable conclusion par les voies pacifiques, était une illusion qui pouvait bien un instant traverser l'esprit, mais il eût fallu méconnaître l'essence même du caractère chinois pour la conserver longtemps; il eût fallu oublier le profond mépris que la cour de Pé-king avait toujours professé pour les nations occidentales, mépris mal dissimulé sous des apparences factices de bonnes relations à l'extérieur, et ne pas se rappeler que cette cour n'avait jamais voulu admettre dans l'intérieur de l'Empire aucun ambassadeur, si ce n'est comme *porteur de tributs*. Sir John Bowring et l'amiral Seymour, qui tous deux sentaient profondément la position embarrassante que les derniers événements avaient faite à l'Angleterre, ne tardèrent pas à faire tomber cette illusion du cœur de lord Elgin (1).

(1) Cet extrait d'une lettre adressée plus tard par le comte d'Elgin à lord Clarendon, prouve que ce n'était point à un fait séparé qu'il fallait s'attaquer, mais aux racines profondes du mépris traditionnel du gouvernement chinois pour *les souverains européens*.

« Un cas notoire, et qui fixe parfaitement sur la nature de cette politique cauteleuse et déloyale que l'on suit partout en Chine, en d'autres lieux aussi bien qu'à Canton, c'est que le comte Kleczkowski secrétaire de la mission française, et lui-même un savant chinois de premier ordre, avait eu récemment à intervenir en faveur de ses nationaux résidant à Shang-haï, au sujet d'un terrain qui leur avait été cédé par traité. Il n'est pas de difficultés qu'on ne leur eût d'abord opposées, à cet endroit, jusqu'à ce qu'enfin le principe admis, il fut

LX. — L'amiral Rigault de Genouilly ne s'y trompa pas non plus un instant, et profita du temps qui devait encore s'écouler avant l'arrivée du baron Gros, pour compléter l'instruction militaire de ses équipages et exercer ses compagnies de débarquement ; qui allaient évidemment devenir, au début des hostilités, le principal moyen d'action. — L'amiral Seymour avait accompli dans la rivière de Canton à peu près ce qu'il était possible de faire avec des forces navales, et il fallait préparer les troupes pour le rôle qu'elles auraient à jouer à terre, dès le commencement des opérations. — L'amiral faisait en même temps savoir au ministre de la marine combien il était désirable que son effectif militaire s'augmentât dans la prévision des hostilités à venir, et pour que la France, par le nombre et la composition des forces qui seraient alors mises en ligne, tînt un rang digne d'elle dans la lutte qui se préparait.

« Cette lutte, écrivait-il, me paraît inévitable, quelle que soit l'habileté des diplomates auxquels la France et

décidé qu'un morceau de terre, excessivement restreint d'ailleurs, leur serait cédé à perpétuité. Néanmoins, le négociateur dut s'apercevoir bientôt que ce n'était qu'après avoir réussi à établir le fait de la concession que surgissaient les plus grands obstacles. Ainsi, lorsqu'il s'agit de passer le bail, comme il était nécessaire de se reporter au traité fait entre les deux empereurs de France et de Chine, les mandarins survinrent aussitôt, protestant qu'il leur serait impossible, dans une pièce qui devait être rendue publique, de reconnaître que leur souverain eût jamais consenti *à prendre aucun arrangement avec un barbare;* en second lieu, c'était le nom des parties devant figurer au traité, qui constituait une autre difficulté des plus graves. Accorder le même titre aux empereurs de Chine et de France, et admettre leurs noms sur la même ligne, était une indignité, selon eux, à laquelle ils ne consentiraient jamais, etc. »

l'Angleterre ont remis le soin de régler leurs intérêts en ces lointains parages. La cour de Pé-king, d'après ce que je recueille de tous les côtés, restera sourde à toute proposition d'accommodement, jusqu'à ce qu'un coup vigoureux ait été frappé (1). »

LXI. — Il était évident qu'une attaque contre Canton serait le premier acte militaire sérieux proposé et entrepris par les Anglais. — A côté du désir légitime de faire cesser des souffrances commerciales réelles, la question

---

(1) *Dépêche du 22 juillet 1857.*

La dépêche du 9 mai de Son Excellence le ministre de la marine dont il a été fait mention, prévoyait les hostilités et donnait des instructions sommaires à cet égard.

« Les opérations que les gouvernements de France et d'Angleterre pensent pouvoir être effectuées au cas où les mesures de coercition deviendraient indispensables sont :

« 1° Un blocus de l'embouchure du Peï-ho.

« 2° Une occupation de l'entrée du grand canal dans le Yang-tse kiang.

« 3° Une occupation de Chusan.

« 4° Un blocus du Chespoo ou de tous les autres points du Céleste-Empire.

« 5° Une interruption du passage du grand canal, au point où il coupe le Houng-ho.

« 6° Un débarquement au-dessus de Canton, une occupation des hauteurs qui dominent la ville.

« 7° L'établissement de forces militaires dans la partie supérieure de la ville de Canton.

« Mais cette dernière mesure pouvant amener de graves désordres dans la ville, le gouvernement de l'Empereur pense avec celui de Sa Majesté Britannique, qu'il conviendra de n'y point recourir, autant que faire se pourra. Le désir des deux gouvernements est d'éviter toute effusion de sang ou tout dommage matériel qui seraient inutiles. »

morale de prestige et d'influence existait aussi ; il fallait rentrer en vainqueur dans une ville que, suivant les Chinois, on avait été obligé de quitter en vaincus. Il y avait aussi un intérêt d'une grande portée politique à occuper Canton.

« L'invincibilité de cette ville et de ses habitants par les barbares, écrivait encore l'amiral, est vantée dans tout le Céleste-Empire, il faut faire disparaître cette croyance qui pourrait abuser la cour de Pé-king, sur ses moyens de résistance aux forces européennes. Canton n'a jamais été pris ; la ville a payé une rançon dans la guerre de 1840 pour n'être pas occupée par lord Gough et son armée ; mais cette rançon, soldée par les mandarins et connue d'eux seuls, a été transformée en victoire. Les barbares ont été, disent-ils, rejetés à la mer. » — Telle était l'opinion généralement répandue dans l'intérieur de l'Empire.

Canton pris pouvait être dominé, en tenant les hauteurs du nord qu'il faudrait évidemment entourer d'un camp retranché, car on devait s'attendre à des retours offensifs de la part des troupes tartares et des milices chinoises, connues sous le nom de *Braves de la campagne.*

LXII. — L'occupation de *Chusan* en commun par les alliés était aussi une opération importante et facilement exécutable, mais le grand canal qui a son débouché dans le Yang-tse-kiang était occupé par les rebelles chinois. Les rapports parvenus aux Anglais et ceux transmis par nos missionnaires constataient, que ce grand canal était dans un tel état de dégradation dans la partie nord, qu'il était presque fermé à la navigation, et ne pouvait que très difficilement servir à transporter vers la capitale les produits du sud de la Chine. — Le gouvernement de Pé-king, en proie fort souvent à des embarras financiers très-sérieux, a retranché les fonds appliqués à la conservation de ces ouvrages d'art qui demandent un entretien continuel. Cette admirable canalisation, unique dans le monde, paralysée sur plusieurs points, est ainsi menacée d'une complète et prochaine destruction.

On savait en outre que les convois de jonques, qui portent les approvisionnements de riz et de sel, partent aujourd'hui de Shang-haï, descendent le Yang-tse-kiang, remontant vers le nord dans le golfe de Pe-tchi-li, et arrivent à Pé-king par le Peï-ho. Un blocus de Yang-tse-kiang combiné avec un blocus du Peï-ho arrêterait efficacement tous ces convois, si l'on pouvait mettre en campagne un nombre suffisant de bâtiments légers propres à passer sur toutes les barres et à y suivre les jonques.

Telles étaient les différentes combinaisons qui pouvaient, à un moment donné, être mises à exécution.

La grande préoccupation de l'amiral, en attendant la venue du baron Gros, était de recueillir tous les renseignements capables d'éclairer, dès son arrivée, le ministre plénipotentiaire de France, tant sous le côté moral que sous le côté matériel.

LXIII. — Les embarras de la situation s'aggravaient en effet chaque jour davantage.

La gazette de Pé-king venait de publier les actes officiels par lesquels l'empereur de la Chine acceptait pleinement la solidarité des faits et gestes du vice-roi Yeh et leur donnait la plus complète approbation.—On avait pu supposer jusqu'alors que l'Empereur, n'était qu'imparfaitement instruit des événements qui venaient de se passer, mais la publication de ces actes élevait la question et la faisait remonter du vice-roi à l'Empereur lui-même.

En outre, Yeh, qui avait dû, par pénurie de fonds, suspendre la solde des milices chinoises, venait de recevoir du trésor impérial un secours considérable en argent.

Un renfort de troupes chinoises était, en outre, entré dans Canton, arrivant du nord par mer. Ce renfort avait été mis à terre à peu de distance de Hong-kong dans l'une des nombreuses baies qui découpent les côtes de la Chine.

Ces nouvelles, puisées à des sources certaines, dénotaient évidemment que la cour de Pé-king préparait de son côté tous ces moyens de résistance. Elle était enhardie par les difficultés que la révolte de l'Inde créait au gouvernement anglais.

LXIV. — Différents faits partiels qui se produisirent dans le même moment, engagèrent l'amiral Seymour à effectuer le blocus de la rivière de Canton ; et l'amiral français recevait, le 8 août, la notification officielle de ce blocus par les forces navales britanniques. Une lettre particulière adressée par l'amiral Seymour à son collègue l'amiral Rigault de Genouilly lui faisait savoir que ce blocus avait été surtout déterminé par les tentatives du gouverneur général Yeh pour rouvrir le commerce avec les autres pavillons, à l'exclusion du pavillon britannique.

Cette mesure, on doit le comprendre, suscita de grandes clameurs à Macao, où le commerce s'était plus particulièrement réfugié; elle eut pour résultat immédiat de faire renchérir dans la colonie anglaise de Hong-Kong, toutes les denrées nécessaires à la vie. — Du reste, l'amiral Seymour n'exerçait pas très-rigoureusement ce blocus.

Ce fut à cette époque que l'amiral Poutiatine, ministre plénipotentiaire de S. M. l'empereur de Russie, arriva à Shang-haï. — Bien qu'il conservât le plus grand silence sur la route qu'il avait suivie, on savait, qu'embarqué sur l'*America*, l'amiral russe s'était d'abord rendu dans le golfe de Pe-tchi-li, où il avait, assurait-on, remis au Peï-ho un message qui devait être sans délai transmis à Pé-king; l'amiral était reparti presque aussitôt, annonçant qu'il reviendrait prochainement pour agir de concert avec les ambassadeurs de France et d'Angleterre.

LXV. — Le comte d'Elgin, nous l'avons dit, profitant du temps qui restait à sa disposition, avant l'arrivée de son collègue le baron Gros, était parti pour Calcutta, afin de s'entendre directement avec lord Canning, et de joindre ses efforts aux siens au milieu des cruels événements qui ensanglantaient les possessions anglaises dans les Indes.

Calcutta même, d'après les dernières nouvelles, semblait menacée, et le capitaine Peel s'était chargé d'organiser une brigade navale destinée à opérer dans les provinces du haut Bengale.

En passant à Singapour, les sérieuses appréhensions de lord Elgin avaient été encore augmentées par l'affreuse nouvelle du massacre de Cawnpore.

Il put bientôt juger par lui-même à quel point la position était grave, et combien il devenait important de réunir à la hâte toutes les forces dont on pourrait disposer pour faire face à une crise imminente.

De toutes parts, les généraux demandaient des renforts qui, hélas, ne pouvaient être envoyés. — Devant Delhi deux commandants en chef avaient succombé. Une poignée d'hommes, enfermée dans Lucknow, se défendait à outrance avec ce courage indomptable qui distingue les Anglais. Chaque jour, on craignait d'apprendre la nouvelle d'une horrible catastrophe. — Le brave général Havelock avec sa petite armée, que décimaient la maladie et les fatigues, se repliait lentement sur Cawnpore ; il n'espérait pas tenir contre les rebelles, mais il était résolu à combattre et à mourir avec le dernier de ses soldats.

LXVI. — Dans cette affreuse alternative la position semblait désespérée; car, à l'exception des troupes destinées à l'expédition de Chine, aucun envoi nouveau ne pouvait arriver d'Europe avant deux mois au moins.

Quelque insuffisantes que fussent ces forces pour parer à de si terribles commotions, elles rendirent cependant un immense service et arrêtèrent le courant de la révolte qui se dirigeait audacieusement et à pas rapides sur Calcutta. — Ces troupes allaient, après avoir sauvé Dinapore et délivré Awah, rejoindre le général Havelock et ranimer, par leur présence, les forces épuisées de cette poignée d'héroïques soldats.

Combien, devant cette tempête sanglante qui bouleversait l'Inde, disparaissaient les intérêts, pourtant sérieux, qui avaient amené lord Elgin en Chine. Tous les plans formés à l'avance étaient renversés par la force des événements ; il ne fallait plus compter sur le retour possible des régiments qui avaient été dirigés sur l'Inde.

L'ambassadeur de Sa Majesté Britannique retourna donc à Hong-kong pour se tenir prêt à conférer avec le baron Gros, dès son arrivée.

LXVII. — Le 20 septembre, lord Elgin était de retour à Hong-kong. — A cette époque l'arrivée du plénipotentiaire français n'avait point encore été signalée à Singapour, où Son Excellence mouilla seulement le 28 septembre, et qu'il quitta le 2 octobre.

Lord Elgin trouva les affaires de Chine dans le même état qu'il les avait laissées. — Le blocus de la rivière de Canton continuait, et donnait de temps à autre à l'escadre anglaise l'occasion de quelques prises fructueuses. Trois canonnières et les embarcations de deux bâtiments avaient attaqué deux villages de la rivière pour amener la destruction de quelques jonques. Le commandant Cochrane, du *Niger*, qui conduisait une des embarcations, avait été grièvement blessé.

Lord Elgin ne songeait plus à se présenter en personne au golfe de Pé-tchi-li pour entrer en communication avec le gouvernement de Pé-king, mais à y envoyer une des personnes attachées à sa légation. — L'amoindrissement des forces sur lesquelles il comptait en cas d'hostilités avec le Céleste-Empire, le laissait dans une grande perplexité, et il était loin d'être rassuré sur les conséquences des opérations projetées contre Canton avec le petit nombre de troupes annoncées à l'amiral Seymour. Ces troupes se composaient de quinze à dix-huit cents *Marines* (infanterie et artillerie) expédiés d'Angleterre, et auxquels devaient s'adjoindre les *Marines* de l'escadre et une brigade de matelots. En y joignant le contingent français, c'était encore un effectif bien restreint, non pour attaquer Canton et s'emparer des hauteurs, mais pour s'y maintenir solidement. — Serait-il possible, avec un si petit nombre d'hommes, de réprimer, dans cette ville d'un million d'âmes, les désordres et les brigandages de toute sorte auxquels se livrerait infailliblement la population chinoise, cruels excès dont la responsabilité retomberait sans doute sur les pavillons de la France et de l'Angleterre?

LXVIII. — Si cette préoccupation était grande chez l'amiral anglais, elle n'était pas moindre chez l'amiral français, qui craignait de voir les armes de la France engagées dans une lutte peut-être sans issue. Il n'arrêtait pas seulement son regard sur la question présente, et envisageait l'avenir de notre position dans ces lointaines contrées, jusque-là presque entièrement abandonnées à l'influence de l'Angleterre et de la Russie.

La part que la France allait prendre dans les affaires de la Chine ne devait pas se mesurer exactement sur nos intérêts actuels en cet extrême orient, mais se proportionner plutôt aux intérêts, considérables peut-être, que nous promettait l'avenir.

Il était regrettable que la question italienne, qui déjà grondait sourdement, recélant dans son sein la tempête, ne permît pas au gouvernement de la France, d'envoyer dans les mers de Chine un accroissement de forces devenu doublement nécessaire par l'éloignement des troupes britanniques, absorbées, aussitôt leur arrivée, par la révolte des Indes.—Il eût été à désirer que la France, entrant en lice dans une question où ses armes pouvaient d'un moment à l'autre être en jeu, s'y fût présentée, non pas dans la limite stricte de l'importance que cette question avait pour elle, mais avec des moyens répondant à sa grandeur et à sa puissance.

Telles étaient les appréhensions que faisaient naître

dans l'esprit des deux amiraux, chacun pour sa part, les difficultés probables de la situation, lorsque la frégate *l'Audacieuse*, qui amenait le baron Gros et tout le personnel de son ambassade, arriva enfin à Castle-Peak, mouillage de la division navale française.

C'était le 13 octobre 1857, au soir.

LIVRE II

LIVRE II.

CHAPITRE PREMIER.

I. — L'arrivée si impatiemment attendue du baron Gros allait faire entrer la question chinoise dans une nouvelle phase.

L'amiral Rigault de Genouilly s'empressa de se rendre à bord de *l'Audacieuse*, et eut un long entretien avec l'ambassadeur. Dans cet entretien, il lui exposa en détail tout ce qu'il savait sur la situation présente des affaires de la Chine et sur les projets futurs de lord Elgin et de l'amiral Seymour.

Dans la soirée, le baron Gros se rendit à Macao avec l'amiral, pour conférer sans retard avec M. de Bourboulon, ministre de France, et dès le lendemain, il se portait à Hong-kong, où était son collègue, l'ambassadeur d'Angleterre.

A peine *l'Audacieuse* avait-elle jeté l'ancre dans le port, que le plénipotentiaire de la France était salué de dix-neuf coups de canon par l'amiral Seymour, par une frégate anglaise, une corvette américaine et une corvette hollandaise. — Toutes les nationalités, représentées par des bâtiments de guerre dans le port de Hong-kong, s'empressaient à l'envi de rendre hommage à l'envoyé de l'Empereur. « *L'Audacieuse*, écrit l'amiral dans une de ses dépêches, a tiré en échange de saluts, plus de deux cent cinquante coups de canon. »

II. — Le baron Gros se rendit aussitôt à bord de *l'Ava*, où était lord Elgin et resta plusieurs heures avec lui.

Il était important de prendre sans retard une résolution décisive. — Le baron Gros séjourna cinq jours en rade de Hong-kong, et retourna ensuite à Castle-Peak, mouillage de la division navale française.

Les conférences du baron Gros et du comte d'Elgin eurent pour premier résultat de faire renoncer les hauts commissaires de France et d'Angleterre, non-seulement à l'idée de se rendre eux-mêmes dans le golfe de Pé-tchi-li, mais même à celle d'y envoyer un de leurs représentants chargé de notifier au gouvernement chinois leur arrivée et l'objet de leur mission.

Le résultat infructueux des démarches faites par l'amiral Poutiatine qui n'avait pu obtenir d'être admis dans la capitale de l'Empire avait amené cette détermination des deux plénipotentiaires. Des considérations très-importantes devaient en effet engager la cour de Pé-king à se maintenir en bonne intelligence avec la cour de Russie, et cependant les termes de la réponse transmise à l'amiral russe avaient été, assurait-on, très-secs et très-catégoriques. Ce nouvel incident prouvait jusqu'à l'évidence qu'il fallait renoncer à l'espoir de rien obtenir du gouvernement chinois par la conciliation. — Les négociations à entamer avec le Vice-roi, commissaire du gouvernement impérial, devaient être présentées à la pointe des épées de la France et de l'Angleterre, toutes deux prêtes à frapper.

III. — Du reste les bruits les plus contradictoires se succédaient et il était bien difficile d'asseoir sur aucun d'eux une opinion certaine. — Ainsi le Vice-roi, malgré l'approbation officielle donnée à ses actes, avait vu tout récemment son pouvoir, unique jusqu'à ce jour, partagé entre lui et un autre mandarin, nommé gouverneur de la ville. Ce nouveau fonctionnaire s'appelait Pih-kwei. — Cette nomination imprévue présageait-elle la disgrâce prochaine de Yeh ?

« La politique chinoise (écrivait-on à cette époque) a des obscurités profondes pour les Européens ; » les succès ou les revers de la rébellion qui agitait l'empire devaient en effet avoir une grande part dans les résolutions impériales et pouvaient amener des revirements inattendus.

Les progrès des révoltés dans la province de Canton prenaient chaque jour un caractère plus inquiétant : maîtres de la ville de Chaou-tchou, qui domine le cours supérieur du fleuve, ils descendaient sur la ville de Tachang-sing.

IV. — Pendant ce temps, l'amiral Seymour préparait

les voies à une action militaire et resserrait le blocus de Canton, en plaçant dans le haut de la rivière les nouveaux bâtiments de flotille récemment arrivés d'Angleterre. — Le commodore Elliot avait balayé les eaux intérieures du fleuve et détruit un nombre considérable de jonques : cet officier supérieur avait rejoint Macao par le Broadway, branche de la rivière dans laquelle, jusqu'alors, les Chinois seuls avaient pénétré. — 500 hommes de troupes de marine étaient arrivées, le 27 octobre, de Plymouth à Hong-kong. Les autres troupes du même corps, annoncées à l'amiral Seymour, ne pouvaient tarder à paraître.

La diplomatie était bien près d'avoir fini sa tâche, et le baron Gros traçait dans un memorandum la marche qui lui semblait devoir être suivie dans les circonstances actuelles. Cette note explicative établissait très-nettement l'attitude des deux gouvernements dans une lutte devenue imminente; approuvée sans réserve par lord Elgin, elle était envoyée en communication aux deux amiraux (1).

(1) *Memorandum du baron Gros.*

Le voyage dans le Pé-tchi-li, prescrit aux deux plénipotentiaires de France et d'Angleterre par les instructions qui, en premier lieu, leur avaient été données par leurs gouvernements respectifs, étant abandonné cette année, pour des motifs qu'il serait inutile de rappeler ici, et la situation actuelle des affaires en Chine exigeant impérieusement qu'une action directe et décisive soit, avant toutes choses, entreprise sur Canton, mesure que les instructions nouvellement reçues d'Europe autorisent les plénipotentiaires à faire exécuter, s'ils le jugent nécessaire, il est indispensable de bien préciser d'avance la marche à suivre, d'un commun accord, par les deux plénipotentiaires, et de convenir, dès à présent, des démarches à faire et des dispositions à prendre

V. — A la suite de cette communication, le commandant en chef français eut une première conférence avec

pour arriver, le plus sûrement possible, au but que se proposent d'atteindre les deux gouvernements qu'ils représentent.

Du moment où l'emploi des mesures coercitives contre Canton a été résolu, le devoir des deux plénipotentiaires est de faire connaître officiellement la décision qu'ils ont prise à ce sujet aux commandants militaires et maritimes des deux nations dans les mers de Chine, et de les prier de vouloir bien examiner de concert les moyens dont ils peuvent disposer pour attaquer la ville, et, en les comparant à ceux que les autorités de Canton ont à leur opposer, de déclarer si, après avoir sommé la ville de se rendre, ils croient, en cas de refus, pouvoir la prendre, y maintenir l'ordre, et la garder jusqu'au moment où le gouvernement chinois accéderait aux demandes que les deux plénipotentiaires auraient à lui présenter plus tard.

Détruire Canton ou le réduire en cendres serait assurément une tâche bien facile à accomplir; mais un fait de cette nature, dont auraient à souffrir un si grand nombre de personnes inoffensives, ne pourrait amener aucun résultat, et ne serait, en définitive, qu'un acte de barbarie qui imprimerait aux deux pavillons de France et d'Angleterre une tache ineffaçable. Une éventualité aussi fâcheuse ne peut donc être ni prévue ni discutée.

Si les chefs militaires et maritimes des deux nations dans ces parages répondaient affirmativement à la question qui leur aurait été ainsi posée, question que seuls ils sont compétents à résoudre, ils auraient à s'entendre pour agir de concert en se plaçant dans les meilleures conditions possibles, et leurs opérations devraient être poussées avec vigueur jusqu'au moment où les propositions sérieuses, faites par les mandarins, pourraient être acceptées par les plénipotentiaires, si des garanties matérielles leur étaient loyalement données.

Si, au contraire, les moyens dont les amiraux et les généraux peuvent disposer dans ces parages ne leur paraissent pas suffire, en ce moment, pour enlever la ville, y conserver l'ordre et la garder comme un gage à ne rendre que plus tard, ce serait à eux à proposer l'adoption de mesures efficaces pour maintenir le *statu quo*, c'est-à-dire le blocus de Canton par les forces combinées des deux nations, jusqu'au moment où les deux gouvernements, prévenus de cet état de choses par les plénipotentiaires respectifs et par les amiraux, enverraient en Chine des renforts suffisants pour dominer la situation, ou donneraient de nouveaux ordres à leurs représentants.

L'action militaire, ayant été déclarée par les amiraux des deux

l'amiral Seymour, qui lui exposa un projet d'attaque sur la ville de Canton. Cette attaque devait être précédée

nations comme pouvant offrir des chances réelles de succès, l'escadre française remonterait immédiatement la rivière pour bloquer Canton, de concert avec les forces de Sa Majesté Britannique qui se trouvent déjà devant la ville.

Les deux plénipotentiaires pourraient en même temps se rapprocher de Canton, pour y être à même de négocier, s'il y avait lieu, avec les autorités chinoises compétentes, et les notes qu'ils doivent adresser à l'autorité supérieure de Canton seraient envoyées en même temps, par deux parlementaires, au gouverneur de la province chargé des relations extérieures de l'empire.

Ces notes, dans lesquelles la solidarité des causes, anglaise et française, serait établie nettement, devraient être envoyées au vice-roi, et, en son absence, à l'autorité supérieure qui serait chargée de le remplacer dans ses fonctions; car, il est facile de prévoir que Yeh, comme l'a fait autrefois le vice-roi Siou, abandonnera la ville pour aller soi-disant combattre les rebelles, au moment où il recevra les communications des deux nouveaux plénipotentiaires.

Une copie de la note française adressée au vice-roi est jointe à ce memorandum : mais cette note n'est encore qu'un simple projet, dont la rédaction est portée à la connaissance du haut commissaire de Sa Majesté Britannique, afin que Son Excellence veuille bien l'examiner, et puisse faire sur son contenu toutes les observations qu'elle jugerait opportunes.

Le temps accordé aux autorités de Canton pour répondre à cette note devrait être calculé de manière à faire coïncider le délai fatal avec le moment, où toutes les forces des deux escadres pourraient être réunies et seraient à même d'agir avec tous les moyens d'action, dont elles peuvent disposer.

L'envoi préalable de la note dont il s'agit serait, aux yeux de l'Europe, une dernière tentative faite auprès du vice-roi de Canton, et cette démarche, conforme en tout au droit des gens, aurait encore lieu avant l'emploi de mesures coercitives, toujours à regretter, même lorsque la nécessité la plus absolue est venue les imposer.

Les deux légations de France et d'Angleterre continuant à être accréditées en Chine pendant la présence des nouveaux plénipotentiaires dans le pays, ne serait-il pas régulier que MM. Bourboulon et sir John Bowring annonçassent, par une note officielle, au Vice-roi chargé des affaires extérieures du Céleste-Empire et, en son absence, au fonctionnaire qui le remplacerait, que les deux gouvernements, justement

par l'occupation de l'angle nord-ouest de l'île d'Ho-nan. L'amiral anglais se créait par cette occupation une place

offensés du refus de réparation que, sous une forme ou sous l'autre, les autorités de Canton opposent sans cesse à leurs demandes, ont envoyé des plénipotentiaires extraordinaires chargés de mettre un terme à un état de choses blessant pour leur honneur. Les notes des deux ministres accrédités en Chine pourraient avoir la même date que celles des nouveaux agents, et seraient remises en même temps que les dernières et par les mêmes parlementaires.

Le blocus de Canton n'en serait pas moins continué sans interruption par l'escadre anglaise, et renforcé immédiatement par l'escadre française. Mais aucune attaque contre la ville ne devrait être tentée avant le terme fatal fixé par les deux notes.

A l'expiration du délai dont il est question, soit qu'il n'ait été fait aucune réponse aux notes des plénipotentiaires, soit que, dans le cas contraire, une réponse ne contienne qu'un refus ou que des paroles évasives, il serait enjoint au Vice-roi d'éloigner de Canton les troupes qui l'occupent, et de laisser les forces alliées prendre possession de la ville. Les commandants de ces forces s'engageraient à maintenir l'ordre dans Canton, à y respecter la vie et les propriétés des habitants, et à l'évacuer dès que le gouvernement chinois aurait accédé aux demandes des plénipotentiaires de France et d'Angleterre. Il va sans dire que des magistrats chinois seraient chargés, sous leur responsabilité, d'assurer la tranquillité dans l'intérieur de Canton et dans la banlieue, et d'y veiller à la sûreté des Européens.

Si un refus arrivait, ou si une réponse dilatoire était faite à la dernière sommation dont on vient de parler, la force serait employée pour obtenir justice, où, quand et comment, les commandants militaires le jugeraient à propos; mais, dans ce dernier cas, comme dans le premier, la magistrature municipale dont on vient de parler devrait être établie, et l'organisation de cette utile institution semble exiger que l'on s'occupe d'avance de la création d'un corps d'interprètes honnêtes, dévoués et convenablement rétribués.

Soit que la ville se rende, soit (ce qui est beaucoup plus probable) qu'il faille la prendre de vive force, il serait bon que de nombreuses proclamations, rédigées en peu de mots, pour rassurer les habitants de Canton et surtout ceux des quatre-vingt-seize villages, et pour leur promettre une protection efficace, s'ils ne faisaient que s'occuper tranquillement de leurs affaires, fussent répandues dans la ville et dans la campagne. Elles devraient bien faire comprendre aux populations auxquelles elles s'adresseraient, que les alliés ne font pas la

d'armes et un lieu de dépôt pour les vivres, les munitions de guerre et les ambulances ; il s'emparait ensuite de *la Folie française* et de *la Folie hollandaise*, afin d'y établir des batteries.

Ces opérations préliminaires une fois accomplies, les deux escadres combinées devaient s'embosser aux deux extrémités de la muraille sud de Canton et détruire au préalable les maisons qui masquaient les murailles. Pendant que les deux attaques principales feraient brèche

guerre aux gens paisibles, mais seulement aux mandarins et à leurs soldats. Ces proclamations seraient, autant que possible, placardées dans la ville et dans les villages, et, ce qui vaudrait mieux encore, il en serait remis aux officiers du corps expéditionnaire, qui les répandraient partout avec profusion. Les missionnaires pourraient aussi en faire distribuer d'avance un assez grand nombre par leurs coreligionnaires dans Canton et dans les villages.

Il va sans dire qu'aucun acte de violence, qu'aucun pillage ne devraient ni ne pourraient être tolérés, et que l'ordre le plus sévère serait maintenu parmi les soldats et les marins des deux escadres qui occuperaient la ville soit par la force des armes, soit en vertu d'une capitulation. Ce point est d'une bien grande importance ; le succès de l'entreprise, la sûreté de nos forces et par-dessus tout l'honneur des troupes engagées en dépendent.

Or l'un des meilleurs moyens employés pour maintenir cette discipline indispensable serait de pourvoir largement à terre à tous les besoins des soldats et des marins, en établissant des lignes de communication sûres et faciles à garder entre le corps expéditionnaire et les escadres combinées, mesure que, dans leur prévoyante expérience, les chefs alliés ne pourront pas manquer de prendre comme base essentielle de leurs opérations.

Telles sont les idées que suggère au commissaire extraordinaire de France la situation actuelle des affaires en Chine. Il les soumet confidentiellement à son honorable collègue d'Angleterre, et ne les lui présente, cela va sans dire, que comme un résumé des conversations qu'il a déjà eu l'honneur d'avoir avec lui. Il n'y a, dans les aperçus consignés ci-dessus, rien d'arrêté d'avance, et toutes ces idées, rendues plus faciles à saisir en les fixant sur le papier, il les rappelle à

sur deux points désignés, diverses attaques seraient simulées sur d'autres parties de la grande muraille qui protége la ville du côté du fleuve. — Les brèches une fois ouvertes, le corps de débarquement divisé en deux colonnes formées de troupes et de matelots des deux escadres escaladerait les murailles dont le parapet supérieur peut donner passage à quatre ou cinq hommes marchant de front, et convergerait vers une hauteur indiquée qui se trouve à l'intérieur nord de la ville.

son honorable collègue, pour qu'il veuille bien les examiner attentivement, et voir si elles sont d'accord avec la manière dont Son Excellence envisage, de son côté, les affaires de la Chine, telle que les circonstances les ont faites en ce moment.

Rien ne sera plus facile que s'entendre au sujet des modifications à apporter aux propositions, ou plutôt aux aperçus qui précèdent; car, bien que la position des deux plénipotentiaires ne soit pas identique, le but que les deux gouvernements qu'ils représentent, veulent atteindre est le même, puisque ces derniers désirent que leurs nouveaux plénipotentiaires agissent de concert et se prêtent un mutuel appui, pour obtenir les justes réparations qui leur sont dues, et les nouvelles concessions qu'ils ont à demander au souverain du Céleste-Empire.

A bord de l'*Audacieuse*, au mouillage de Castle-Peak-Bay, le 18 novembre 1857.

Baron GROS.

LE COMTE ELGIN AU BARON GROS.

Hong-kong, le 21 novembre 1857.

Le soussigné a lu avec l'attention la plus scrupuleuse l'aide-mémoire que Son Excellence le plénipotentiaire de France a eu la bonté de lui remettre. Il n'y trouve pas un seul mot à retrancher ou à ajouter, et il s'associe pleinement aux vues de son honorable collègue qui y sont développées avec tant de clarté et de précision.

Il enverra, dans un jour prochain, à son honorable collègue la copie de la note anglaise adressée au Vice-roi, dont il a déjà pris la liberté de lui soumettre l'ébauche. La rédaction n'en est pas encore complétée. *Signé :* ELGIN et KINCARDINE.

Maîtres de ce point, on y établirait un millier d'hommes ; et les feux de l'artillerie qui arme la muraille nord, ainsi que ceux du corps expéditionnaire, seraient dirigés contre le fort Gough et contre les autres défenses extérieures. — Dans le même moment, les colonnes d'assaut enfonceraient les portes du nord, se porteraient immédiatement sur les hauteurs extérieures pour s'emparer des forts qui les occupent, et prendraient ainsi possession de Canton, en dominant la ville par le nord, et en la battant au sud par le feu des bâtiments (1).

VI. — Tel était le plan de l'amiral Seymour. — Ce projet comportait une action brillante, rapide, mais dangereuse par plusieurs côtés, surtout avec le petit nombre de forces dont on pouvait disposer; certes le peu de solidité des troupes chinoises dans les différentes rencontres qui avaient eu lieu, leur ignorance complète de toute stratégie militaire pouvaient donner une grande confiance, et permettre de se départir des règles habituelles de la prudence, au profit d'une attaque audacieuse et spontanée; mais la guerre recèle souvent des éventualités imprévues; et si les Chinois sont de mauvais soldats, leur esprit de ruse si connu pouvait tout à coup leur suggérer de nouvelles combinaisons.

Les lignes de communication avec la mer, considération très-importante pour le petit corps qui opérait à

---

(1) Dépêche du contre-amiral Rigault de Genouilly à Son Excellence le ministre de la marine. — Novembre 1857 ; Castle-Peak.

terre, étaient dans ce projet imparfaitement gardées et pouvaient être compromises par un retour offensif de l'ennemi. — En cas de revers, improbable sans doute, mais auquel il fallait pourtant songer, la ligne de retraite était difficile et mal assurée, malgré l'occupation projetée de l'une des murailles. Les Chinois pouvaient faire sauter l'un des pans de cette muraille, et y pratiquer ainsi une brèche qui interrompît la circulation par le parapet supérieur. — La retraite pour tout soldat qui combat doit être à ses yeux certaine et indiscutable, surtout lorsqu'il sait, que s'il tombe aux mains de l'ennemi, il sera impitoyablement massacré.

Une troisième question méritait aussi d'être sérieusement pesée ; — le point de convergence des colonnes était battu par les feux des forts extérieurs, et l'on ignorait si les dispositions du terrain permettraient de s'abriter.

VII. — Telles étaient les principales objections que soulevait le projet d'attaque de l'amiral Seymour dans l'esprit de son collègue ; celui-ci crut devoir les exposer loyalement dans une note qui contenait ces observations réunies à un contre projet.

« Est-il démontré que même avec des Chinois pour adversaires, écrivait l'amiral Rigault de Genouilly, ce plan d'attaque puisse réussir ? J'éprouve à cet égard beaucoup de doutes. Deux mille hommes de plus changeraient la face de la question.

« En effet un millier d'hommes laissé sur chaque muraille l'occuperait fortement; mais ces hommes on ne les aura pas à sa disposition, et une trop forte part serait laissée au hasard. — Or le succès est impérieusement commandé; l'insuccès aurait des conséquences incalculables et éterniserait la guerre, il compromettrait la sûreté, peut-être même la vie des Européens habitant les quatre ports qui leur sont ouverts dans le Céleste-Empire. »

Certes, sans accorder de valeur militaire aux troupes que l'on allait combattre et qui avaient prouvé leur manque de solidité en abandonnant si facilement aux Anglais des positions défensives importantes, on ne pouvait cependant méconnaître qu'ils avaient eu une année entière pour préparer les moyens d'une résistance sérieuse.

VIII. — Les renseignements les plus récents portaient la garnison de Canton à deux mille hommes des bannières tartares affectés spécialement au service de la place, plus six mille hommes de troupes régulières chinoises. — A ces forces, il faut ajouter une levée de milices, dont le chiffre était, dit-on, de trente mille hommes, milices connues sous le nom de *braves de la campagne*, qui devaient, d'après leur réputation de bravoure répandue dans la province, se défendre avec ténacité. — En outre, le vice-roi de Canton, instruit sans nul doute par des espions du petit nombre des troupes assaillantes, ne pouvait pas, non plus, ignorer que la révolte des Indes empêchait les Anglais de recevoir aucun renfort de Calcutta; cet événement, très-favorable à la cause des Chinois, avait dû doubler leur confiance en eux-mêmes.

Si l'année précédente, l'amiral Seymour s'était facilement emparé des forts qui bordent la rivière, s'il avait frappé victorieusement aux portes de Canton et pénétré dans la ville, il ne fallait pas oublier que ces mêmes Chinois avaient, de leur côté, incendié, sous les yeux de leurs ennemis, les immenses établissements des factoreries et contraint peu à peu l'amiral anglais à abandonner successivement les différentes positions qu'il occupait, pour se retrancher dans le fort de Macao (1).

Toutes ces considérations avaient une valeur que doublait l'exiguité des ressources dont on pouvait disposer, et fesaient peser sur les chefs de l'entreprise, une lourde responsabilité.

IX. — L'amiral français se demanda tout d'abord s'il n'était pas plus opportun de renouveler l'attaque si heureuse et si habile du général Gough en 1840. — Ce général, en suivant le canal qui remonte au nord de Canton, avait débarqué le matin ses troupes à Tsing-poo et s'était porté sur les hauteurs du nord de Canton. Dans la soirée, quoique pourvu d'une faible artillerie, il était maître des forts. Mais, disait-on, le canal était obstrué par des jonques coulées et chargées de pierres, et les Chinois avaient accumulé, du côté ouest de Canton,

(1) Voir la page 51 de ce volume.

défenses sur défenses, dans la crainte d'un retour de la même opération.

Par suite de ces objections, l'amiral Rigault de Genouilly proposa de répéter l'opération du général Gough par la campagne à l'est de la ville, — le côté ouest étant devenu inaccessible.

Il traçait ainsi ce plan d'attaque :

« On sait positivement que les terrains à l'est de la ville sont d'une nature favorable à la marche des troupes et de l'artillerie. L'objectif de l'attaque, dans ce cas, serait les hauteurs du nord et les forts qui les occupent, formant, à vrai dire, la clef de la ville. Le débarquement du corps expéditionnaire dans l'est de Canton peut offrir quelques difficultés; mais ces difficultés sont d'un ordre secondaire. La marche sera plus longue. Ce genre d'attaque sera moins brillant que l'attaque par les murailles; mais si la voie qui conduit au succès est plus lente, elle est aussi beaucoup plus sûre. La ligne de retraite par la campagne se trouve assurée d'une manière indubitable.

« On sait en effet que les troupes chinoises n'ont jamais tenu à découvert devant des troupes européennes; cette certitude, pour la marche en arrière, donne aussi l'assurance que l'on renversera facilement tout ce qui voudrait faire obstacle à la marche en avant. Les communications du corps expéditionnaire avec le fleuve et l'escadre seront toujours faciles; des charrois, des coolies engagés, des bêtes de somme pourront suivre cette ligne. Les convois y seront fortement gardés, et l'ennemi, qui les inquiéterait, toujours tenu à distance. L'artillerie du corps expéditionnaire aura ainsi une circulation facile ; plus tard même, si les circonstances l'exigent, on pourra faire arriver, par cette voie, des pièces de gros calibre.

« La seule objection à faire contre ce projet, c'est que les feux de la muraille du nord pourraient inquiéter les assaillants, lorsqu'ils monteraient à l'attaque des forts extérieurs. Il y aurait donc à examiner s'il ne serait pas possible de parer à cet inconvénient, en faisant une attaque simultanée sur les forts du nord et sur la porte du nord-est ; on escaladerait la muraille voisine et on viendrait enclouer et jeter par-dessus le parapet les pièces qui arment la face nord du mur. Le corps chargé de cette opération ferait, aussitôt qu'elle serait accomplie, sa retraite par la route du nord-est et viendrait rejoindre le corps principal par l'une des portes du nord, suivant que l'officier commandant jugerait sa sortie plus facile par l'une ou l'autre de ces voies.

« Ces opérations rentrent complétement dans les conditions ordinaires de la guerre et ne laissent au hasard que ce qu'on ne peut lui enlever. Les lignes de retraite et de communication sont parfaitement assurées. Enfin, en cas d'insuccès et d'obstacles insurmontables à vaincre, l'entreprise, au lieu d'être qualifiée d'*opération définitive*, peut être présentée comme une *forte reconnaissance*. Les apparences seraient ainsi sauvées, et l'on pourrait attendre, sans avoir à encourir des conséquences redoutables, qu'une nouvelle et plus grande réunion de forces permît une attaque plus sérieuse et définitive. »

X. — Ce plan n'était évidemment qu'un projet. — La guerre n'était pas déclarée ; le blocus de la rivière n'était pas signifié de notre part, et il fallait, en visitant les lieux avec attention, se rendre un compte exact des difficultés à surmonter. Aussi les deux amiraux et le général van Straubenzee, investi du commandement des troupes anglaises, décidèrent qu'il ne serait pris aucune résolution définitive avant un examen attentif et approfondi des localités.

Du reste le plus parfait accord régnait entre les deux commandants en chef des forces navales ; et le contre-amiral Seymour s'était empressé, sur la demande de son collègue, de prendre à l'avance l'engagement que les canonnières françaises occuperaient, le jour du combat, un poste d'honneur, et que le corps de débarquement français tiendrait la tête d'une des colonnes d'attaque.

Les conférences entre les deux plénipotentiaires étaient fréquentes ; car il était très-important de définir avec netteté les limites exactes dans lesquelles se renfermeraient les négociations à tenter avec le gouvernement chinois. — Le ministre des États-Unis, M. Reed, venait d'arriver à Hong-kong ; ses instructions formelles lui interdisaient d'avoir, en aucun cas, recours à des mesures coercitives.

Peu après l'amiral Poutiatine était aussi de retour, fort

décontenancé de l'insuccès de ses démarches auprès de la cour de Pé-king; mais il gardait le plus complet silence sur ses infructueuses tentatives pour obtenir accès dans la capitale de l'empire.

De son côté, le vice-roi Yeh, sans paraître se préoccuper des hostilités imminentes, armait un grand nombre de jonques pour aller combattre les rebelles, doublait les garnisons des forts extérieurs et élevait de nouvelles batteries.

XI. — L'amiral français a été ravitailler son escadre à Macao, et se tient prêt à déclarer le blocus de la rivière de Canton, dès que le baron Gros lui en aura adressé la réquisition.

Bientôt cette réquisition lui parvient; il reçoit en outre l'avis que le texte de la dernière communication officielle des plénipotentiaires au Vice-roi est convenu, rédigé et doit être porté à Canton par des parlementaires. — L'amiral expédie la canonnière *la Dragonne* à Hong-kong, où le baron Gros s'est rendu pour conférer une dernière fois avec son collègue, le comte d'Elgin.

A bord de la *Dragonne* est l'aide de camp du commandant en chef, le lieutenant de vaisseau Ribourt, porteur de la notification de blocus de l'amiral. Cet officier doit se joindre aux personnes attachées à l'ambassade française, que S. Exc. le baron Gros désignera pour cette mission.

Le 9, *la Dragonne* remonte la rivière et fait route pour Bocca-tigris, emmenant le premier secrétaire d'ambassade, M. Duchesne de Bellecourt et un attaché, M. de Trévise.

M. Wade, secrétaire de lord Elgin, part le même jour pour la même destination, à bord d'une canonnière anglaise. — C'est au mouillage de Bocca-tigris que se trouve l'amiral anglais avec sa flotte.

Le 10 décembre, les deux canonnières, naviguant de concert, y touchent vers quatre heures du matin.

XII. — Le lieutenant de vaisseau Ribourt se rend aussitôt à bord du *Calcutta*, qui porte le pavillon de l'amiral anglais, pour lui remettre un pli de l'amiral Rigault de Genouilly et recevoir les instructions relatives à la marche qu'il doit suivre pour se rendre à Canton. Le capitaine Bate accompagne M. Wade, et le capitaine Shadwell du *Highflyer*, qui commande la station du fort Macao, doit s'entendre avec l'aide de camp du commandant en chef français pour tout ce qui concerne le départ des canonnières et les mesures de sûreté commandées par les circonstances. L'ingénieur hydrographe français, M. Ploix, est chargé de faire des relèvements nombreux sur la deuxième barre, passage difficile et très-étroit, afin d'assurer la marche future des bâtiments dans ces parages.

A sept heures du soir, *la Dragonne* mouille en tête de la station anglaise avec *le Highflyer* qui l'accompagne. Pendant toute la nuit, des canots armés font la ronde avec la plus stricte régularité ; car les brûlots que les Chinois lancent, à tout instant, au courant de la rivière sont très à craindre. Chaque bâtiment porte à son avant un *parc à brûlots*, formé de trois forts espars disposés en triangle.

Le lendemain, M. Wade fait parvenir au gouverneur Yeh une note confidentielle qui le prévient que le 12, à midi, deux bâtiments parlementaires, portant pavillon blanc, se présenteront à la pointe-nord de l'île d'Honan pour remettre les notes des plénipotentiaires et la notification de blocus de l'amiral français (1).

« L'amiral Seymour (écrit le lieutenant Ribourt dans son rapport) craignant quelque guet-apens de la part des Chinois a donné l'ordre à deux canonnières de se tenir sous vapeur : — la première, accostée au fort Macao, est

---

(1)   *Notification du blocus de la rivière de Canton par l'escadre française.*

« Je soussigné, contre-amiral commandant en chef les forces navales de Sa Majesté l'Empereur des Français dans les mers de la Chine et de l'Inde ;

« Après m'être entendu avec le haut commissaire de Sa Majesté Impériale sur les difficultés pendantes entre le gouvernement de la France et celui de la Chine, sur les moyens d'y mettre un terme, sur la résolution des gouvernements de France et d'Angleterre de poursuivre en commun les réparations qui leur sont dues, et en vertu des pouvoirs qui m'appartiennent comme commandant en chef, déclare :

« A partir du 12 du courant, la rivière et le port de Canton et leurs issues seront tenus en état de blocus effectif par les forces navales placées sous mon commandement, agissant de concert avec les forces navales de Sa Majesté Britannique.

« Il sera procédé contre tout bâtiment qui essayerait de violer le blocus, conformément aux lois internationales et aux traités en vigueur avec les puissances neutres. »

A bord de la frégate de Sa Majesté Impériale, *la Némésis*. Rade de Macao, le 10 décembre 1857.

Signé : Rigault de Genouilly.

prête à prendre des troupes; la deuxième, à deux encâblures au nord du fort, tient à sa remorque une chaloupe et quatre canots armés en guerre. »

XIII. — Le 12 décembre, à onze heures et demie précises, ainsi qu'il en avait été convenu la veille, les deux canonnières appareillent ensemble et marchent côte à côte, ayant chacune un pavillon parlementaire déployé au mât de misaine. — A un demi mille de Canton, elles voient une jonque mandarine amarrée sur des piquets. Sur cette jonque, on agitait un long pavillon blanc portant en caractères chinois le nom de l'envoyé (1); mais les canonnières, voulant démasquer complétement la passe, pour se rendre un compte exact des localités, continuèrent leur marche vers la pointe d'Honan, lieu désigné dans la note au Vice-roi.

Là seulement les canonnières stoppèrent, et le lieutenant Ribourt, se jetant tout aussitôt dans une embarcation avec MM. de Bellecourt et de Trévise, s'avança au milieu du canal, où apparaissait de son côté la yole anglaise.

« Nous attendîmes ainsi côte à côte (écrit le lieutenant Ribourt) pendant quelques minutes l'arrivée de la jonque mandarine. Nous fûmes introduits près du mandarin de sixième classe, Hièn-Ven-Chen, et les notes furent remises à l'envoyé du commissaire impérial (midi et demi). »

---

(1) C'était le nom du mandarin sous-inspecteur de Nanaï, village de la pointe d'Honan.

XIV. — L'entrevue, prolongée à dessein pendant près de vingt minutes, permit de se renseigner par un examen sérieux sur les défenses apparentes de ce côté du canal. — Un grand mouvement de jonques se faisait autour des yoles parlementaires ; toutes cependant se tenaient à une certaine distance.

Il était une heure, lorsque les envoyés rejoignirent les canonnières qui appareillèrent ensemble, et s'éloignèrent à petite vitesse.

M. Ploix avait fait des sondes jusqu'à la pointe de l'île d'Honan et avait pu contrôler les renseignements fournis par les cartes.

De son côté, le lieutenant Ribourt apportait, sur les défenses extérieures de la ville et sur celles de l'île d'Honan, des renseignements très-utiles (1).

Le 12, au soir, *la Dragonne* avait rallié le pavillon de l'amiral Rigault de Genouilly qui, lui-même, était parti le 11, dès la pointe du jour de Macao et était venu mouiller, dans l'après-midi, à Bocca-tigris avec toute sa division.

C'est à partir de ce point que la rivière se resserre, sé-

---

(1) *Rapport du lieutenant Ribourt, aide-de-camp de l'amiral Rigault de Genouilly.*

« Le fort faisant face à l'entrée du bras principal est complétement démantelé ; un deuxième fort situé sur l'île d'Honan paraît en très-mauvais état ; ses embrasures sont bouchées ou masquées, — la batterie à deux étages du Bird's-nest est bien réellement abandonnée. Sur cette partie de l'île on ne voit aucun préparatif de défense ; il existe, au nord de la batterie, des quais en pierres sèches pour l'accostage de nombreuses embarcations, des magasins immenses bien construits et bien couverts ferment le village de Nanaï. »

parée en deux passes par les petites îles de Wang-tong. Plusieurs forts, élevés par les Chinois sur les deux rives et sur l'île Wang-tong du nord, croisaient leurs feux contre les bâtiments qui eussent voulu forcer l'entrée de la rivière ; mais ces différentes défenses avaient été enlevées et démantelées l'année précédente par les Anglais.

Des deux côtés les terrains sont à pic, puis s'abaissent en pente douce vers l'ouest, où s'étendent alors des rizières cultivées qui bordent la rivière. — Tout le long des côtes, au milieu de plantations de bambous et de groupes d'arbres, sont répandus des villages et quelques habitations isolées. De loin en loin, au milieu de ces maisons basses et de forme à peu près semblable, s'élève une pagode ; partout le sol respire la fertilité et l'abondance.

En continuant de remonter sur Canton, on rencontre bientôt des bancs nombreux et une quantité de petits îlots qui rendent parfois très-difficile la manœuvre des grands bâtiments. Cette rivière offre, en outre, deux barrages naturels appelés : *barres*, qui ne peuvent être franchis qu'à l'heure de la haute mer.

XV. — Le 14, cette division au complet quittait Boccatigris et après avoir franchi successivement les deux barres de la rivière, se réunissait au mouillage de Wampoa. — Ce village, par sa position rapprochée et avantageuse, était la station des bâtiments européens en commerce avec Canton. Des bassins de radoub et de vastes établissements pour la réparation, y avaient été construits; mais les Chinois les avaient ruinés et pillés, lors des premières hostilités de la flotte anglaise, en 1856.

Quelques détachements des troupes alliées doivent occuper la pointe de l'île d'Honan. — L'amiral a mis son pavillon sur *l'Avalanche* commandée par M. Lafont, lieutenant de vaisseau, et s'est rendu au fort Macao, suivi par les canonnières, *la Dragonne*, commandant Barry ; *la Mitraille*, commandant Béranger ; *la Fusée*, commandant Gabrielli de Carpégna et par l'aviso à vapeur *le Marceau*, commandant Lefer de la Motte. Vingt-cinq hommes de la compagnie de débarquement de la corvette, *la Capricieuse*, avaient été embarqués sous le commandement de M. Ganteaume, lieutenant de vaisseau.

La flotille rencontra les différents bâtiments qui maintenaient le blocus et les transports qui avaient à leur bord les troupes anglaises destinées à agir contre Canton. — De temps en temps, la rivière était rétrécie par des barrages de jonques chargées de pierres et coulées par les Chinois, pour défendre les approches de la ville. Mais ces barrages n'arrêtèrent point la marche des bâtiments, les équipages anglais, aidés par le courant de la rivière, avaient pratiqué des trouées dans la ligne des bateaux coulés.

La Dragonne, qui avait quelques jours auparavant reconnu les meilleurs passages en conduisant les parlementaires à Canton, tenait la tête de la colonne.

Les bâtiments anglais ont leurs équipages montés dans les haubans et accueillent à son passage la division française par des hourrahs répétés, auxquels nos marins répondent avec la plus franche cordialité.

A cinq heures du soir, on mouille au fort de Macao, où les deux amiraux doivent se rencontrer.

XVI. — Le lendemain 15, à dix heures du matin, l'amiral Seymour arrivait avec quelques canonnières qui amenaient un détachement de *Marines* anglais.

L'amiral Rigault de Genouilly se rendit aussitôt à bord du *Coromandel*, sur lequel flottait le pavillon britannique et eut avec son collègue une courte conférence ; puis les bâtiments reçurent l'ordre de se tenir prêts à appareiller pour aller jeter l'ancre à l'angle nord-ouest de l'île d'Honan.

Cette île très-fertile et très-populeuse, dont le côté nord fait face à la ville de Canton, contenait dans la partie que les troupes alliées devaient occuper d'immenses magasins qui servaient de dépôts de marchandises aux commerçants européens. L'occupation de cette partie de l'île avait été décidée pour servir de casernement aux troupes, jusqu'au jour de l'attaque définitive.

Il était onze heures du matin environ, la flotte anglo-française allait se diriger vers cette destination, lorsque l'on vit descendre de Canton un petit bateau à quatre rameurs, portant pavillon parlementaire. Ce bateau était monté par trois ou quatre Chinois n'ayant aucun des insignes qui indiquent des fonctionnaires publics d'un rang élevé. L'un d'eux seulement tenait à la main un papier qu'il levait avec grande affectation au-dessus de sa tête, pendant que la petite embarcation se dirigeait en toute hâte vers *l'Avalanche*, où flottait le pavillon amiral français. Ce personnage, employé infime de la douane, ainsi qu'on le sut depuis, était porteur de la réponse du commissaire-impérial, vice-roi Yeh, à la dépêche des ambassadeurs.

XVII. — L'embarcation chinoise accosta *l'Avalanche*, le messager monta à bord, et après un grand nombre de salutations, remit à l'officier de quart le pli dont il était porteur.

Il se retira aussitôt après avec un empressement, qui montrait combien il s'estimait heureux d'être sorti sain et sauf d'une mission aussi périlleuse. Comme il avait à remettre une lettre de même nature au plénipotentiaire de Sa Majesté Britannique, il se dirigea, en quittant *l'Avalanche*, vers le bâtiment amiral anglais.

Il n'était point nécessaire de connaître la teneur de ce double message, pour être certain d'avance que le Vice-roi suivait toujours la même ligne de conduite hautaine et arrogante. Le choix seul du messager montrait clairement le profond dédain que Yeh affectait envers les hauts plénipotentiaires, dont il avait reçu les communications officielles diplomatiques ; ce choix disait aussi le peu de cas que le gouvernement de la Chine faisait des négociations conciliatrices tentées auprès de lui.

L'amiral Rigault de Genouilly envoya un de ses officiers remettre au baron Gros la réponse du Vice-roi et se mit en marche aussitôt après pour l'île d'Honan avec son collègue l'amiral Seymour.

La flottille franco-anglaise traînait à la remorque les embarcations chargées des troupes de débarquement.

XVIII. — Aussitôt que les habitants de Canton l'aperçurent, la plus grande partie des innombrables bateaux qui composent la ville flottante remonta précipitamment le bras de rivière sur le côté nord-ouest de la ville, pour aller chercher un refuge dans les nombreuses criques qui en découpent les rives.

Vers midi, les canonnières, arrivées au point désigné, jetaient à terre les troupes qu'elles avaient à leur bord, se tenant prêtes à mitrailler l'ennemi, si celui-ci tentait de s'opposer à l'opération projetée, précaution du reste fort inutile, car aucune troupe chinoise ne parut, et la population effrayée fuyait à notre approche dans toutes les directions.

Les amiraux et le général Van Straubenzee descendirent à terre, et installèrent leurs hommes dans les grands magasins, dont l'occupation était le but principal de cette expédition. Ces vastes magasins, véritables forteresses que protégeaient sur le front de mer les canonnières mouillées devant la ville, présentaient du côté de l'île d'Honan, des murailles attaquables seulement par de l'artillerie. Une descente des Chinois sur ce point était du reste peu probable, car on savait de source certaine, que le grand commissaire Yeh, confiant dans le succès de ses armes, attendait à Canton même les folles tentatives des alliés.

Les canonnières explorèrent alors le front sud de la

ville, pour s'assurer que l'ennemi n'avait pas élevé de nouvelles défenses, ou coulé dans la rivière des bateaux qui eussent entièrement barré le passage aux bâtiments chargés de venir s'y embosser le jour de l'attaque.

Après avoir pris toutes les mesures de défense nécessaires, et assuré le commandement et le ravitaillement des troupes casernées à Honan, les amiraux rallièrent chacun son bâtiment.

XIX. — Les deux jours suivants furent employés à effectuer différentes reconnaissances devant Canton. L'une d'elles, la plus importante, fut poussée jusqu'au point même où le général Gough, en 1840, avait opéré son débarquement. Les commandants en chef montèrent sur un plateau dans le voisinage du village de Tsing-poo, d'où l'on découvre parfaitement tous les forts, ainsi que l'enceinte septentrionale de la ville.

Les abords de ces défenses sont entourés de batteries en terre, et un large fossé a été creusé autour du fort Gough; mais il existe en arrière et à petite distance de ces ouvrages une position qui les commande.

Les événements marchaient vers une solution prochaine; la réponse du gouverneur général de Canton était bien en rapport dans sa teneur avec le choix de son messager, choix injurieux dans la pensée des Chinois si absolus et si exigeants sur tout ce qui regarde l'étiquette et les preuves extérieures de déférence. — Cette réponse était à chaque mot empreinte de la hauteur arrogante, dont ne s'était pas un seul instant départi le gouverneur général Yeh, depuis le commencement des nouveaux différends survenus entre le Céleste-Empire et les nations européennes. Pour le fonds, c'étaient toujours les mêmes phrases ambiguës, évasives et remplies d'assertions aussi fausses que puériles.

La note adressée à lord Elgin avait un caractère pareil, plus accentué peut-être encore. — Des deux côtés, c'était également un refus formel d'obtempérer aux demandes adressées au gouvernement de la Chine par les représentants de la France et de l'Angleterre.

CHAPITRE II.

XX. — Il n'était plus possible de s'arrêter plus longtemps à de folles espérances de conciliation, sans abaisser les pavillons alliés, et laisser supposer à l'orgueilleux Yeh que l'on redoutait de s'engager dans une lutte sérieuse avec le Céleste-Empire.

Le 18 décembre, lord Elgin adressait à ce sujet un memorandum à son collègue de France (1), Son Excel-

(1) *Memorandum de S. E. le plénipotentiaire de Sa Majesté Britannique à S. E. le plénipotentiaire de l'Empereur des Français.*
Le soussigné a l'honneur de soumettre à la connaissance de son ho-

lence proposait de se réunir en conseil, à bord de la frégate française *l'Audacieuse*, le lundi 21 décembre, afin de s'entendre définitivement sur les moyens d'action à employer, en face de l'inefficacité reconnue des tentatives conciliatrices.—Ce memorandum indiquait les prin-

norable collègue les remarques suivantes à l'égard des mesures à prendre par les plénipotentiaires de France et d'Angleterre dans les présentes circonstances.

Comme les réponses du commissaire impérial Yeh aux notes qui lui ont été adressées respectivement par les plénipotentiaires ne sont en aucune façon satisfaisantes, le soussigné a l'honneur de suggérer qu'une circulaire confidentielle soit préparée et envoyée, sans délai, aux deux amiraux et au général, aux noms des deux plénipotentiaires, en leur donnant connaissance des circonstances, et en les invitant à se rencontrer avec les plénipotentiaires dans une conférence, qui sera tenue à bord de la frégate de Sa Majesté impériale *l'Audacieuse*, lundi, 21 courant, à midi, afin de s'entendre sur les moyens d'action qui sont à intervenir prochainement.

Lorsque les plénipotentiaires et les personnages susnommés se seront rencontrés dans la conférence proposée, les plénipotentiaires donneront aux membres assemblés lecture, bien entendu, non pas en vue de discussion, mais seulement en tant qu'information, de leurs correspondances avec Yeh, renfermant l'ensemble de leurs réponses à ses notes qu'ils viennent de recevoir, et dont il sera parlé plus en détail dans ce memorandum.

Ces préliminaires étant posés, le soussigné soumettra à l'assemblée copie des documents suivants, sur le compte desquels il espère obtenir l'avis et le concours de ses honorables collègues :

1° Sommation aux noms des amiraux et du général aux autorités de Canton, leur enjoignant d'éloigner les troupes chinoises et tartares, et de livrer la ville aux commandants des forces alliées, en leur promettant que, dans ce cas, la vie et les biens des habitants seront saufs;

2° Proclamation à la noblesse et au peuple établissant que l'obstination de Yeh a rendu indispensable l'occupation militaire de la ville, mais que s'il n'y a pas résistance aucun mal ne sera fait aux personnes et aux propriétés.

Lorsque la teneur de ces documents aura été arrêtée, on appellera l'attention de la Conférence sur le plan des opérations, à adopter

cipaux points sur lesquels devait porter la conférence. Comme la marche proposée par lord Elgin était entièrement conforme à celle que le baron Gros eût conseillée lui-même, celui-ci s'empressa de répondre à son collègue qu'il approuvait, en tout point, le projet qu'il voulait bien soumettre à son approbation.

XXI. — Le 21, à midi, le conseil était assemblé à bord de la frégate française, dans la grande chambre du commandant; le général Van Straubenzee était présent.

On décida d'abord, que tous les moyens de conciliation étant épuisés, il ne restait plus aux plénipotentiaires qu'à remettre la solution de la question entre les mains des amiraux et du général Van Straubenzee.

Le conseil arrêta aussi le texte de la sommation à

dans l'alternative d'une occupation, soit pacifique soit par les armes, de la ville.

Ces questions étant purement militaires, la responsabilité des plans ultérieurement adoptés incombera, comme de raison, aux commandants des forces alliées, mais les plus grandes, comme les plus importantes questions d'humanité et de politique s'y trouvant impliquées, il est juste que les plénipotentiaires puissent émettre leurs opinions à cet égard.

Le mercredi 23 courant, jour où expire le dernier délai accordé par les premières notes des plénipotentiaires au commissaire impérial, ces mêmes plénipotentiaires s'adresseront de nouveau à lui, se référant à l'intimation qui lui a été faite dans les notes antérieures du cours que prendront les choses au cas où les demandes pleines de modération qui lui ont été adressées rencontreraient, soit un refus, soit le silence, soit des raisons évasives et dérisoires, et lui apprenant de plus que comme les réponses sont éminemment empreintes de ce caractère, la question est remise aux mains des commandants en chef des forces alliées.

Lord ELGIN.

adresser à ce sujet au Vice-roi et aux autorités supérieures de la ville. — Dans un délai de 48 heures, la ville devra être évacuée par les chefs militaires et par les troupes qui se porteront à une distance de trente milles chinois, sinon la ville sera attaquée et prise d'assaut (1).

Cette sommation doit être remise le 24, à midi. — Le même messager parlementaire portera la réponse

---

(1) *Les commandants en chef des forces alliées de terre et de mer au vice-roi Yeh et aux autorités supérieures de Canton.*

Les soussignés ont l'honneur d'informer LL. EE. Yeh, gouverneur général des deux Kwangs, etc., Pih-kwei, gouverneur de Kwang-tung, Shang-haï, général de Manchus et Schwang-ling, général de Hankian, que Leurs Excellences les ministres plénipotentiaires de France et d'Angleterre leur ont fait part du résultat peu satisfaisant de leurs correspondances avec le commissaire impérial Yeh, et leur ont enjoint d'avoir à commencer les opérations, qui doivent avoir lieu pour l'occupation de la ville par les troupes, que ces mêmes commandants en chef ont sous leurs ordres.

Les soussignés répugnant à mettre en péril la vie des personnes alors qu'elle pourrait encore être épargnée, ont l'intention de retarder l'attaque de quarante-huit heures, pour mettre à même les autorités militaires et les différentes troupes de la garnison, chinoises et tartares, d'évacuer la ville. Il en sera pris alors possession sans effusion de sang, la vie des habitants sera sauve, et leurs propriétés respectées.

Si lesdites autorités trouvent bon de profiter de ces conditions, elles devront en signifier leur acceptation, par lettre, dans le délai de quarante-huit heures à partir du matin de ce jour, et déclarer, en même temps, en quel lieu, à une distance au moins de trente milles de la ville elles entendent se retirer. L'officier, chargé par Leurs Excellences de prendre la réponse de cette proposition, devra être, de même, instruit de l'endroit et de l'heure où il sera fait remise des clés de la ville; de plus il devra être informé de toutes les autres dispositions à prendre pour la tranquillité et la sécurité de la ville.

Au cas où ces conditions ne seraient point acceptées et loyalement remplies, la ville sera attaquée.

du baron Gros au Vice-roi, commissaire impérial et gouverneur-général de la province de Canton. Cette réponse est ainsi conçue :

« La réponse du gouverneur-général n'étant pas sérieuse et ne contenant que des paroles évasives sans qu'il soit fait droit aux demandes de la France, équivaut à un refus formel, et dès lors le devoir du soussigné est d'informer le gouverneur-général des deux Kwangs, que désormais la solution de la question actuelle est remise entre les mains des commandants en chef des forces alliées de la France et de l'Angleterre, qui pourront, dès qu'ils le jugeront convenable, employer des mesures de rigueur, pour obtenir enfin les justes réparations que, dans son aveuglement, le noble gouverneur-général n'a pas voulu donner aux deux puissances, tant qu'elles lui ont fait entendre un langage conciliant et amical. »

XXII. — Il est en outre décidé qu'une proclamation des chefs militaires aux autorités municipales et aux habitants de Canton sera répandue à profusion dans la ville et dans les faubourgs, pour rassurer la population ; la vie des citoyens paisibles ne courra aucun danger, et leurs propriétés seront scrupuleusement respectées(1).

(1) *Proclamation adressée par les amiraux Rigault de Genouilly et Seymour et le général Van Straubenzee aux autorités supérieures et aux habitants de Canton.*

Attendu que, à la date du 10 courant, notification a été faite, aux noms de Leurs Excellences les plénipotentiaires de France et d'Angle-

Les différents plans d'attaque sont aussi discutés sommairement. Celui par l'est réunit les suffrages; mais un incident étrange vient apporter des modifications importantes aux résolutions du conseil.

Le débarquement devant s'opérer au nord de l'île Kupper, l'amiral Rigault de Genouilly a fait explorer le chenal

terre, pour prévenir les habitants de la ville et des faubourgs de Canton que si, dans le terme qui lui avait été assigné, le commissaire impérial Yeh n'avait pas accédé aux justes réclamations de Leurs Excellences, la ville serait attaquée, les réponses dudit commissaire impérial à ces mêmes réclamations ayant été tout à la fois évasives et peu satisfaisantes, il a incombé comme devoir à Leurs Excellences de commettre aux commandants en chef susnommés le soin de s'emparer de vive force de ce qui n'a pu être obtenu par voie de négociations à l'amiable.

Les commandants en chef, ne voulant pas attenter à la vie et à la propriété qu'il serait possible d'épargner, ont accordé aux autorités civiles et militaires de Canton un délai de quarante-huit heures, pendant lesquelles les autorités militaires et les troupes sous leurs ordres devront évacuer la ville.

Si elles rejettent ces dernières propositions, la ville sera attaquée, que si, au contraire, elles les acceptent, les habitants sont présentement avisés que les forces alliées, qui devront occuper la ville, ont reçu les ordres les plus formels de respecter leurs personnes et leurs propriétés, et que, dans aucun cas, il ne sera porté préjudice à qui que ce soit, à moins que ce ne soit pour repousser l'offensive.

Dans tous les cas, néanmoins, soit que la ville se rende, soit qu'elle soit occupée de vive force, pour la sécurité de leurs foyers contre les méfaits de gens sans aveu, il est recommandé aux habitants, aussitôt que les forces alliées en auront pris possession, de rentrer le plus promptement possible dans leurs maisons et de continuer paisiblement leurs occupations. Afin, dans les dispositions ultérieures, d'assurer le respect des lois et le maintien de l'ordre, les nobles, les anciens et les lettrés devront, en compagnie des chefs de districts, des dizeniers et des autres fonctionnaires, se présenter aux autorités des forces alliées, qui s'appliqueront à préserver la population de toute espèce de violence. Toute plainte sera strictement examinée et tout acte de violence poursuivi dans la personne de celui qui l'aura commis.

nord de cette île, afin de déterminer quels sont sur le continent, les points favorables à un débarquement. Le capitaine de vaisseau Reynaud, chef d'état-major de la division navale a été chargé d'aller faire cette exploration avec des embarcations armées en guerre : le sous-ingénieur Ploix l'accompagne pour sonder le canal; les sondes relevées indiquent que les petites canonnières anglaises, tirant seulement sept pieds d'eau, peuvent parcourir cette branche du fleuve; mais le commandant Reynaud, après s'être porté à terre sur plusieurs parties du rivage, trouve partout ses abords couverts de rizières inondées. — Les terrains praticables sont à deux ou trois milles du fleuve.

XXIII. — Cette exploration, dont les résultats étaient si contraires aux renseignements que l'on avait recueillis de la bouche même des Européens qui avaient longtemps habité Canton, détruisait en partie les combinaisons projetées ; aussi l'amiral français voulut s'en assurer par lui-même, et proposa au général Van Straubenzee qui se trouvait au même mouillage, de se rendre avec lui au chenal de l'île Kupper. — Tous deux, accompagnés d'une escorte de trente soldats de marine des deux nations, firent sonder le chenal par des chaloupes armées en guerre et mirent pied à terre sur différents points.

Ils durent, à leur grand regret, reconnaître que le rapport du commandant Reynaud était d'une exactitude incontestable, et que les rizières remplies d'eau s'étendaient à de grandes distances sur les abords du rivage.

Les chaussées pratiquées sur ces rizières étaient tellement étroites qu'il ne fallait point songer à y faire cheminer des troupes, et encore moins de l'artillerie ; les travaux d'élargissement eussent été fort pénibles et fort considérables.

Sur un seul point, à l'entrée d'un village situé presqu'en face de l'extrémité est de l'île Kupper, les rizières occupaient une moins grande étendue et permettaient, en agrandissant quelque peu les chaussées, de se porter assez promptement sur la terre ferme. Mais ce point de débarquement resserré rendait fort difficiles les premiers mouvements de troupes. — En face de soldats européens, même d'un ordre inférieur, tenter une descente à terre dans de semblables conditions eût été un acte de grande imprudence ; mais il fallait faire entrer en ligne de compte l'ignorance militaire des Chinois, et donner à l'élan de nos soldats et au peu de solidité de l'ennemi la part qui revenait à chacun au moment décisif de l'action.

XXIV. — Toutefois, les deux amiraux et le général anglais résolurent de pousser une nouvelle reconnaissance sur Tsing-poo, où avait eu lieu le débarquement commandé par le général Gough, afin d'examiner en grand détail l'importance de la position en arrière qui dominait le fort Gough. Ils reconnurent que, pour atteindre cette position très-bonne en elle-même, il faudrait s'emparer de vive force des nombreuses défenses accumulées sur ce point par les Chinois.

C'était une nécessité embarrassante, par suite du petit nombre de troupes dont on pouvait disposer; aussi cette combinaison, malgré les avantages d'un débarquement plus facile, fût-elle abandonnée pour agir du côté de l'est où les canonnières avec leurs pièces à longue portée pourraient balayer une grande étendue de terrains. Il fut donc décidé que l'on débarquerait auprès du village situé presqu'en face de la pointe ouest de l'île Kupper.

Dans la journée du 24, le plan d'attaque définitif fut arrêté.

XXV. — Cette attaque se divisait en deux parties.

Le 28, à la pointe du jour, les bâtiments mouillés devant Canton ouvriront le feu pour faire brèche sur trois points de la muraille : — à l'angle sud-ouest, — à l'angle sud-est et au centre. Cent-vingt pièces de canon environ, du plus fort calibre, tireront simultanément sur la ville. — Le feu sera lent et continuera, sans interruption, pendant la nuit du 28 au 29.

Dans la nuit du 27 au 28, avant l'ouverture du feu, des compagnies de sapeurs et de mineurs auront été jetées à terre pour occuper le point de débarquement situé dans le chenal de l'île Kupper. — A la pointe du jour, le corps expéditionnaire français, sous le commandement supérieur de l'amiral Rigault de Genouilly, débarquera pour prendre la gauche des troupes alliées, le corps des matelots anglais commandé par l'amiral Seymour prendra la droite. Le centre, sous les ordres du général Van Straubenzee, sera formé par les troupes britanniques et une partie des *Marines*. L'autre portion de ces troupes constituera une réserve qui occupera le point de débarquement; elle se mettra en marche, lorsque le corps expéditionnaire s'avancera vers le premier point d'attaque.

Ce premier point d'attaque est le fort Lyn. — Le centre sera chargé de l'enlever pendant le bombardement des forces navales contre Canton. La gauche se tiendra prête à repousser l'ennemi, soit qu'il vienne par les faubourgs ou par la porte de l'est ; la droite sera en mesure de contenir les garnisons du fort du nord, si elles tentaient une sortie.

Une fois le fort Lyn enlevé, les troupes y établiront leur bivouac pour la nuit. Profitant de l'obscurité, les porteurs d'échelle, sous la protection de forts piquets, s'avanceront, aussi près qu'ils le pourront, des bords du fossé qui entoure la muraille circulaire, pour y déposer les échelles. — Le 29, à la pointe du jour, toutes les pièces d'artillerie du corps expéditionnaire ouvriront leur feu sur la muraille même, pour la nettoyer de ses défenses et faire tomber le parapet.

XXVI. — A un signal donné les échelles seront placées, et l'assaut sera donné sur deux points par les troupes anglaises et par le corps de débarquement commandé par l'amiral français.

Dès que le mur aura successivement été couronné par les troupes alliées, le centre de la ligne se bifurquera en deux ; une portion ira vers le sud et occupera la porte de l'est, l'autre suivra les colonnes de droite et de gauche qui prononceront leur mouvement en avant, et se porteront vers les hauteurs du nord, dont les pentes sont douces, mais, dit-on, fortement défendues.

L'enlèvement de ce point rend maître de la ville, car de cette hauteur on pourra battre les forts du nord avec l'artillerie chinoise, à laquelle se joindront les obusiers du corps expéditionnaire hissés sur les murailles.

Tel était dans son ensemble le plan d'attaque adopté.

« Ce n'est point un plan militaire régulier (écrivait au ministre le contre-amiral Rigault de Genouilly), et on compte beaucoup pour sa réussite sur le caractère moral des troupes chinoises. Le succès dépend en grande partie de l'efficacité du feu des canonnières qui sont chargées de balayer la muraille orientale, et qui devra cesser, dès que notre attaque se sera prononcée. Si ce feu est bien dirigé, il doit déterminer l'évacuation de cette muraille, et la rendre libre au moins dans la partie sud, par laquelle notre flanc sera menacé. Le feu ne s'ouvrira que le 28, sur la demande de l'amiral Seymour, qui répugnait à ce que des opérations de guerre fussent suivies dans la journée de dimanche prochain. »

XXVII. — Le 25, arrive la réponse du commissaire impérial Yeh à la sommation des chefs militaires; mais cette réponse est toujours comme les précédentes, évasive et sans portée. — Nous en donnons la traduction textuelle.

« *Le commissaire Yeh aux commandants en chef des forces alliées.*

« Yeh, haut commissaire impérial, etc.; Muh, général de Manchus, etc.; Pih, gouverneur de Kwang-tung, etc.; Shwang, lieutenant-général de Manchus; Shwang, lieutenant de Hankian, envoient cette réponse à la communication qu'ils ont reçue le 24 courant de Leurs Excellences le contre-amiral Seymour, etc.; le contre-amiral Rigault de Genouilly et le major général Van Straubenzee.

« Les soussignés ont attentivement pris connaissance du contenu de cette communication. Il y est établi que la correspondance s'est terminée d'une manière peu satisfaisante. Sur ce point, moi, le grand ministre, je fais observer qu'aux diverses communications que j'ai reçues, en deux circonstances, des envoyés Elgin et Gros, j'ai répondu positivement et explicitement, appuyant sur ce point, qu'en ce qui concernait les relations commerciales entre les Chinois et les nations étrangères, je ne demandais pas mieux qu'elles se résumassent dans les conditions précédemment établies. En cela, rien n'était contraire à vos désirs, et les autorités supérieures de la Chine, telles que le général tartare soussigné, le gouverneur, les lieutenants-généraux tartares, ainsi que la noblesse et les peuples de toutes les provinces sont d'une seule et même opinion à cet égard.

« Les rapports montrent que, dans les six communications que moi, le grand ministre, j'ai adressées à l'honorable sir Michaël Seymour, en date des 3, 6, 8, 10, 14 et 19 du dixième mois de l'année dernière (octobre et novembre 1856), j'ai fait l'exposé sincère de la situation de la ville de Canton.

« Le jugement et la connnaissance pratique des affaires ont signalé la longue carrière de l'honorable amiral Seymour, et si l'honorable amiral Rigault de Genouilly et l'honorable général Van Straubenzee ne sont pas encore rompus aux particularités de la question, un soigneux examen des lettres écrites par moi, le grand ministre, à l'honorable amiral Seymour, la leur fera connaître complétement.

XXVIII. — Les commandants en chef des forces alliées envoyèrent immédiatement au Vice-roi la note suivante :

« *Les commandants en chef des forces alliées au grand commissaire Yeh.*

« Les soussignés commandants en chef des forces alliées accusent réception d'une lettre qu'ils ont reçue, en date du 25 courant, de Leurs Excellences le gouverneur-général, le général tartare, le gouverneur de Kwang-tung, et n'ont qu'à leur exprimer leur profond regret de ce que les propositions qu'ils ont faites à Leurs Excellences, dans leur communication du 24 courant, n'ayant pas été acceptées, il ne leur reste plus d'autre alternative que celle de commencer leurs opérations contre la ville de Canton, ainsi qu'ils en avaient été prévenus pour le cas où ces conditions ne seraient point acceptées. »

On le voit par les pièces que nous avons produites, aucune démarche n'avait pu vaincre l'orgueilleux entêtement de Yeh. — Évidemment il était rempli d'une confiance aveugle dans l'inexpugnabilité de Canton, et toutes les communications conciliatrices qui lui avaient été adressées, loin de fléchir son orgueil ou de modifier sa décision, confirmaient à ses yeux cette pensée, « que les barbares Européens n'oseraient jamais attaquer la ville avec des forces aussi restreintes ; ou bien qu'ils seraient forcés, après de stériles effotrs, d'abandonner leur projet. »
— Étrange aveuglement de ce peuple qui croit les autres nations du monde à peine dignes d'apporter des tributs aux pieds du puissant souverain du Céleste-Empire !

Les proclamations, affichées sur les murs de Canton, et que les habitants lisent avec avidité, sont empreintes de ce profond dédain, de cette confiance extrême, rêve héréditaire de plusieurs siècles, que deux jours suffiront pour anéantir.

XXIX. — L'attaque aura donc lieu le surlendemain, 28 décembre.

Dès le 26, les bâtiments des deux nations, au nombre de trente-deux, qui devaient prendre part au bombardement de Canton, avaient pris position devant la ville.

La corvette *le Phlégéton* (commandant Lévêque) avait

pu les rejoindre, après avoir été considérablement allégée; elle portait le pavillon amiral.

Les frégates *la Némésis*, *l'Audacieuse*, la corvette *la Capricieuse* et le transport *la Meurthe* étaient restés au mouillage de Wampoa. — Le transport *la Durance* et la corvette à vapeur *le Primauguet* s'étaient rapprochés de Canton et étaient venus mouiller près de la pointe est de l'île Kupper. — Le baron Gros et la légation française avaient quitté *l'Audacieuse* et s'étaient installés à bord du *Primauguet*.

Sur la rivière même, en face de la ville, abritée derrière ses murailles épaisses, il existe une autre ville flottante, dont la population s'élève à près de cent mille habitants qui, d'après la loi chinoise, n'ont pas le droit de venir s'établir à terre. — Cette ville flottante est composée d'une quantité innombrable de bateaux amarrés, côte à côte; et formant entre eux des rues que parcourent incessamment des barques de passage et des marchands ambulants de toute sorte. A l'approche des premières canonnières alliées, on vit bientôt cette ville étrange se mettre en mouvement et abandonner la partie de la rivière qu'elle envahissait presque complétement. Une portion plus hardie semblait vouloir rester, mais les commandants des canonnières avaient reçu l'ordre de faire opérer le plus rapidement possible l'évacuation complète de la rivière; car cette masse de bateaux eût pu créer, à la flottille alliée, des dangers sérieux par l'espace restreint qu'elle occupait, si les Chinois avaient eu l'idée d'y propager l'incendie.

XXX. — Les bâtiments ont pris position dans l'ordre suivant.

Le *Phlégéton* est à l'extrémité ouest, c'est-à-dire, à l'extrême gauche de la ligne d'attaque. — Viennent ensuite *l'Actéon* et trois canonnières anglaises, puis les canonnières françaises, *la Mitraille* et *la Fusée*. A leur droite, sont placés *le Bittern*, *le Cruizer*, *le Hornet*, *le Niger*, *le Nemrod* et *la Surprise*, bâtiments anglais, entre lesquelles mouillent *le Marceau*, bâtiment français et cinq canonnières de l'escadre britannique.

La Dragonne, *l'Avalanche*, et dix canonnières anglaises terminent la ligne d'embossage.

Cette ligne est à deux cents mètres environ des dernières constructions de la ville qui viennent baigner leurs pieds dans les eaux de la rivière; elle occupe par son déploiement une étendue de quatre mille mètres environ.

Le commandement supérieur des bâtiments français a été donné par l'amiral au capitaine de vaisseau d'Aboville, de *l'Audacieuse*.

Jetons maintenant un coup d'œil sur l'aspect général du pays, tel qu'il se présente devant les bâtiments alliés.

La ville bâtie sur un terrain plat comporte une étendue de deux mille deux cents mètres environ, du nord au sud, et de deux mille six cents, de l'est à l'ouest.

En montant sur les hunes des bâtiments, on découvre la ville tout entière.

XXXI. — Canton est divisé en deux parties, la *ville*

vieille et la *ville neuve*. — La ville vieille est entourée par une muraille continue et bastionnée d'une hauteur de vingt-cinq pieds environ et d'une surface de vingt pieds. Cette muraille est percée par huit portes, sur lesquelles sont bâtis des corps de garde d'une très-grande dimension, pouvant contenir chacun cinq cents hommes et destinés à loger les garnisons de ces portes.

En suivant du regard la longue ligne tracée par cette large muraille, on la voit, dans la partie nord, suivre en serpentant les ondulations du terrain et gravir les hauteurs, gardienne vigilante toujours prête à veiller sur la sécurité de la ville.

Au sommet de cette hauteur qui, sur deux côtés, est taillée à pic et domine toutes les positions, sont construits une grande pagode et un couvent de bonzes, tous deux défendus par une batterie en pierres de construction ancienne. — Les Chinois y ont ajouté une seconde batterie en terre armée de quatorze pièces, dont un front bat l'intérieur de la muraille et dont l'autre est dirigé sur les forts Gough et Blue-Jacket qui se dressent en dehors de la ville, à une distance, le premier de quatre cents mètres environ, l'autre de huit cents mètres. Cette batterie a été construite dans le double but de défendre la place contre le renouvellement d'une attaque de ce côté, et aussi contre les entreprises des rebelles, car, nous l'avons dit, l'insurrection qui, depuis l'avénement du souverain actuel, s'agitait au sein de l'empire, prenait chaque jour un nouvel accroissement.

Au-dessus des maisons basses qui forment l'ensemble

général des constructions, on voit sur divers points, quelques pagodes d'un style élégant et hardi, et ça et là des cabanes en paille de bambous, élevées à une assez grande hauteur : dans ces cabanes se tiennent jour et nuit les guetteurs, chargés de veiller aux incendies et de les signaler aussitôt.

Il suffit, en effet, de jeter un coup d'œil sur cet amoncellement de maisons si serrées les unes contre les autres, qu'il est impossible de distinguer le tracé des rues, pour comprendre les progrès rapides de destruction que ferait un incendie.

XXXII. — La *ville neuve* continue la *ville vieille*, mais, est beaucoup moins considérable. — Également entourée d'une large muraille, dans laquelle sept portes ont été pratiquées, la ville neuve étend ses faubourgs vers la rivière.

Sur la droite de cette double ville, se développe une large plaine en partie cultivée et mouvementée par de fortes oscillaions de terrain plus fréquentes et plus accentuées vers les montagnes des *Nuages Blancs;* ces monts élevés forment le fond du tableau, et leurs cimes inégales noyées dans la vapeur, se dessinent harmonieusement à l'horizon. — On aperçoit dans la plaine, quelques villages assez rapprochés les uns des autres, et des cimetières très-nombreux, dont les tombes uniformes regardent le levant.

XXXIII. — Comme dans tous les pays intertropicaux,

les champs, malgré l'hiver, étaient inondés de verdure ; les arbres chargés de feuilles ne tendaient pas tristement leurs branches dépouillées, et de distance en distance, des bouquets épais de bambous au feuillage effilé, coupaient la monotonie des rizières qui occupaient les abords de cette plaine.

Sur la gauche de Canton, c'est le même aspect de terrains cultivés avec la régularité de jardins potagers; seulement, en approchant de la rivière, une assez grande quantité d'habitations de toute espèce, petites et grandes, avancent jusque sur la plage et continuent l'extrémité des faubourgs où étaient autrefois les grands établissements européens des factoreries. — Ces factoreries ne sont plus aujourd'hui que des débris informes noircis par l'incendie, et que les démolisseurs ont amoncelés.

Si les Chinois ont porté eux-mêmes la flamme et la destruction au sein des factoreries, on suit dans l'intérieur même des faubourgs, la trace des dévastations qu'ont causées les boulets anglais.

XXXIV. — Sur la ligne d'embossage des bâtiments alliés, presqu'à l'extrémité gauche de la ville, se trouve l'île Dutch folly (folie hollandaise). — Le fort qui s'élevait sur cette île avait été, on le sait, détruit par les Anglais, au mois d'octobre de l'année précédente, et l'amiral Seymour à son arrivée avait armé l'île d'une batterie de mortiers qui battait de ses feux les hauteurs de la ville, où, disait-on, il existait un grand dépôt de poudre.

Dans l'intérieur de cette île, s'élève un seul arbre.

Sur cet arbre ont été arborées les couleurs réunies de France et d'Angleterre ; une sorte de plate-forme établie presqu'à son sommet est en communication avec le sol par le moyen de longues échelles de bambous. — De cet observatoire élevé, qui domine toute la partie basse de la ville, on peut suivre le mouvement des troupes chinoises sur la muraille, et exercer ainsi sur la ville elle-même une investigation permanente.

Derrière la ligne des bâtiments, c'est l'île d'Honan. — Ses rives sont ombragées d'arbres qui laissent entrevoir à travers leur vert feuillage une multitude de maisons. Tout le long de l'île est amarrée une partie de la flotte chinoise désarmée, c'est-à-dire des jonques de guerre et trois ou quatre bâtiments construits sur des formes européennes.

XXXV. — Chaque commandant des bâtiments a reçu copie d'un ordre spécial signé par l'amiral Rigault de Genouilly qui indique les dispositions particulières à prendre ; à ces instructions était joint l'ordre général (1) des commandants en chef des Forces alliées, relatif à l'attaque de Canton.

(1) *Ordre général.*

Devant Canton, 27 décembre 1857.

Les commandants en chef des forces alliées navales et militaires devant Canton ont arrêté contre la ville les opérations suivantes :

1° Le bombardement commencera à l'aube du jour, le lundi 28 courant.

Le 28, à six heures du matin, le feu commencera lorsque *le Phlégéton* hissera un pavillon jaune à son mât de misaine, et *l'Actéon* un pavillon blanc à croix rouge. *L'Avalanche* et *le Hornet* devront répéter le signal pour les bâtiments de la droite.

CHAPITRE III.

XXXVI. — Toutes les dispositions de combat ont été prises, ainsi que les mesures nécessaires contre les in-

Les bâtiments et les vaisseaux, indiqués en marge (à la lettre A), au signal indiqué ci-après, ouvriront leurs feux sur les angles S. O. des murs de la ville pour les battre en brêche et empêcher la communication des troupes chinoises le long de leurs parapets avec le côté Est.

Les bâtiments et les vaisseaux indiqués en marge (sous la lettre B) mouillés près de la Folie Hollandaise, auront, dans le même but, à renverser les murs qui sont en face de la résidence du Vice-roi. Les mortiers de la Folie Hollandaise pointeront également sur les hauteurs de la ville et celles appelées Gough.

Les bâtiments et les vaisseaux indiqués à la marge (lettre C) entre la Folie Hollandaise et la Folie Française ouvriront leurs feux sur les angles S. E. des murs de la ville neuve et de la vieille ville, et sur ceux formant le côté Est de la ville.

(A) *L'Actéon*, *le Phlégéton* et des canonnières.

(B) *La Mitraille*, *la Fusée*, *le Cruizeur*, *le Hornet* et des canonnières.

(C) *Le Nemrod*, *la Surprise*, *la Dragonne*, *le Marceau* et des canonnières. A une heure après-midi, *le Nemrod*, *la Surprise* et *la Dragonne* changeront leurs feux pour les diriger sur la ville et les hauteurs de Gough. *Le Marceau* et les canonnières, marquées de bleu sur le plan, à une heure après-midi, dirigeront leurs feux sur les portes S. E. de la ville, ainsi que cela est indiqué sur le plan.

cendies subits que pourraient allumer des brûlots; ce moyen de guerre très-fréquemment employé par les Chinois avait déjà failli causer de grands ravages dans l'escadrille de l'amiral anglais.

Le 27, dans la soirée, toutes les montres des bâtiments ont été réglées sur la même heure, pour que le bombardement puisse commencer simultanément sur toute la ligne.

Le 28, avant le lever du jour, les équipages sont à leur poste et attendent impatiemment le signal.

Ces trois attaques devront commencer simultanément à la vue d'un pavillon blanc à croix rouge, qui sera hissé au mât de misaine de l'*Actéon*, et d'un pavillon jaune hissé au même moment au mât de misaine du *Phlégéton*; le *Hornet* et l'*Avalanche* répéteront ces signaux à leur bord, tout le temps que ces pavillons flotteront sur les vaisseaux susmentionnés.

Le bombardement devra commencer très-lentement et se continuera nuit et jour, chaque canon ne devant pas tirer plus de quarante coups pendant les premières vingt-quatre heures (lettre D).

Immédiatement après l'ouverture du feu, les forces alliées prendront place dans la baie du canal Kuper, (à l'endroit où les pavillons anglais et français auront été arborés) dans l'ordre suivant à partir du point du jour :

1° Sapeurs et génie, le 59° régiment d'artillerie royale, l'infanterie indigène de Madras, bagages et munitions (lettre E);
2° Le corps de débarquement français;
3° La brigade navale anglaise sous les ordres du Commandore Elliot;
4° La brigade navale de Canton;
5° Le bataillon des *Marines* du lieutenant-colonel Lemon;
6° La brigade des *Marines* du colonel Holloway;

Le débarquement des forces françaises se fera sous les ordres du capitaine de vaisseau Reynaud, capitaine de Pavillon;

Celui des troupes anglaises et de la marine royale sous les ordres du major Clifford;

(D) Excepté les bâtiments désignés à la lettre C, qui tireront cent coups.
(E) Lorsque le dernier bateau du n° 1 aura passé, le n° 2 suivra et ainsi de suite.

Les cris trois fois répétés de : *Vive l'Empereur!* et les hurrahs des Anglais parcourent comme un écho électrique la ligne d'embossage, lorsque les signaux de convention, appuyés par deux coups de canon, sont enfin arborés.

Le *Phlégéton* et l'*Actéon* viennent d'envoyer sur la ville chinoise les deux premiers boulets.

Celui de la brigade navale anglaise sous les ordres du capitaine W. K. Hall, capitaine de Pavillon.

L'ordre de bataille des forces unies sera le suivant :

A droite, les brigades navales anglaises;

Au centre, la brigade composée du bataillon du lieutenant-colonel Lemon, le 59ᵉ régiment d'artillerie royale avec les sapeurs, le génie et l'infanterie indigène de Madras;

A gauche, la brigade française;

Comme réserve la brigade du colonel Holloway avec l'artillerie de la marine royale.

Après avoir ainsi pris leur position, les forces alliées resteront en ligne formant, par brigades, des colonnes serrées en masse, jusqu'à ce que l'ordre d'avancer ait été donné, ce qui sera fait en vue de prendre position pour la nuit et se préparer de là un service actif pour le lendemain matin suivant.

> SEYMOUR, contre-amiral, commandant en chef des forces navales de Sa Majesté britannique; RIGAULT DE GENOUILLY, contre-amiral, commandant en chef des forces navales de Sa Majesté impériale; VAN STRAUBENZEE, major général, commandant les forces militaires.

Ordre du contre-amiral R. de Genouilly, commandant en chef les forces françaises.

En conséquence des résolutions adoptées par les commandants en chef des forces navales et militaires devant Canton, les bâtiments de Sa Majesté l'Empereur suivront les dispositions indiquées ci-dessus, dans l'attaque de la ville, qui aura lieu le 28 décembre à la pointe du jour :

Le feu s'ouvrira au signal qui sera indiqué plus bas.

Le *Phlégéton* ouvrira son feu sur l'angle S. O. des murs de la ville, dans le but de faire une brèche et d'empêcher les communications des troupes chinoises avec la partie Est, par les parapets.

XXXVII. — Alors un fait étrange se produisit, qui indiquait clairement la confiance superstitieuse que les habitants de Canton avaient dans les dédaigneuses proclamations du Vice-roi. — Affermis dans leur orgueil et dans leur profond mépris par ces promesses d'invincibilité proclamées si haut depuis tant de mois, ils ne

La *Mitraille* et la *Fusée*, mouillées près de *Dutch-Folly*, ouvriront la brèche dans la direction de la résidence du Vice-roi, pour remplir le même but.

Le *Marceau* tirera dans la direction du nord sur le mur qui lui est opposé.

La *Dragonne* et l'*Avalanche* tireront sur la porte-est de la ville, et sur la muraille qui lui est opposée jusqu'à une heure de l'après-midi, et enverront, dans cet intervalle, au moins soixante projectiles par pièce. A partir de une heure, la *Dragonne* et l'*Avalanche* tireront sur les hauteurs intérieures de la ville, au point occupé par des édifices, et dépenseront, dans cette direction, environ quarante projectiles.

Ces différentes attaques commenceront simultanément, quand un pavillon anglais blanc, à croix rouge, sera hissé au mât de misaine de la corvette britannique l'*Actéon*, et un pavillon jaune à celui du *Phlégéton*.

Le *Hornet* et l'*Avalanche* répéteront ce signal au même mât, et l'amèneront en même temps que l'*Actéon* et le *Phlégéton*. Ce pavillon s'amenant est le signal de cesser le feu.

Le feu des batteries sera lent en général, et continuera jour et nuit. On ne tirera pas plus de soixante coups par pièce dans les vingt-quatre heures, la *Dragonne*, l'*Avalanche* tireront seules cent coups par pièce. On réservera de préférence l'emploi des obus pour la nuit.

Dans leurs dispositions de combat, tous les bâtiments prendront les plus grandes précautions pour les éventualités d'incendie. Les pompes à incendie seront visitées dans la journée d'aujourd'hui et on s'assurera qu'elles fonctionnent bien.

Toutes les armes seront chargées.

Pour le tir de la nuit, on distribuera les équipages, de façon que la moitié puisse se livrer au repos. On prendra des dispositions analogues pour les heures de repas. Pendant la nuit, et avant d'envoyer les hommes se coucher, on fera une distribution extraordinaire de biscuit

croyaient pas évidemment à l'audace imprudente d'une attaque contre leur ville; aussi, lorsque les foudroyantes détonations des trente-deux bâtiments embossés frappèrent à la fois les échos silencieux, ils accoururent sur le rivage, plus étonnés encore qu'effrayés, suivant d'un regard ébahi les épaisses colonnes de fumée qui montaient vers le ciel en tourbillons épais.

Bientôt ces tourbillons leur dérobent la vue des bâtiments dont la présence ne se révèle plus que par le éclairs qui s'échappent de leurs flancs, à intervalles égaux.

Pendant que les plus hardis parmi les habitants des rives venaient paisiblement s'asseoir sur la plage pour contempler ce tableau avec des physionomies impassi-

---

et de café. Pendant le feu, on distribuera aux hommes du café clair (pas de boissons alcooliques).

Tous les bâtiments auront leurs feux allumés et de la pression à la pointe du jour.

L'ouverture du feu d'artillerie sera saluée de trois cris de : *Vive l'Empereur!* On ne hissera pas de pavillons de nation en tête de mât.

M. le commandant d'Aboville, chargé du commandement supérieur des bâtiments mouillés devant Canton, enverra un rapport à l'amiral sur le bombardement de la ville, dans le plus bref délai possible.

Le feu cessera le mardi matin, 29 décembre, à six heures, sur toute la ligne; les mortiers, placés sur *Dutch-Folly*, continueront seuls à tirer sur les résidences du général tartare et du gouverneur. Ce feu lui-même cessera, lorsque les pavillons français et anglais paraîtront sur les hauteurs nord de la ville.

A bord du *Phlégéton*, le 27 décembre 1857.

Le contre-amiral, commandant en chef,
RIGAULT DE GENOUILLY.

Par ordre :
Le capitaine de vaisseau commandant supérieur,
D'ABOVILLE.

bles, d'autres se jetaient dans des barques pour gagner en toute hâte l'île d'Honan, contre laquelle nous n'exerçions aucune hostilité.

Ce fut un spectacle curieux de voir cette multitude d'hommes, de femmes, d'enfants, entassés pêle-mêle dans des embarcations, se diriger à force de rames vers les bâtiments alliés, et traverser la ligne d'embossage, en faisant à mesure qu'ils approchaient, des signes de respect et des salutations sans nombre.

Un autre fait est curieux à relater, c'est que le fournisseur chinois chargé du ravitaillement journalier des équipages vint, selon son habitude, le jour du bombardement, apporter les provisions de vivres.

XXXVIII. — Pendant toute la journée du 28, le feu continua lent, mais régulier.

Déjà, dans la matinée, plusieurs incendies s'étaient déclarés dans l'intérieur de la ville, et à l'aide de longues vues, on voyait les Chinois travailler, sous le feu des bâtiments, à éteindre ces incendies qui, à peine apaisés d'un côté, se renouvelaient presqu'aussitôt sur un autre point.

Le 29, à six heures du matin, le bombardement devait cesser pour permettre aux troupes de monter à l'escalade ; mais, pendant la nuit, les deux amiraux envoyèrent aux commandants supérieurs des bâtiments l'ordre de prolonger le feu jusqu'à neuf heures du matin.

Laissons le bombardement accomplir son œuvre de

destruction contre la ville, et transportons-nous auprès des troupes alliées qui doivent simultanément agir à terre.

L'amiral Rigault de Genouilly a pris le commandement en chef des troupes françaises qu'il veut conduire lui-même au feu (1).

Le capitaine de vaisseau Collier de *la Capricieuse*, commande, sous les ordres immédiats de l'amiral, le petit corps expéditionnaire français, composé de 1,347 hommes.

Le débarquement doit s'opérer dans le canal de Kupper.

Il commence le 29, à 9 heures du matin.

Le débarquement des troupes françaises devait suivre celui du 59ᵉ régiment anglais ; mais, par suite de la marée basse, les canonnières qui transportaient une partie de ce régiment s'échouèrent à l'entrée du canal. — Pour ne pas retarder les opérations projetées, il fut convenu avec le général Van Straubenzee que les troupes françaises commenceraient leur mouvement sans attendre que le régiment anglais fût débarqué.

A 10 heures, le corps français avait pris pied sur la plage.

(1) *Effectif du corps de débarquement.*

L'amiral	1
Officiers supérieurs	5
Officiers	60
Sous-officiers	70
Marins et soldats	1211
Total	1347

XXXIX. — Déjà, sur plusieurs points, on avait signalé l'ennemi qui s'abritait dans les halliers et derrière les plis de terrain.

Les *Braves* (1), dispersés en tirailleurs, occupent les terrains avoisinants. — Munis de longs fusils à mèches que deux hommes seuls peuvent manier, ils se sont postés derrière les tombeaux qui s'élèvent en grand nombre en cet endroit, et commencent, à notre approche une assez vive fusillade; ils lancent aussi beaucoup de flèches à fusées, dont le sifflement, inconnu aux oreilles européennes, se joint à celui des balles.

Derrière ces abris improvisés flottent au vent des drapeaux de toutes couleurs qu'agitent au-dessus de leurs têtes les chefs de groupes, soit pour rallier leurs hommes, soit pour les raffermir dans leur courage.

Il faut avouer, du reste, que le terrain était merveilleusement disposé pour une défense pied à pied; c'étaient de grands champs sans culture, couverts de bouquets d'arbres, et, comme nous l'avons dit, de tombeaux disséminés çà et là. Parfois, des rizières inondent le sol; de longs fossés remplis d'eau sont creusés de distance en distance, et une série de petits mamelons se prêtent, en se succédant, un mutuel appui.

Au milieu de ces champs s'élèvent deux villages, dans lesquels la résistance pouvait prendre un caractère sérieux. — Certes, des troupes quelque peu aguerries

(1) On appelle *Braves* une sorte de milice chinoise enrégimentée pour défendre ses foyers. Les *Braves* de la province de Canton jouissent dans toute la Chine d'une réputation de bravoure héréditaire.

eussent défendu longtemps ces positions favorables; mais les Chinois, dans leur ignorance des choses de la guerre, étaient incapables d'en apprécier l'importance.

A peine le 1ᵉʳ bataillon, ayant à sa tête le commandant Vrignaud, capitaine de frégate, a-t-il débouché des maisons qui se trouvent aux abords du point de débarquement, pour aller prendre position sur une hauteur à petite distance, qu'il est assailli par une vive fusillade. Le feu est très-nourri, surtout dans les deux villages situés l'un en face, l'autre un peu plus éloigné sur la gauche.

XL. — Le 2ᵉ bataillon, commandé par le lieutenant de vaisseau Nielly, s'est à peine donné le temps de se former, et arrive au pas de course. — L'amiral lance aussitôt plusieurs compagnies pour nettoyer successivement ces deux villages, et chasser les tirailleurs chinois de leurs embuscades. A mesure que nos hommes avancent, ces tirailleurs se portent précipitamment en arrière, évitant tout lutte corps à corps, mais ils continuent leur feu que protégent à chaque pas les dispositions même du terrain.

C'est ainsi que ces compagnies traversent les deux villages que l'ennemi a successivement abandonnés; elles ne rencontrent d'autre résistance que celle des balles et des flèches qui indiquent les directions dans lesquelles les Chinois se sont retirés.

Déjà nos deux bataillons ont pris position sur deux collines, à six cents mètres de distance du fort Lyn, but de la première attaque.

Deux obusiers, portés avec rapidité sur le mamelon, commencent immédiatement leur feu contre le fort que canonne en même temps l'artillerie anglaise, et contre des masses qui se montrent sur la gauche. — Quoique le chiffre des blessés ne soit pas considérable, nous avons eu dans ces premiers engagements un certain nombre d'hommes atteints.

XLI. — Pendant que ces divers mouvements s'étaient opérés, les dernières compagnies anglaises du 59ᵉ avaient pu être débarquées et couvraient la droite, sur laquelle apparaissaient aussi de nombreux rassemblements.

Plusieurs pièces de l'artillerie anglaise venaient également prendre position en face du fort Lyn, avec le complément de notre artillerie arrivé sous la protection de l'arrière-garde.

Les batteries sont aussitôt établies, et, les projectiles, parfaitement dirigés, tombent dans l'intérieur de l'ouvrage et sur les ennemis, embusqués dans les environs.

Le fort ne répond que par un feu très-lent; mais du haut de ses parapets part une grande quantité de fusées.

Les tirailleurs chinois, blottis dans les fossés de culture, continuaient leur feu, s'éloignant au fur et à mesure que les alliés avançaient, et sans qu'un corps quelconque essayât de faire résistance.

Il était évident qu'il fallait profiter de l'élan des

troupes, pour enlever de vive force le fort Lyn. Déjà, sur les hauteurs laissées en arrière apparaissaient les têtes de colonne des bataillons des Marines prêts à servir de soutien.

Le signal est donné de se porter en avant ; une ligne de tirailleurs se détache et précède le 1er bataillon ; mais l'artillerie ne peut avancer qu'à grand'peine sur ce terrain accidenté, il lui faut déployer les plus grands efforts, et doubler les équipages. — Derrière un mamelon très-favorable à la défense, les Chinois font un feu très-vif qui incommode grandement les Anglais.

XLII. — Le général Van Straubenzee fait prier l'amiral français d'occuper ce mamelon.

Aussitôt les clairons sonnent, les tirailleurs se jettent énergiquement en avant, et chassent, à la baïonnette, l'ennemi, qui se défend sans ordre et lâche bientôt pied laissant quelques morts sur la place.

C'est alors que le sergent-major d'infanterie de marine Martin des Paillières, qui marchait avec le 1er peloton, se mêle aux fuyards qui regagnent le fort en désordre. — Il entre avec eux par les embrasures, et paraît tout à coup sur les parapets avec les soldats de son peloton, au moment où le 1er bataillon français d'un côté, et le 59e régiment anglais de l'autre, qui avaient tourné la position, débouchaient à petite distance, devant le fort.

Le drapeau de la France flottait sur la première conquête des troupes alliées, honneur d'autant plus doux au cœur du commandant en chef, que ce succès n'avait pas été chèrement acheté. — Quelques hommes tués ou mis hors de combat à l'enlèvement des premiers villages, quelques autres atteints par les fusées que lançaient les Chinois du haut du fort Lyn, telles étaient les pertes légères subies par le corps expéditionnaire français. — Les Anglais avaient eu un officier tué cruellement : porteur d'un ordre, le lieutenant Hackett entrait dans un des villages que les alliés venaient de traverser, une heure auparavant, lorsqu'il fut tout à coup assailli par les habitants. Le lieutenant se défendit en désespéré avec les quelques hommes qui l'accompagnaient ; mais, accablé par le nombre, il tomba à terre frappé d'un coup de massue, et eut aussitôt la tête tranchée. Les Anglais, furieux, revinrent sur ce village qu'ils incendièrent. Deux Chinois étaient principalement accusés d'avoir participé à ce meurtre ; l'un fut tué sur place, l'autre fut fait prisonnier et pendu à un arbre en vue de l'armée tartare.

XLIII. — Il était deux heures de l'après-midi ; les bâtiments continuaient leur tir. — Du fort Gough et des remparts de la ville partait un feu assez soutenu qui, fort heureusement, ne faisait aucun mal aux troupes débarquées, car celles-ci étaient complétement abritées par les dispositions du terrain.

Mais, sur la gauche des positions occupées par le corps expéditionnaire français, une batterie, établie sur le front nord du faubourg de l'est, envoyait sans discontinuer de la mitraille et gênait nos mouvements. Déjà plusieurs hommes avaient été atteints. L'amiral Rigault de Genouilly, préoccupé de ce feu, dont ses troupes pouvaient avoir de plus en plus à souffrir, commanda au lieutenant de vaisseau Vériot, de pointer des obusiers dans cette direction et de lancer sur cette batterie des obus à balles.

Dans le même moment, le lieutenant de vaisseau Ribourt, aide de camp de l'amiral, recevait l'ordre de prendre avec lui une compagnie de débarquement de *l'Audacieuse*, à la tête de laquelle est M. de La Barrière, lieutenant de vaisseau, et de tourner cet ouvrage, pour l'enlever et le détruire. Le lieutenant Ribourt atteint le retranchement, derrière lequel est élevée cette batterie, sans éveiller l'attention de ses défenseurs; — les troupes chinoises, subitement assaillies à la baïonnette, prennent la fuite, après avoir un instant essayé de se défendre, et laissent sur la place une cinquantaine de morts.

Quelques compagnies, lancées simultanément dans diverses directions, délogent l'ennemi de plusieurs postes qui gênaient notre flanc gauche. — Ces différentes opérations assuraient, de ce côté, la position où les troupes devaient passer la nuit.

XLIV. — C'était un spectacle étrange d'apercevoir au loin, sur les hauteurs environnantes, des masses confuses de Chinois, spectateurs immobiles, qui seraient tombés sur nous, comme des tourbillons, au plus léger symptôme d'échec. Repoussées d'un endroit, ces masses, qui agitaient des drapeaux et jetaient des cris perçants, reparaissaient sur un autre, sorte de ceinture vivante dont les plis se déroulaient tumultueusement sur le flanc des collines.

Les porteurs d'échelles d'escalade venaient d'arriver, et s'établissaient dans un ravin sous la protection des bataillons.

A mesure que la journée tirait à sa fin, le tir de la place se ralentissait sensiblement sur la gauche. Mais, sur la droite, où se déployait la brigade navale anglaise, conduite par l'amiral Seymour, le feu des Chinois continuait avec vivacité. Sans doute les forces déployées de ce côté, faisaient supposer à l'ennemi que nous voulions attaquer le fort Gough et les positions adjacentes. — Protégés par des bosquets de bambous assez touffus, quelques partis de *Braves*, plus audacieux que d'autres, engageaient parfois une vive fusillade avec leurs longs mousquets, et cherchaient, sans oser cependant nous attaquer sérieusement, à reprendre les positions dont ils avaient été chassés.

Deux obusiers, pointés à toute volée par le corps de débarquement français, soutenaient en avant le mouvement de la brigade navale britannique.

Les Anglais bivouaquèrent la nuit dans les bosquets de bambous très-favorables au campement de leur brigade.

XLV. — En avant et au pied de la ligne, occupée par le corps de débarquement français, se trouvaient une pagode et un village ; la route qui conduisait aux remparts de la ville, tournait autour de ce village. Comme son occupation garantissait les troupes contre les sorties, du reste peu probables, de la place, l'amiral y installa plusieurs compagnies, et y fit descendre deux obusiers qui, établis sur une esplanade, ouvrirent immédiatement leur feu dans la direction de la porte de l'est (1).

Cette porte, ainsi que toute la partie du rempart qui l'avoisinait, était battue par le feu des canonnières anglaises et françaises.

Cependant la nuit se faisait, nuit splendide et calme. La lune, qui s'élevait graduellement dans le ciel, répandait au loin ses blanches clartés sur cette ville réputée imprenable par les Chinois, et qui le lendemain devait voir flotter sur le sommet de ses remparts les drapeaux victorieux de la France et de l'Angleterre.

---

(1) *Journal de l'attaque de Canton tenu par le lieutenant de vaisseau Ribourt, aide de camp du commandant en chef.* 28 décembre 1857.

3 h. 1/2. — L'amiral fait fouiller le village et la grande pagode située entre le fort Lyn et la porte de l'est.

Établi deux obusiers sur cette position pour répondre au feu assez rapproché des murailles.

Les deux obusiers du mamelon continuent leur feu tantôt sur les faubourgs, tantôt sur la porte de l'est. Le fort Gough envoie de temps à autre des boulets dans la direction du quartier général. Des fusées fréquentes partent des faubourgs et des murailles.

6 h. 1/2. — Fusillade assez vive au poste avancé du village. Fait renforcer ce poste qui se replie à gauche sur la grande route du camp. — Nuit tranquille. — Nombreux incendies dans la ville.

XLVI. — Selon les ordres des commandants en chef, les bâtiments embossés devant Canton avaient modifié leur feu à la tombée de la nuit; mais jusqu'au jour leur tir continua lent et précis, et l'on pouvait suivre du regard les sillons enflammés que les projectiles traçaient dans l'espace. Parfois ces feux, partis de différents points, se réunissaient tout à coup, puis se dispersaient de nouveau en gerbes étincelantes. — Ces détonations régulières de notre artillerie, et quelques rares coups de canon tirés de la place, troublaient seuls les dernières heures, pendant lesquelles pouvait encore se bercer dans ses dédaigneuses illusions, l'orgueilleux vice-roi Yeh. Les incendies, qui se déclaraient sur plusieurs points de la ville, éclairaient les bivouacs endormis.

Le général Van Straubenzee avait mis à la disposition de l'amiral français deux de ses officiers, le capitaine Hommer et le lieutenant Stewart, du génie. — De son côté, l'amiral avait envoyé auprès du général l'enseigne de vaisseau de Grancey.

XLVII. — Le lendemain, 29 décembre, à six heures du matin, les troupes étaient sur pied et prêtes à partir. — C'était l'heure convenue entre les chefs alliés.

Une heure auparavant, les deux amiraux et le général anglais s'étaient dirigés vers le fort Lyn avec leurs états-majors et s'étaient concertés sur les opérations de la journée.

A leur retour, l'ordre est donné aux troupes de se mettre en marche.

Il est sept heures.

Le 59ᵉ régiment anglais se répand en tirailleurs sur le front d'attaque pour déloger les défenseurs des remparts. Notre batterie d'obusiers et une batterie anglaise, commandée par le capitaine Rottern, s'avancent sous la protection du 1ᵉʳ bataillon de débarquement français, formé en colonnes par pelotons; toutes deux devaient prendre position pour abattre le parapet et faire brèche.

Avec le second bataillon, se tenaient les porteurs d'échelles, abrités par la grande pagode du village situé en avant du bivouac.

XLVIII. — Aussitôt que l'amiral Rigault de Genouilly s'est assuré que ces premières dipositions ont été prises, il s'avance, avec son état-major, pour reconnaître le point le plus favorable à l'escalade. — Un fossé rempli d'eau, communiquant avec la rivière, s'étendait à petite distance le long des remparts. Sapeurs et pionniers se mettent aussitôt à l'œuvre sous la direction de l'amiral et du lieutenant Stewart; ils entassent des pierres, des bois de construction de toute sorte enlevés au village, et établissent en quelques instants un passage praticable. Alors les porteurs d'échelles et le brave commandant Collier, qui marche à leur tête, s'élancent au pas de course sous le feu de la place qui redouble en ce moment de vivacité et viennent se poster derrière quelques constructions.

Pendant ce temps, les batteries, placées à petite distance de la place, tiraient avec une grande justesse et abattaient le parapet; — les deux bataillons français se portent aussitôt en avant et se serrent en masse près du point d'escalade, abrités par des maisons et par quelques mouvements favorables de terrain; car il partait des murailles un grand nombre de fusées et des coups d'enfilade assez bien dirigés.

XLIX. — Le moment de donner l'assaut était venu. Les échelles sont appliquées le long des murs. — Sur l'une d'elle, s'élance énergiquement le lieutenant Stewart, suivi du sapeur Parkins et d'un grand nombre de matelots appartenant à *la Capricieuse* et à *la Durance*. Dans le même moment, le lieutenant de vaisseau de Vautré apparaît sur le parapet avec le matelot Triot, le second maître Pélissier et le chef de pièce Laurier.

Le commandant Collier a distribué les échelles sur tous les points accessibles ; elles craquent et plient sous le poids des hommes qui les envahissent à la fois aux cris de : *Vive l'Empereur !* — Quelques-uns s'accrochent de leurs mains aux anfractuosités de la muraille et se servent de leur baïonnette pour gagner le haut de la brèche.

Peu d'instants après, le drapeau de la France flottait sur le sommet du corps de garde près duquel la brèche avait été pratiquée. Les défenseurs qui, jusqu'au dernier moment, avaient entretenu, du haut des remparts, un feu assez vif, ne cherchèrent pas à s'opposer à l'escalade et s'éloignèrent précipitamment le long de la muraille, véritable chemin qui compte près de vingt pieds de largeur. — Le commandant Collier, officier audacieux et entreprenant, dont, hélas! on devait bientôt déplorer la perte, s'est jeté à leur poursuite, vers la porte de l'est. L'ennemi l'abandonne et gagne l'intérieur de la ville.

L. — Le 1er bataillon, conduit par le commandant Vrignaud, occupe aussi le sommet des remparts, sur lequel est déjà l'amiral; le second bataillon suit le mouvement.

Dans le même moment, la brigade navale anglaise, qui avait accompli son escalade sur un autre point, débouche sur la muraille, à huit cents mètres de nous environ (1); elle est à la poursuite de l'ennemi qui remonte en désordre vers les hauteurs du nord. — C'est sur le point appelé *City-Hill* et *Magazine-Hill* que les troupes tartares ont, sans nul doute, organisé leurs derniers moyens de résistance; car deux batteries y sont construites; et si les troupes chinoises abandonnent, presque sans coup férir, leurs différentes positions, elles continuent sur d'autres points un feu de tirailleurs très-soutenu, et nous envoient des balles et de la mitraille avec leurs longs fusils de rempart.

Les pavillons des deux nations sont arborés sur les remparts de Canton.

(1) Dès le commencement de la journée, le corps expéditionnaire anglais avait fait une perte regrettable. Le capitaine de vaisseau Bate, officier du plus haut mérite, avait été frappé d'une balle au cœur, en allant examiner le fossé creusé devant la muraille d'enceinte et chercher les points les plus favorables à l'escalade.

LI. Le feu des bâtiments a complétement cessé. La flotte avait largement fait son œuvre par la justesse et par la régularité de son tir. — Son bombardement avait duré vingt-sept heures, sans discontinuer; et il faut attribuer, en bonne partie, à son action la facilité avec laquelle a pu s'effectuer l'escalade des remparts ; car les boulets et les obus des bâtiments avaient, pendant ces vingt-sept heures, parcouru les parties de la muraille, où l'assaut devait être donné, et chassé les défenseurs chinois d'une position qui n'était plus tenable qu'au prix des plus grands sacrifices.

LII. —Les deux bataillons français, ayant à leur tête l'amiral, se dirigent vers les hauteurs de Magazine et City-Hill. — Bientôt les combattants des deux nations sont réunis ; ils avancent ensemble et s'emparent de ces deux positions.

Plusieurs pièces d'artillerie sont aussitôt mises en batterie contre les forts Gough et Blue-Jackett, pendant que nos tirailleurs répandus dans la grande pagode à cinq étages qui occupe un des bastions de la muraille et domine les forts extérieurs, ouvrent sur eux un feu plongeant de mousqueterie. — On voit la garnison, que nos balles et nos boulets déciment, évacuer successivement ces deux ouvrages.—Le général Van Straubenzee donne ordre au commodore Elliott d'aller les occuper avec un détachement de la brigade navale.

Pendant ce temps les troupes alliées ont atteint la porte du nord. Les Chinois postés dans des maisons et derrière une barricade qui s'élève sur le versant des hauteurs de City et Magazine Hill, font un feu très-vif. Un détachement de la brigade navale anglaise s'établit à la porte du nord, et un autre détachement enlève la barricade. — C'est, de la part des Chinois, le dernier acte apparent de résistance.

Les *Braves* de Canton et les troupes tartares n'avaient pas en cette occasion soutenu leur vieille réputation ; nulle part ils n'avaient attendu notre approche ; nulle part ils n'avaient soutenu l'attaque des alliés. Leur défense s'était bornée à envoyer des balles avec leurs longs mousquets à mèche, et à lancer un nombre considérable de fusées et de flèches ; leur artillerie ne nous avait fait aucun mal.

A 2 heures le feu avait cessé, et quelques coups de fusil se faisaient seulement entendre par intervalles.

CHAPITRE IV.

LIII. — En voyant la facilité avec laquelle nos troupes s'étaient emparées de toutes les positions, on se demande quelle pouvait être la pensée secrète du vice-roi Yeh, et on s'étonne de la base éphémère sur laquelle il avait placé son orgueilleux dédain et ses illusions de victoire, illusions caressées pendant une année, et brisées en quelques heures.

LIV. — C'est du sommet de ces hauteurs du nord, que le regard plane sur la ville et sur ses innombrables réseaux de ruelles étroites et tortueuses. Les maisons basses et à un seul étage, sont d'une triste monotonie ; de distance en distance une pagode sort subitement de cet amas de toits qui se succèdent uniformément ; on aperçoit aussi quelques constructions plus élevées que les autres, entourées de grands murs en brique et de vastes jardins, dont les arbres balancent au vent leurs branches chargées de feuilles ; ces constructions indiquent la demeure des mandarins. Devant la porte extérieure, de longues perches rouges sont toujours plantées en signe distinctif. Deux rues perpendiculaires, pavées de larges dalles, traversent la ville de l'est à l'ouest et du nord au sud ; mais le mouvement et la vie semblent s'être tout à coup retirés de cette populeuse cité, d'habitude si remuante, si active et morne, silencieuse, avec ses bâtiments effondrés, traces terribles du bombardement, elle présente un aspect désolé. — A de rares intervalles, un être vivant se glisse le long des maisons, ou cherche un refuge au milieu des débris. — Le yamoun du Vice-roi, sur lequel avait été particulièrement dirigé le feu de plusieurs bâtiments, ainsi que tout le quartier qui l'environnait, ne forment plus qu'un monceau de ruines, de murs renversés, de maisons à demi dévorées par l'incendie. C'est surtout aux approches de la grande muraille circulaire que le feu a fait les plus grands ravages.

Les troupes établissent leurs bivouacs sur les différents points qui leur sont assignés (1).

LV. — Dès que la nuit est venue, les commandants en chef prennent toutes les dispositions nécessaires contre des retours offensifs ou des contre surprises, sur lesquels l'ennemi peut fonder une dernière et suprême espérance. Car si nous sommes maîtres des hauteurs de Canton, le Vice-roi est encore dans l'intérieur de la ville ; il a près de lui le gouverneur Pih-kwei et le général tartare. — La nuit est propice à de sombres desseins, et

---

(1)   *Ordre du jour sur la prise de Canton.*

Le contre-amiral, commandant en chef, est heureux de féliciter M. le capitaine de vaisseau d'Aboville, commandant supérieur, Messieurs les commandants, capitaines, officiers et les marins du *Phlégéton*, du *Marceau*, de la *Mitraille*, de la *Fusée*, de la *Dragonne* et de l'*Avalanche*, sur la part qu'ils ont prise à l'attaque générale contre Canton. Leur concours a préparé et assuré le succès, et mérite tous les éloges du commandant en chef.

Le commandant en chef doit aussi adresser des remercîments publics au capitaine de vaisseau Raynaud, chef d'état major de la division navale, pour l'habileté et la rapidité avec lesquelles il a mis à terre le corps expéditionnaire. Cet officier supérieur mérite toute la gratitude du corps expéditionnaire, pour la sollicitude qu'il a montrée à pourvoir, malgré d'immenses difficultés, à tous les besoins. Cette tâche, si utile et si pénible, a été remplie, par le commandant Raynaud, avec un dévouement qu'ont imité les officiers et marins placés sous ses ordres, et dont le commandant en chef apprécie toute la valeur.

Au quartier général, Canton, le 2 janvier 1858.

Le contre-amiral commandant en chef,
R. DE GENOUILLY.

la ville qui semble endormie dans un silence de mort, peut tout à coup se réveiller et chercher à étouffer ses envahisseurs au milieu des masses amoncelées de sa population. Aussi les sentinelles veillent attentives au moindre bruit qui pourrait déceler l'approche de l'ennemi ; des piquets dorment les fusils aux côtés, prêts à se lancer au premier signal.

Mais la nuit s'écoule paisiblement, et dès le lendemain, par les soins actifs et intelligents du capitaine de vaisseau Raynaud, chef d'état-major de l'amiral, et par ceux du capitaine de vaisseau Hall, de la marine britannique, la ligne de communication avec la mer, qui doit servir au ravitaillement des troupes et à l'envoi des munitions, est organisée sur tous les points.

LVI. — Le lendemain, vers midi, un mandarin de grade inférieur vint de la part du général tartare pour entamer des pourparlers avec les alliés, affirmant que le général était resté complétement étranger aux proclamations qui avaient mis à prix la tête des commandants en chef. » — C'était, ajoutait cet envoyé, l'œuvre personnelle du commissaire impérial Yeh. »

L'envoi de ce messager prouvait que les journées du 28 et du 29 décembre n'avaient pas abaissé l'orgueilleux dédain des mandataires du pouvoir impérial à Canton. Les amiraux firent répondre qu'ils étaient prêts à conférer avec le général tartare, si celui-ci avait quelque proposition sérieuse à faire, mais qu'il devait se rendre en personne, à deux heures, aux avant-postes, où les commandants en chef iraient à sa rencontre. — Tout autre mode de traiter ne serait point accueilli.

Une forte escorte fut commandée pour accompagner les amiraux et le général Van Straubenzee. Si, comme on le supposait, le général tartare ne venait pas au rendez-vous, une reconnaissance devait être poussée jusqu'à la porte de l'ouest.

En effet, le général ne parut point, et les commandants en chef décidèrent qu'ils feraient le tour complet des murailles, « pour bien prouver aux Chinois, (écrit l'amiral R. de Genouilly), que tous les points de l'enceinte nous étaient accessibles, et que nous pouvions choisir partout nos débouchés dans cette cité orgueilleuse qui avait voulu rester à jamais fermée aux barbares. »

LVII. — Le premier janvier 1858, les ambassadeurs des deux nations voulurent inaugurer l'année qui allait s'ouvrir, en se rendant personnellement sur les hauteurs de la ville de Canton occupées par le corps expéditionnaire allié.

C'étaient la France et l'Angleterre qui venaient prendre possession de leur nouvelle conquête. — Ces hauteurs, par leur position dominante, étaient en vue de toute la ville, et l'on résolut de donner une grande solemnité à l'arrivée des plénipotentiaires, spectacle dont ne pouvait manquer d'être témoin toute la population chinoise.

Au moment où les ambassadeurs posèrent le pied sur le sol chinois, les bâtiments se pavoisèrent, agitant au souffle du vent leurs pavillons de mille couleurs, et chacun d'eux fit successivement un salut de vingt-et-un coups de canon tirés à intervalles égaux.

Devant cette canonnade inattendue, les habitants de Canton purent, pendant un instant, supposer que le bombardement de la ville allait recommencer et réduire en cendres les quartiers que les projectiles avaient épargné les jours précédents, mais les hourrahs et les acclamations, qui, à l'approche des ambassadeurs éclatèrent de toutes parts, leur prouvèrent bientôt que ces coups de canon inoffensifs n'étaient qu'un honneur rendu aux plénipotentiaires.

Au moment où leurs Excellences atteignirent les hauteurs du nord, accompagnées de tout le personnel de leur ambassade, ce fut un splendide spectacle. Ces positions élevées qui forment un vaste amphithéâtre, étaient garnies par les troupes des deux nations. — L'artillerie de terre, répondait à l'artillerie des bâtiments ; les clairons sonnaient, les tambours battaient au champ, et les vivats remplissaient l'air. — Précédés par ces cris enthousiastes et par ces détonations qui frappaient les échos lointains, les représentants des deux nations arrivèrent au grand quartier-général établi à City-Hall, où les reçurent les commandants en chef.

LVIII. — Quelques instants après, deux colonnes de fumée semblables à de noirs et gigantesques fantômes, s'élevèrent lentement dans l'espace, puis deux violentes explosions retentirent tout-à-coup, jetant au loin des débris de murailles et des pierres calcinées. — C'étaient le fort Gough et le fort Blue-Jackett que les mineurs anglais et français faisaient sauter. Bientôt tous deux ne furent plus qu'un amas de ruines fumantes.

Si, tournant les yeux d'un autre côté, on abandonnait ce spectacle solennel pour abaisser ses regards sur la ville, c'était un tout autre tableau. Là, le silence, la destruction; là, des maisons désertes, des cadavres oubliés qui gisent à côté les uns des autres, ayant près d'eux leurs armes qui n'avaient pu les défendre; puis vers les portes extérieures, de longues files de Chinois gagnant la campagne et emmenant avec eux leurs femmes et leurs enfants. Plus loin, ce sont des pillards éhontés qui courent de rues en rues, chargés du fruit de leurs vols, et des bandes armées qui regardent passer avec impassibilité tout ce mouvement et toute cette agitation confuse d'une ville qu'on abandonne.

On devinait aux fluctuations de la foule indécise, qu'elle hésitait cependant à s'éloigner et à quitter ces foyers, où dormaient paisibles et vénérés, depuis tant de siècles, les souvenirs du passé. La population surprise par cet événement subit, flottait entre le désir de venir à nous et de voir la paix rétablie, et la crainte que lui inspiraient les mandarins, surtout l'orgueilleux et implacable Yeh qui était resté dans la ville. Tous les rapports confirmaient cette situation, que des circonstances imprévues pouvaient chaque jour rendre plus difficile.

LIX. — Le gouverneur de la ville, Pee-Kwee, et plusieurs fonctionnaires civils avaient bien fait savoir par des notables qu'ils étaient prêts à écrire à Pé-king dans un but favorable aux demandes des nations alliées; mais aucune décision n'était prise, et leur bon vouloir apparent, toujours hautain dans la forme, et sur lequel il ne fallait compter que dans certaines limites, tendait surtout à protester personnellement contre la conduite de Yeh qui attirait sur la cité, disaient-ils, de si grandes calamités. — Mais, gagner du temps est le fond de la politique chinoise; et une attente sans aucun doute stérile, pouvait enlever le prestige du succès que les armes alliées venaient d'obtenir ; il était donc urgent par quelqu'entreprise hardie, de maintenir dans la soumission la population stupéfaite, pour l'empêcher ainsi de se relever du coup inattendu qui l'avait frappée.

Cette entreprise, c'était de se rendre maître des personnes du Vice-roi, du gouverneur et du général tartare. La population de Canton ainsi décapitée de ses hautes autorités, restait tout entière à notre merci.

LX. — Les renseignements que l'on était parvenu à se procurer, donnaient des indications positives sur le lieu où Yeh s'était réfugié, et les plans de la ville que possédaient les alliés, permettaient de se diriger avec certitude sur les yamouns où se trouvaient le gouverneur et le général tartare.

Il fut donc décidé en conseil, que le 5 janvier, dès les premières heures du jour, les troupes alliées divisées en plusieurs colonnes, pénétreraient dans la ville par différentes directions.

A l'heure indiquée, les habitants de Canton virent descendre des hauteurs du nord ces trois colonnes marchant en bon ordre, et ils durent se demander quelle nouvelle résolution fatale avait été prise. — Bientôt ces trois colonnes disparurent dans la direction qui devait mener chacune d'elles au yamoun des principaux chefs.

La colonne française avait pris la grande rue qui court de l'est à l'ouest; elle ne tarda pas à arriver devant la demeure du général tartare, Muh.

Son palais fut immédiatement cerné, et le général fut fait prisonnier, sans opposer la moindre résistance. Quelques instants après, il était conduit dans son palanquin au quartier-général de City-Hill.

A son arrivée, le général fut introduit dans une salle dépendant du logement du général Van Straubenzee, où les commandants en chef avaient l'habitude de se réunir. Les amiraux arrivèrent presque aussitôt. Le général Muh, parent de l'Empereur, est un homme d'une stature colossale; sa figure a le type tartare très-accentué, mais rien dans sa physionomie n'annonce l'énergie. — Vêtu d'une longue robe grise, il porte, selon la coutume des hauts fonctionnaires de l'État, les grandes bottes de satin à semelles blanches; de son bonnet noir, à forme pointue, s'échappe une queue de cheveux gris tressés. A peine si le général répond quelques mots aux interrogations qui lui sont faites par les interprètes.

LXI. — Peu d'instants après, la porte de la salle s'ouvre de nouveau, et le gouverneur de la ville, Pee-Kwee, paraît entouré de soldats anglais. Comme le général, le gouverneur avait été trouvé tranquillement installé dans son yamoun ; mais la stupéfaction que lui causa l'arrivée subite des soldats qui envahirent sa demeure, ne dura pas longtemps, et bientôt il reprit sa physionomie habituelle. — D'une taille moyenne, il a l'air très-fin et très-rusé ; ses yeux sont vifs et perçants. Il est vêtu, ainsi que le général tartare, d'une longue robe, et porte, comme lui, les bottes de satin.

LXII. — Pendant que le général Muh et le gouverneur Pee-Kwee étaient ainsi amenés prisonniers au quartier-général, nos alliés faisaient une capture bien plus importante, en s'emparant de la personne du Vice-roi. — Yeh fut reconnu, à son extrême corpulence, par le consul anglais Parkes, au moment où il cherchait à s'échapper par un passage secret qui donnait sur des jardins.

Introduit dans une pièce particulière, le grand commissaire impérial ne put dissimuler la profonde irritation qu'il ressentait ; cette irritation se révélait dans l'expression haineuse et farouche de son visage. Mais, si ses traits dénotent une grande énergie, et laissent deviner cette férocité, qui faisait trembler tous les habitants de la province de Canton, ils portent aussi l'empreinte caractéristique d'une intelligence très-ordinaire, fort au-dessous de la haute position à laquelle il avait été appelé. — Lorsqu'un des interprètes lui adresse la parole au nom des amiraux, il répond à peine quelques mots, avec hauteur et dédain. A le voir, à suivre l'expression sauvage et méprisante de sa physionomie, on devine qu'il regarde notre mansuétude à son égard, comme une preuve évidente de notre faiblesse et de la juste terreur qu'il nous inspire. — Si les rôles étaient changés, et que les chefs alliés fussent ses prisonniers, déjà depuis longtemps, il eût donné l'ordre de leur trancher la tête.

C'était un étrange tableau de voir ces trois hommes, hier encore tout puissants, aujourd'hui réunis par la captivité, et dans les mains de ceux là mêmes qu'ils croyaient pouvoir si facilement anéantir.

Le général Muh tournait dans ses mains un long éventail, et semblait ne se préoccuper en rien de ce qui se passait autour de lui. — Le gouverneur suivait au contraire d'un œil attentif l'expression des physionomies, les gestes des assistants, et son regard, brillant et interrogateur, parcourait tous les coins de la salle.

Toute la politique chinoise était représentée par ces trois hommes : — aveuglement stupide, astuce et férocité.

Le vice-roi Yeh fut presque aussitôt dirigé vers le fleuve et embarqué sur le steamer britannique *l'Inflexible* ; — les deux autres prisonniers furent retenus au quartier-général.

LXIII. — Les événements de cette journée avaient une très-grande importance ; ils frappaient la ville atterrée d'un dernier coup par la capture des trois chefs qui la gouvernaient. — Mais, si, par cet heureux résultat, on enlevait tout espoir aux révoltes partielles organisées déjà dans les différents quartiers de la ville et dans les districts voisins, on se trouvait en face d'embarras nouveaux, dont les conséquences pouvaient être fatales. La ville, privée subitement de toute administration intérieure, allait devenir la proie des bandes de pillards qui déjà se répandaient dans son sein ; il fallait arrêter le mal dès son origine, et ne pas laisser la voie libre à de sanglants désordres, dont les habitants épouvantés ne manqueraient pas d'accuser *les barbares*.

LXIV. « Deux systèmes étaient en présence pour le gouvernement de la ville (écrit l'amiral) (1). « Dans l'un de ces systèmes Pee-Kwee, gardé comme prisonnier, ainsi que le général tartare, étaient écartés de toute fonction. Le gouvernement supérieur était alors exercé par une commission anglo-française qui appelait auprès d'elle des fonctionnaires chinois de second ordre, tels que le préfet de Canton, le juge, le trésorier.— Dans l'autre système Pee-Kwee était reconstitué, comme magistrat suprême, sous la surveillance d'un comité mixte.

« Les différences des coutumes et des usages, et surtout notre ignorance complète de la langue et de la législation chinoises, firent abandonner le premier système; le second fut adopté, après de nombreuses conférences. »

(1) Dépêche à S. Exc. le ministre de la marine, 11 janvier 1858.

Une fois le principe de la coopération du mandarin chinois admis par les alliés comme indispensable, il fallait le faire accepter avec ses conséquences par Pee-Kwee, le seul dont l'intelligence offrît quelque garantie ; le général tartare suivrait, sans aucune doute, la route que lui tracerait le mandarin civil, soit par son refus, soit par son adhésion.

Déjà quelques mots échangés avec ce dernier avaient laissé entrevoir la possibilité d'arriver à une solution favorable. — Yeh, le plus grand obstacle, n'était plus le souverain de Canton, et ceux-là mêmes qui tremblaient au son de sa voix ou au bruit de ses pas, l'avaient poursuivi de leurs railleries et de leurs injures, lorsqu'ils l'avaient vu passer par les rues captif et entouré de soldats.

LXV. Mais si Pee-Kwee acceptait d'être rétabli dans ses fonctions sous la suprématie militaire des vainqueurs, il repoussait néanmoins l'idée de tout acte public impliquant que ses pouvoirs lui étaient conférés par les puissances alliées. Il craignait à la fois et le jugement terrible auquel pourrait l'exposer un acte semblable, et la lourde responsabilité qu'il assumait sur lui en livrant, par son refus, la ville au désordre et au pillage.

Après avoir demandé vingt-quatre heures de réflexion, il accepta enfin. — Canton restait en état de siége, et il en reprenait le gouvernement sous la juridiction suprême et absolue des autorités militaires.

En outre, un comité mixte était institué (1) ; ce comité, chargé de régler les rapports des Européens avec les Chinois, avait aussi pour mission de surveiller avec la plus grande vigilance les actions des deux mandarins, afin de prévenir tout acte de trahison.

Evidemment, dans la pensée de Pee-Kwee, nous étions des ennemis devant lesquels il fallait se courber tant qu'ils seraient les plus forts, mais qu'il faudrait écraser jusqu'au dernier, si un jour la fortune des armes leur devenait contraire; — peut-être même espérait-il, à l'aide du pouvoir qui allait lui être confié, servir sa propre cause et entretenir des relations secrètes avec le dehors.

LXVI. Toutefois, en exerçant sur la conduite du nouveau gouverneur une surveillance indispensable, il ne fallait en rien diminuer le prestige de son autorité si impérieusement utile dans les circonstances présen-

---

(1) Un comité mixte, composé du colonel Halloway, du commandant Martineau-des-Chenez et de M. le consul Park, a reçu mission, des ministres plénipotentiaires de France et d'Angleterre, et des commandants en chef des forces alliées, d'assister le gouverneur de la ville dans ses fonctions.

Ce comité, investi d'attributions judiciaires, fera arrêter et détenir toute personne, appartenant aux troupes alliées, qui commettrait, dans la ville, quelque acte répréhensible, et l'intention des commandants en chef est de poursuivre, avec toute la rigueur des lois, la répression des délits qui seraient de nature à porter atteinte à la paix publique et à la foi jurée.

Canton, 7 janvier 1858.

Le contre-amiral commandant en chef,
RIGAULT DE GENOUILLY.

tes; il était, au contraire, important de l'entourer d'un éclat qui imposât le respect et la soumission aux autorités inférieures chinoises.

Il fut donc décidé que le gouverneur Pee-Kwee et le général tartare seraient investis de leurs nouvelles fonctions avec une grande solennité par les deux plénipotentiaires de France et d'Angleterre.

Les ordres ont été donnés pour que cette cérémonie soit entourée d'une grande pompe.

C'est le 9 janvier 1858, qu'elle doit avoir lieu (1).

Un détachement de trois cents hommes de la brigade

---

(1) La veille, le commandant en chef portait à la connaissance de la division navale placée sous ses ordres l'ordre général qui suit :

ORDRE GÉNÉRAL.

Marins et soldats!

Au moment, où les opérations militaires touchent à leur terme, j'ai à vous féliciter de la belle conduite que vous avez tenue devant l'ennemi, dans les journées des 28 et 29 décembre. Heureux rivaux de nos braves alliés, vous êtes arrivés les premiers dans le fort Lyn et sur les brèches de Canton, l'honneur du drapeau de la France et des armes de l'Empereur a été noblement soutenu, votre commandant en chef vous en remercie au nom de la patrie et de son auguste Souverain.

Si tout le monde a fait son devoir, il est cependant quelques braves qui méritent une mention spéciale.

Je mets donc à l'ordre du jour le sergent-major Martin des Pallières, entré le premier dans le fort Lyn à la tête de son peloton de tirailleurs, le 28 décembre;

Le lieutenant de vaisseau Ribourt, qui, dans la même journée, a vigoureusement enlevé un retranchement Chinois inquiétant fortement notre gauche.

Sont mis à l'ordre du jour, pour la journée du 29 :

Le capitaine de vaisseau Collier, qui a conduit avec le plus grand élan la colonne d'assaut;

anglaise, et cinquante hommes de l'artillerie royale de marine, avec trois obusiers de montagne, ainsi qu'un détachement de cent hommes des troupes françaises, ont été occuper dans la ville les emplacements désignés à l'avance.

LXVII. — A deux heures, les deux plénipotentiaires de France et d'Angleterre, en habit de ville, abordent à la plage suivis de tout le personnel de leur ambassade.

Devant le débarcadère sont rangées les troupes qui doivent servir d'escorte aux ambassadeurs. Le temps est

---

Le lieutenant de vaisseau Vériot, qui a porté sa batterie sous les remparts pour en démolir les parapets;
Le lieutenant de vaisseau de Vautré, monté un des premiers sur la brèche;
Le matelot de deuxième classe Tian, Jean-Baptiste;
Le deuxième maître-canonnier Pélissier, Louis;
Et le matelot de deuxième classe Laurier, Louis, arrivés en tête de l'escadre.

Marins et soldats!
Notre tâche n'est pas finie, nous devons aujourd'hui sauvegarder, en commun avec nos alliés, l'ordre dans une cité d'un million d'âmes. Cette mission difficile ne peut s'accomplir que par le maintien de la discipline la plus stricte, le respect scrupuleux des droits des habitants, et la surveillance la plus exacte.
N'oubliez pas que vos succès, si brillants qu'ils soient, doivent rester purs de toute souillure; c'est à ce prix que vous mériterez le suffrage de Votre illustre Empereur.

Vive l'Empereur!
8 janvier 1858.

Le contre-amiral commandant en chef,
RIGAULT DE GENOUILLY.

superbe, un soleil splendide rayonne étincelant sur cette nature verdoyante et fertile qui s'étend au loin à perte de vue, et dore les hauteurs, sur lesquelles se développent, en ligne de bataille les deux corps expéditionnaires alliés. Aux clartés éblouissantes de ce soleil reluisent les armes immobiles, les broderies des uniformes et le bronze des canons. — C'est un spectacle magique. Le ciel a voulu donner toutes ses splendeurs à cette entrée solennelle de la civilisation européenne dans la vieille ville de l'empire chinois. La musique militaire précède le cortége, et les détonations régulières de l'artillerie se mêlent à cette martiale harmonie.

La haie des marins français et des soldats anglais commence à la porte de l'est, par laquelle doivent entrer les hauts plénipotentiaires de Leurs Majestés; elle s'étend sur tout le parcours.

La population chinoise, tombée du haut de ses dédains dans le plus profond découragement, regarde passer avec ébahissement, comme un de ces rêves fantastiques que lui donne l'ivresse de l'opium, tout ce bruit, tout ce tumulte de la conquête qui résonne sur les dalles sonores. Elle semble ne rien comprendre à ce spectacle étrange qui se déroule devant elle au bruit du canon.

LXVIII. — Le cortége est arrivé au yamoun de Pee-Kwee, où doit avoir lieu l'installation du nouveau gouverneur et de son collègue le général tartare.

Les amiraux reçoivent les ambassadeurs, qui entrent avec eux dans le prétoire du gouverneur.

Après une heure d'attente causée par un malentendu, trois coups de canon annoncent l'arrivée des deux dignitaires chinois. — A la porte de la salle se tiennent les deux premiers secrétaires d'ambassade; ils introduisent les mandarins, qui entrent escortés d'une suite nombreuse de serviteurs et de mandarins d'ordre inférieur. Tous deux saluent avec affectation, à la manière chinoise, et, conduits chacun par un des secrétaires d'ambassade, ils prennent place aux deux extrémités de l'estrade où sont les ambassadeurs.

Le gouverneur Pee-Kwee est à côté du baron Gros; — le général Muh, à côté du comte d'Elgin.

Le plénipotentiaire de Sa Majesté Britannique prend le premier la parole; après lui, le plénipotentiaire de S. M. Napoléon III. — Leurs Excellences rappellent les vaines tentatives de leurs gouvernements pour terminer par une solution pacifique, un état de choses désormais impossible. Elles retracent aux deux mandarins l'engagement solennel qu'ils prennent envers les alliés en acceptant le gouvernement intérieur de la ville : c'est d'agir loyalement, sans arrière-pensée, ne cherchant à entraver en rien par des menées secrètes ou par des actes hostiles, l'action militaire des commandants en chef. — Les deux corps expéditionnaires occuperont la ville, jusqu'au jour où un plénipotentiaire, revêtu par son Souverain d'un pouvoir égal au leur, viendra résoudre nettement les importantes questions qui ont amené d'aussi regrettables hostilités.

Leurs Excellences, en prévenant les mandarins que le moindre acte de rebellion ou de mauvaise foi serait énergiquement châtié, déclarent que l'occupation militaire ne doit inspirer aucune inquiétude à la population, qu'elle peut revenir sans crainte dans ses foyers, et se livrer à ses occupations et à son commerce. Ses sentiments nationaux seront toujours respectés ; les propriétés privées seront protégées contre tout acte de violence, de quelque côté qu'il puisse venir ; les criminels et les traîtres auront seuls à trembler. — C'est dans ce but qu'une commission a été instituée, pour agir de concert avec les deux mandarins, et faire cesser tout germe de mésintelligence entre les étrangers et les habitants de Canton.

Tel était en substance le résumé des deux allocutions prononcées par les ambassadeurs.

LXIX. — Pee-Kwee répond en son nom et au nom du général Muh. Il reconnaît les égards que les étrangers ont eus, depuis la prise de la ville, vis-à-vis les habitants. Sans pouvoir présumer en rien des volontés suprêmes du grand empereur de la Chine, il espère qu'un haut fonctionnaire, digne de traiter avec les nobles ambassadeurs, viendra bientôt rétablir la bonne intelligence. Quant à lui, il maintiendra de tout son pouvoir l'ordre intérieur dans la ville de Canton, dont la tranquillité ne peut être mieux assurée que par les efforts réunis de l'autorité du pays jointe à celle des étrangers. « Sans nul doute, ajoute-t-il, chacun fera son devoir. »

Le gouverneur Pee-Kwee parlait avec volubilité, sans hésitation, et le général tartare, qui, pendant tout ce temps, jouait machinalement avec le riche collier d'ambre passé à son cou, inclinait de temps à autre la tête en signe d'approbation, sans que l'expression de son visage perdît rien de son impassibilité.

Les deux interprètes, MM. Wade et Marquès, traduisaient successivement, en langues anglaise et française les paroles prononcées.

Les pouvoirs qui rétablissaient les deux mandarins dans les fonctions dont ils étaient investis avant la prise de la ville, furent alors remis entre leurs mains, et une salve de vingt-un coups de canon annonça la fin de la cérémonie.

LXX. — L'acte qui venait de s'accomplir avait, dans la situation actuelle, une immense importance : car si Pee-Kwee n'eût pas accepté les propositions, son refus eût livré la ville aux désordres les plus sanglants, et ces désordres eussent fatalement conduit à des actions de guerre, dont les suites funestes pour la malheureuse ville de Canton ne pouvaient être calculées.

Grâce à la prudence énergique et aux heureuses combinaisons des plénipotentiaires de France et d'Angleterre et des chefs militaires alliés, les événements qui venaient de se passer avaient déjà amené de grands résultats ; ils devaient, sans aucun doute, peser puissamment dans la balance, quelles que fussent d'ailleurs les péripéties nouvelles que l'avenir tenait en réserve.

Les faits dont nous venons de retracer le récit forment la première période de cette première expédition de la France et de l'Angleterre dans les mers de la Chine.

LXXI. — A la guerre, c'est le plus souvent par le nombre des morts que se compte et se calcule la gloire des vivants. Sous ce point de vue, la prise de Canton ne pouvait être regardée comme un fait de guerre mémorable ; car c'était sans une grande effusion de sang, relative toutefois au petit nombre des assaillants, que cet important succès avait été obtenu. — Il ne faut pas néanmoins en méconnaître l'importance et la portée.

Avant de dire quels en étaient les résultats, il est bon d'examiner dans quelles conditions l'attaque avait été résolue, préparée et exécutée.

La ville, comme nous l'avons dit, était enveloppée dans toute son étendue d'une large muraille bastionnée, derrière laquelle des défenseurs, animés d'une foi superstitieuse et d'une haine instinctive contre les Européens, pouvaient se défendre jusqu'à la dernière extrémité. La population compte plus d'un million d'habitants ; la garnison nombreuse était commandée par un général tartare qui avait avec lui des troupes réputées les meilleures de l'empire. — On n'ignorait pas, en outre, que la milice de cette ville, connue sous le nom de *Braves de Canton,* jouissait d'une grande renommée de bravoure. L'énergie qu'ils pourraient déployer ne devait-elle pas être doublée par les proclamations du Vice-roi, qui exaltaient leur foi patriotique, et les appelaient tous au combat, en présentant l'attaque des Européens comme le signal de leur abaissement et de leur ruine certaine.

De plus, l'intérieur de la ville était complétement inconnu. Les seuls renseignements recueillis à cet égard étaient très-vagues et venaient parfois se contredire les uns les autres. — On disait que les Chinois, prévenus depuis longtemps de la possibilité d'une attaque, avaient pris, dans l'intérieur de la ville, des dispositions qui intercepteraient toute circulation et éterniseraient la défense au milieu de cette succession de rues étroites et tortueuses, très-favorables aux embuscades, genre de guerre fort en usage parmi les Chinois. On assurait, en outre, que les positions dominantes au nord de la ville étaient toutes minées, et que les assaillants, s'ils parvenaient à s'en emparer, y seraient anéantis jusqu'au dernier. — Le caractère bien connu du Vice-roi donnait toute créance à ces bruits, que lui-même sans doute répandait volontairement, pour arrêter dans son principe toute tentavive sérieuse des alliés de ce côté.

LXXII. — Certes, ces considérations eussent été sans grande valeur, si la ville eût été attaquée dans les conditions ordinaires d'un siége. — Mais, si les troupes appelées à la défense de Canton pouvaient s'accroître de jour en jour dans une proportion considérable et inconnue, les assiégeants non-seulement n'avaient à leur disposition qu'un nombre très-restreint de combattants, mais ne pouvaient espérer de longtemps aucun renfort. — Les Chinois savaient bien que Calcutta était la seule voie rapide pour les arrivages, et que la révolte des Indes enveloppait dans son tourbillon sanglant toutes les troupes qui eussent pu être destinées à la Chine.

En admettant que l'attaque combinée réussît dans toutes ses parties, la grande difficulté consistait à se maintenir et à ne pas perdre, petit à petit, vis-à-vis d'attaques perpétuellement renouvelées, l'avantage des positions conquises; il était, en outre, d'une importance capitale de dominer cette population tumultueuse, à laquelle était venu se joindre un grand nombre de voleurs, de pillards et d'assassins alléchés par l'appât des proclamations du Vice-roi qui mettait à haut prix la tête des Européens.

Le succès enfin, dans la position où se trouvait le corps expéditionnaire allié, était impérieusement commandé : car, dans les relations des peuples occidentaux avec les Chinois, tout insuccès, même partiel, pouvait amener les plus désastreuses conséquences, non-seulement sous le point de vue militaire présent, mais pour l'avenir de ces relations et pour le prestige de nos armes.

LXXIII. — Telles étaient les différentes éventualités qui devaient se présenter à l'esprit des commandants en chef et qu'il fallait résolûment envisager.

Aujourd'hui, le succès est venu dire le dernier mot sur cette question alors obscure ; il a démontré que cette population aveuglée et se croyant inexpugnablement abritée, devait à peine, dans sa stupéfaction, essayer de défendre contre nos troupes ses murailles démantelées par les boulets de nos bâtiments. — Mais alors c'était l'inconnu, l'inconnu à six mille lieues de la patrie, et il faut apprécier l'énergique résolution des chefs qui n'ont pas hésité devant une attaque de vive force, et devant la responsabilité des faits ultérieurs qui pouvaient, à chaque instant, créer des difficultés nouvelles et imprévues.

Cette action militaire, par ses heureux résultats, mettait entre nos mains un gage important pour le succès des négociations futures, succès éloigné peut-être encore, mais vers lequel on venait de faire un grand pas.

LXXIV. — Les journées du 28 et du 29 décembre frappaient au cœur l'orgueil héréditaire de ce peuple si confiant en lui-même et en ses invincibles forces.

Qu'était devenue l'inexpugnabilité de cette redoutable enceinte de pierres qui devait à jamais protéger la ville et ses habitants contre les tentatives insensées de leurs ennemis ? — C'était devant une poignée de ces barbares, si méprisables aux yeux des Chinois par leur petit nombre, que tombaient ces grandes promesses de victoire, ces menaces d'anéantissement placardées dans toute la ville, proclamées dans toute la province ; et le vice-roi Yeh, dont le nom seul et la toute-puissance faisaient trembler une population de plus d'un million d'âmes avait vainement cherché un refuge loin de son yamoun incendié. — Fait prisonnier avec le général tartare et le gouverneur Pee-Kwee, il était sur un des bâtiments de la flotte alliée, méditant, dans le silence et l'abaissement de sa fortune, sur cette marche invincible de la civilisation européenne.

Quel plus grand résultat pouvait-on espérer dans la situation présente, la victoire eût-elle été achetée par des flots de sang, que de voir le gouverneur de la ville de Canton et le général tartare accepter de reprendre l'exercice de leurs fonctions sous la juridiction militaire des puissances alliées?

LIVRE III

LIVRE III.

CHAPITRE PREMIER.

I. — Ce fut vers cette époque que le contre-amiral Rigault de Genouilly reçut la dépêche du ministre de la marine datée du 25 novembre 1857, qui lui annonçait que le gouvernement de l'Empereur avait résolu de mettre enfin un terme aux persécutions qui se renouvelaient sans cesse contre les chrétiens, en Cochinchine. L'amiral recevait, en outre, l'avis que le nombre des bâtiments placés sous ses ordres était augmenté, et qu'il était chargé de la direction en chef des opérations contre le royaume annamite, au point de vue militaire, comme au point de vue politique. Mais les atermoiements et les hésitations de la cour de Pé-king laissaient entrevoir que les forces navales auraient encore probablement à agir sur un autre point du Céleste-Empire, avant d'obtenir satisfaction du mauvais vouloir des autorités chinoises. — L'amiral ne pouvait donc s'éloigner sans danger et accomplir immédiatement la nouvelle mission qui lui était confiée.

Pour définir franchement la position telle qu'elle était

alors en Chine, il faut ajouter, qu'au moment où la levée du blocus et la reprise des transactions commerciales avec les Européens allaient amener la promulgation de règlements édictés par les commandants en chef pour la nouvelle situation des choses, la présence de l'amiral français était impérieuse, pour que la part d'action qui revenait à la France apparût, en cette occasion, d'autant plus nettement établie dans les pièces officielles, que l'on semblait, d'un autre côté, désirer vivement qu'elle fût atténuée. Car les Anglais, tout en ayant accepté notre concours pour les opérations militaires, ne pouvaient dissimuler combien il leur était désagréable de voir des actes publics constater vis-à-vis les Chinois et les autres nations, que nous conservions et exercions, comme eux et avec eux, la plénitude des droits de la conquête. — La presse anglaise de Hong-kong ne laissait aucun doute à cet égard, et avec cette violence dans les termes, dont elle avait depuis longtemps donné tant de preuves, elle se révoltait devant une situation qui était pour elle l'abdication de l'omnipotence anglaise, proclamée jusqu'alors dans ces lointains parages.

II. — En outre, les plénipotentiaires de France et d'Angleterre étaient très-indécis sur leurs démarches futures. — Allaient-ils se porter sans délai dans le nord, ou attendraient-ils, avant toute décision ultérieure, l'effet que devait avoir produit sur la cour de Pé-king la nouvelle si subite et si inattendue de la prise de Canton ? — Les démonstrations dans le nord, si elles avaient lieu, conserveraient-elles un caractère pacifique, ou seraient-elles appuyées par des forces imposantes, permettant au besoin de se saisir de nouveaux gages propres à amener la conclusion de la paix ?

Telles étaient les différentes hypothèses qui se présentaient à l'esprit des ambassadeurs et qui pouvaient être, dans une certaine mesure, subordonnées aux événements qui se passaient dans les Indes.

Ces retards, surtout après l'ordre que venait de recevoir l'amiral Rigault de Genouilly de se porter en Cochinchine, étaient une des difficultés de la situation. En effet si les Anglais se décidaient à quelque opération militaire nouvelle en Chine, nous devions y prendre part, pour satisfaire à nos engagements de communauté comme belligérants, et aussi, dans l'intérêt de notre propre influence.

« Chaque coup frappé dans le nord de la Chine (écrivait l'amiral) aura plus de retentissement à la cour de Péking que la prise de Canton, et le nom de la France doit arriver dans la capitale de l'empire chinois sur les bulletins qui y porteront celui de l'Angleterre. »

III. — La prévision de ces éventualités et l'insuffisance de ses propres ressources préoccupaient vivement le commandant en chef français. Son effectif, diminué déjà par les maladies, le serait encore davantage par les troupes qu'il faudrait laisser à Canton, et un nouveau débarquement dans le nord condamnerait ses bâtiments à l'impuissance pour la navigation et pour le combat. — L'amiral se décida donc à expédier à Manille *la Durance,* transport à vapeur, sous le commandement du capitaine de frégate Thoyon, avec mission d'engager trois ou quatre cents matelots tagals catholiques, qu'attacheraient à nous les liens de la foi commune, et dont la présence serait très-utile pour remplir en partie les vides produits dans les cadres (1).

Quant à la situation du corps allié dans la ville conquise, elle s'améliorait; la confiance semblait renaître; les boutiques s'ouvraient peu à peu dans les rues les plus commerçantes; les quartiers tartares, quelques jours auparavant, mornes et silencieux, reprenaient déjà de l'animation, et une partie de la population qui s'était enfuie précipitamment, pendant les premiers jours, était déjà rentrée dans ses habitations.

Mais les nouvelles de l'extérieur étaient moins rassurantes et présageaient des orages qu'il fallait éloigner par l'intimidation. — Aussi l'armement des hauteurs se continuait avec activité. Des canons de moyen calibre remplaçaient les pièces légères qui seules défendaient cette position, et l'amiral Seymour faisait, dans ce but, débarquer à terre une partie de l'artillerie en bronze de ses canonnières. Des lignes de défense furent tracées, et sous cette ceinture menaçante de bouches à feu, la tranquillité était assurée : au moindre signe de révolte, la ville eût été foudroyée.

---

(1) Les matelots tagals versés dans les cadres devaient être spécialement affectés au service des embarcations de peine, les fatigues encourues dans les canots étant, dans la saison des chaleurs, une des causes les plus actives de maladies pour les Européens.

IV. — La commission mixte, instituée pour le gouvernement intérieur de Canton, avait rencontré à son début de grandes difficultés par suite de la différence si complète des habitudes, des coutumes et du langage qui existaient entre elle et les habitants sur lesquels devait s'exercer son autorité ; mais elle n'était pas restée au-dessous de sa tâche et avait déployé autant d'énergie que d'infatigable vigilance. — Elle était composée du commandant français Martineau des Chenez, du colonel anglais Holloway et du consul de Sa Majesté Britannique, M. Parkes. M. l'abbé Duluc était attaché comme interprète à la personne du commandant français. — Cette commission, qui avait sous ces ordres quatre cents hommes du corps expéditionnaire anglais et français, avait organisé un service de gendarmerie, et des patrouilles, composées de troupes des deux nations, parcouraient nuit et jour les faubourgs et la ville.

Des rapports particuliers signalaient, en effet, de sourdes machinations tramées hors des murs, dans le but d'amener un soulèvement général. Des placards incendiaires avaient même été affichés sur plusieurs points de la ville neuve et des faubourgs de l'ouest ; ces placards appelaient les habitants à la révolte et leur disaient qu'en se levant, ils écraseraient leurs agresseurs et reprendraient les hauteurs du nord, vendues aux barbares par l'ex-commissaire impérial Yeh. — Une proclamation du gouverneur Pee-Kwee avait aussitôt remplacé ces placards, rendant responsables les propriétaires des maisons sur lesquelles on en rencontrerait à l'avenir.

Des perquisitions très-rigoureuses furent en même temps ordonnées, surtout dans le quartier tartare, pour rechercher les dépôts d'armes de toute espèce qui pourraient s'y trouver (1). L'enlèvement de ces dépôts et de ces magasins d'armes fait publiquement, produisit un effet très-salutaire en donnant de nouvelles garanties à la sécurité publique.

En outre, des avis signés par les autorités chinoises furent affichés sur les murs intérieurs de la ville, reprochant aux habitants de se servir souvent d'expressions injurieuses envers les étrangers, *oubli complet des égards que les hommes se doivent entre eux.* — Cet avis se terminait par une injonction formelle faite aux Chinois de traiter avec politesse et déférence tout étranger qu'ils rencontreraient.

Combien le vieil orgueil national devait tressaillir en voyant des autorités indigènes signer et proclamer de pareilles monstruosités d'égalité entre eux, les fils du Céleste-Empire, et les barbares occidentaux!

V. — Certes, il serait curieux de suivre pas à pas

---

(1) *Journal des opérations de la commission.*

14 janvier 1858. — Premières visites des dépôts d'armes, vieilles armes chinoises, piques, flèches, fusils à mèches, vieux canons, sabres rouillés. Dans un des dépôts il a été trouvé un grand nombre de fusils à pierre européens et des boîtes de *machines infernales.*

15. — Saisie d'armes nombreuses dans les magasins particuliers de la ville.

18. — Magasins d'armes tartares pleins de vieux fusils à mèche, de sabres, de casques, pavillons, cornes d'amorce, lances, etc..., plus quatre petits canons en bronze.

les travaux de cette commission et de la voir chaque jour s'incruster davantage au sein de la ville conquise, mais nous ne pouvons en esquisser ici que les principaux traits. — Sa tâche était à la fois délicate et difficile, car s'il lui fallait se montrer énergique et investigatrice, il lui fallait aussi, en ménageant les justes susceptibilités du gouverneur, l'amener à apposer son nom sur des pièces très-significatives qui devaient le perdre dans l'esprit de cette partie de la population toujours prête à tramer contre nous des projets hostiles.

Aussi les actes publics et les décisions importantes étaient toutes revêtues de sa signature.

Les commissaires, après avoir consacré les premiers jours à rétablir la tranquillité dans la ville, afin d'y ramener peu à peu les habitants qui s'en étaient éloignés, voulurent visiter les prisons de Nan-hao et de Pwan-yu, dans la crainte qu'il y eût au fond des cachots des prisonniers européens et des Chinois retenus dans les fers pour être entrés au service des étrangers.

Cette visite montra à quelles cruelles tortures ces malheureux étaient exposés.

VI. — Nous extrayons le passage suivant du journal écrit chaque jour par le lieutenant de vaisseau Ribourt, aide de camp du contre-amiral Rigault de Genouilly :

« Dans la prison de Pwan-yu on a trouvé des Chinois qui y avaient été renfermés pour avoir servi des étrangers. On a vu là l'horrible spectacle de la barbarie la plus épouvantable. Dans l'un des bouges de cette prison gisaient des hommes qui avaient tenté de s'échapper, et qui avaient été tellement frappés, qu'aucun d'eux n'avait plus l'usage de ses membres. Plusieurs étaient à l'agonie, et, au milieu d'eux, était étendu, convulsivement rigide, le cadavre d'un malheureux. Là aussi, se trouvaient des enfants de quatorze à quinze ans. Aux reproches qu'on lui fait, Pee-Kwee répond qu'il trouve mauvais que les commissaires se soient rendus dans les prisons, sans l'avertir.

« Quant aux étrangers prisonniers depuis le commencement des hostilités, pouvait-il en rendre compte, puisqu'il n'est arrivé à Canton que vers le milieu de 1857 ? C'est à Yeh qu'il faut se plaindre. — Si on lui parle de cette barbarie atroce des prisons de Poon-ju. « De quoi se « mêlent les commissaires? dit-il. Ce n'était pas leur « affaire.

« Il est signifié au gouverneur qu'il se trompe, et que tant que les pavillons alliés flotteront sur la ville, on ne saurait souffrir de pareilles atrocités.

« A la suite de ces visites, on acquit la presque conviction que, dans une des prisons, des Anglais et des Français avaient été retenus, et que plusieurs d'entre eux avaient été assassinés dans leur cachot. »

VII. — De temps à autre certaines tentatives venaient démontrer que la révolte n'était qu'endormie, et qu'il fallait exercer la plus sérieuse surveillance.

Ainsi, le 5 février, cinq ou six cents soldats chinois, armés d'arcs et de flèches, parcourent les rues avec une attitude moitié tranquille, moitié agressive, sous le prétexte d'une revue ordonnée par le général tartare; les commissaires, prévenus, envoient en toute hâte une garde devant le yamoun du général. Les soldats chinois sont aussitôt arrêtés dans leur marche, et reçoivent l'ordre de déposer les armes. — Le lendemain plusieurs milliers de flèches et douze cents arcs environ étaient apportés au yamoun du général. Celui-ci est surveillé de près : on le soupçonne d'être en rapports secrets avec les chefs qui organisent des levées d'hommes à l'extérieur. D'autres armes doivent encore être cachées dans quelque dépôt secret, car les rapports parvenus au quartier général en ont signalé un bien plus grand nombre; aussi le gouverneur est averti que l'ordre est donné de tirer sur tout Chinois que l'on rencontrera armé, soit dans les rues, soit dans les faubourgs de Canton.

Grâce à cette vigilance énergique, les agitateurs perdent peu à peu tout espoir de nous surprendre ; mais la trahison veille pour remplacer la force et le courage qui manquent à nos ennemis. — Un Chinois, qui a embrassé le christianisme, avertit le R. P. Deluc que l'on tentera, selon toute probabilité, d'empoisonner le corps d'occupation.

VIII. — Il serait trop long d'entrer dans les détails des incidents de tout genre qui surgissaient chaque jour à l'improviste, et devaient grandement préoccuper ceux auxquels était confiée la lourde responsabilité du gouvernement militaire de la ville.

Un colonel anglais, accompagné de quelques hommes, est attaqué, en traversant un village de la municipalité de Sheet-sing. Cette municipalité très-importante contient trente-six grands villages, et il y règne depuis ce temps une grande agitation ; des hommes armés sont sur pied et toujours sur le *car. ord.*

Dans le district de Loo-poon-se, jusqu'à la distance de dix lieues de Canton, plusieurs corps occupent divers campements ; ils sont destinés, en apparence, à la garde du pays contre les voleurs, mais ils pourraient, à un moment donné, se réunir aux levées partielles signalées sur plusieurs points. — Un autre jour, des émissaires, qui parcourent le pays, apportent la nouvelle qu'à deux lieues et demie environ de Canton, il existe un camp de Tartares dont le chiffre est incertain. Envoyés contre des bandes de pillards qui dévastaient des districts voisins, ils avaient été, disait-on, repoussés par ceux qu'ils devaient chasser, et avaient regagné leur première position.

Les commandants en chef attendaient impatiemment que le gouvernement impérial mît fin à cet état de choses par une réponse catégorique (1).

(1) Par suite des rapports parvenus tant aux plénipotentiaires qu'aux amiraux, tout portait à croire que la présence de l'ex-commissaire impérial et vice-roi Yeh dans le voisinage de Canton, arrêtait la soumission de certains mandarins et d'un grand nombre de notables. Du reste, il avait été constaté que Yeh avait fait à bord de *l'Inflexible* des tentatives de séduction pour l'envoi de messages clandestins, et il fut résolu d'un avis unanime que ce personnage, dont la présence dans ces parages pouvait augmenter les difficultés de la situation, serait prochainement envoyé soit à Calcutta, soit à Maurice, soit au cap de Bonne-Espérance.

IX. — « Si la physionomie de Canton elle-même n'a rien d'alarmant (écrivait l'amiral R. de Genouilly au ministre), nous sommes dans des conditions telles qu'il faut exercer la plus grande et la plus rigoureuse surveillance ; des bruits venant de divers côtés ont annoncé que tous les districts des environs s'arment et se préparent à attaquer la ville. Des émissaires envoyés par nous dans diverses directions ont confirmé en effet que des levées d'hommes s'effectuaient sur plusieurs points. La ville de Fatshan, dans laquelle se sont réfugiés plusieurs fonctionnaires de la province de Canton, créatures connues de l'ex-vice-roi Yeh, est le centre de toutes ces menées. »

Fort heureusement, au milieu des inquiétudes d'une position aussi difficile, la santé du corps expéditionnaire et de la division navale était bonne, malgré les fatigues excessives que chacun avait dû supporter.— Car le corps de débarquement français, d'un effectif si restreint, devait servir des postes très-multipliés, pourvoir aux patrouilles de nuit, et fournir son contingent de travailleurs pour la ligne de retranchement et la construction des batteries. — Le climat de Canton est très-sain en cette saison, le vent du nord, qui amène un froid assez vif, chasse tous les miasmes pestilentiels, et il était à espérer que cette température favorable durerait jusqu'au mois d'avril, époque habituelle des premières chaleurs. D'ailleurs, dès les premiers temps, des ambulances et des hôpitaux avaient été organisés.

La levée du blocus était un point très-important ; c'était le moyen de ramener le commerce arrêté de ce côté depuis longtemps; cette question déjà traitée, avait été ajournée, parce que la position n'offrait pas encore assez de stabilité pour prendre une aussi grave décision.

X. — Le 25 janvier 1858, une nouvelle conférence eut lieu entre les plénipotentiaires et les commandants en chef, et la levée du blocus de la rivière et du port de Canton, ainsi que la reprise des relations commerciales avec les Européens fut fixée au 10 février, mais l'état de siége dans la ville et dans ses dépendances, devait être maintenu par les forces alliées, pendant toute la durée de leur occupation militaire (1).

Un autre point devait appeler l'attention, c'était le règlement auquel les étrangers de toute nationalité seraient soumis. — La levée du blocus devant nécessairement amener de Hong-kong et de Macao un grand nombre d'individus de tout pays, très-mal famés, qu'il fallait surveiller strictement et pouvoir expulser au moindre symptôme de désordre.

Les Chinois, du reste, attendaient impatiemment de

(1)   *Déclaration du contre-amiral Rigault de Genouilly et du contre-amiral sir M. Seymour.*

Nous soussignés contre-amiral Michaël Seymour, chevalier commandeur de l'ordre du Bain, commandant en chef les forces navales de Sa Majesté Britannique, et nous contre-amiral C. Rigault de Genouilly, commandant en chef les forces navales de Sa Majesté l'Empereur des Français dans l'Inde et en Chine, déclarons que le blocus du port et de la rivière de Canton établi par nos déclarations respectives du 3 du mois d'août et du 10 décembre 1857, sera levé le mercredi 10 février 1858.

A Canton, le 25 janvier 1858.

M. SEYMOUR.   C. RIGAULT DE GENOUILLY.

leur côté la reprise du commerce avec les Européens, et un fait important à constater, c'est que le gouverneur Pee-Kwee insistait lui-même dans les termes les plus pressants pour la reprise des transactions commerciales extérieures ; et il ajoutait, en s'adressant aux ministres plénipotentiaires : « Chaque jour que l'on gagnera pour rouvrir le port, accélérera d'autant le rétablissement de la confiance publique, non-seulement dans l'esprit des Chinois, mais dans l'esprit des négociants du monde entier. »
« La reprise du commerce, disait-il encore, ne peut manquer d'augmenter dans des proportions considérables la bonne intelligence avec les nations alliées. »

Cette démarche du mandarin chinois est curieuse à comparer avec l'arrogance habituelle des autorités de ce pays, et surtout avec leur profond mépris si nettement exprimé pour les commerçants étrangers.

XI. — Des cargaisons considérables étaient déjà toutes prêtes et en réserve pour l'exportation.

La levée du blocus devait surtout réagir activement sur le commerce de détail, qui commençait déjà à rouvrir ses établissements dans la plupart des quartiers de la ville. — Le faubourg de l'ouest, le plus riche de Canton, avait repris sa physionomie habituelle d'activité et de circulation. Les destructions n'avaient, du reste, aucunement atteint ce quartier populeux.

Aussi toutes les boutiques s'étaient ouvertes les unes après les autres ; et les marchands chinois se livraient à leur trafic, avec des visages souriants, fort heureux de voir les barbares étrangers apprécier si grandement leurs marchandises.

Les Chinois ont l'instinct du commerce. Quelques jours s'étaient à peine écoulés, qu'ils savaient quels étaient nos objets de prédilection, et en encombraient leurs boutiques. D'un autre côté, le commerce habituel, sorte de marché en plein vent, reprenait son cours, étalant le long des rues déjà si étroites des paniers de légumes, de volailles, de châtaignes de mer, de graines et de racines de bambous. — Les pêcheurs de la rivière apportaient aussi leur part, et c'était un tumulte, un mouvement que n'arrêtait en rien l'approche des étrangers. — Canton revivait bien de sa vraie vie, et l'on eût pu complétement oublier le souvenir des jours qui avaient précédé, si des quartiers entiers détruits par le bombardement n'attestaient le triste passage de la guerre.

Quelques émigrations continuaient cependant par la porte de l'ouest, résultat des bruits de diverse nature qui se répandaient sur les intentions hostiles des districts environnants.

XII. — La levée du blocus rendait la position évidemment anormale. — Continuer à tenir sous les lois de l'état de siége un port de commerce ouvert aux transactions commerciales de toutes les nations et l'occuper militairement, pouvait, à un moment donné, susciter des embarras internationaux qui seraient venus compliquer une situation déjà bien tendue.

Mais la diplomatie était à l'avant-garde. — Si elle ne tranche pas les nœuds gordiens, elle cherche toujours à les dénouer, et y réussit parfois.

Certes, la diplomatie a un grand rôle et une large part dans les intérêts les plus chers d'un pays ; et c'est elle, plutôt que le Souverain lui-même, qui tient réellement dans ses mains la paix ou la guerre. — Elle apaise les colères, voile les irritations, et tourne les difficultés, trop redoutables pour être abordées de face. — Mais que de détours, hélas! il lui faut faire avant d'arriver au but; chaque phrase, dans la bouche ou dans l'écrit d'un diplomate, a une valeur, qu'il doit strictement peser et considérer sous toutes ses faces. — La diplomatie chinoise a des mystères étranges, des lenteurs inconnues, des aveuglements, des illusions, des préjugés qui datent de plusieurs siècles; elle a surtout une grande puissance d'inertie qui ne cesse que devant l'emploi de la force.

XIII. — Les difficultés inhérentes à la nature même de cette politique et aux formes du gouvernement chinois, se compliquaient par le dédain instinctif que ce peuple professe envers les étrangers. — Pour en avoir une idée à peu près exacte, il suffit de lire un rapport (1) adressé par l'ancien vice-roi de Canton à l'empereur de la Chine, au sujet des négociations pendantes avec les Européens,

---

(1) Ce mémoire fut trouvé dans les archives du vice-roi Yeh. Nous le donnons en son entier aux pièces justificatives.

lors des derniers traités de 1845, ce document montre à quel point cet orgueilleux dédain était poussé.

On y trouve les passages suivants :

« Bien qu'il puisse être utile sans doute d'agir envers eux en employant de bons procédés, il est beaucoup plus prudent de les mener par la ruse. Dans quelques occasions, il faut leur faire connaître les motifs qui dirigent notre conduite ; dans d'autres, au contraire, leur susceptibilité ne peut être adoucie que par des démonstrations de nature à faire évanouir leurs soupçons.

« Quelquefois il est bon de chercher à leur plaire et à exciter leur reconnaissance, en les traitant sur le pied d'une égalité parfaite, et dans quelques cas, avant d'arriver aux résultats qu'il est possible d'obtenir, il faut faire semblant de ne pas s'apercevoir de leur fourberie. »

Et plus loin, le vice-roi Ki-ying ajoute :

« Ils affectent avec orgueil un style qu'ils n'ont aucun droit de parler, et semblent vouloir se donner des airs de grande puissance......................................

« Avec des gens aussi peu civilisés qu'ils le sont, aussi stupides et inintelligents dans leur style et dans leur langage, et aussi obstinément attachés à leurs formules dans leur correspondance officielle, ce qu'il y a de mieux à faire, c'est de ne donner aucune attention à leurs usages et de ne pas s'apercevoir de tout cela. (Littéralement, de se fendre la lèvre et de se cautériser la langue). »

XIV. — Le haut fonctionnaire qui écrivait ce mémoire adressé à l'empereur Tao-kouang était un des hommes politiques les plus justement renommés en Chine ; ce fut le signataire des cinq traités, et à travers les étranges appréciations portées sur les Européens et sur leurs mœurs, on trouve souvent le cachet d'une intelligence très-fine, rompue à toutes les subtilités d'une politique qui asseoit sur la ruse et sur le profond mépris des autres peuples, les bases fondamentales de sa diplomatie traditionnelle.

En face de tels négociateurs, tout était à craindre; le prestige de la force était le seul qui pût avoir quelque valeur à leurs yeux, et il ne fallait pas leur laisser le temps de se relever de la stupéfaction dans laquelle ils étaient plongés.

Les plénipotentiaires résolurent de se porter dans le nord pour agir sur la cour de Pé-king, soit pacifiquement, soit par intimidation, selon les événements futurs. L'amiral français, justement préoccupé des ordres nouveaux de son Souverain au sujet de la Cochinchine, insistait d'ailleurs vivement auprès des ambassadeurs, pour que ce mouvement important eut lieu dans le plus bref délai.

Des raisons matérielles et navales exigeaient, en outre, impérieusement qu'une action militaire dans les mers de Chine, si elle devait avoir lieu, fût achevée avant l'époque dangereuse des chaleurs qui pouvaient subitement amener des vides considérables dans les cadres d'un effectif déjà très-restreint, qu'affaiblirait encore l'absence des troupes forcément réservées à l'occupation de Canton.

XV. — Dans l'intérêt des nouvelles négociations, le baron Gros et lord Elgin pensèrent qu'il était d'une bonne politique de notifier officiellement la suspension des hostilités en Chine, sauf à Canton, où les commandants en chef restaient libres de prendre toutes les mesures de guerre nécessaires au maintien de la conquête.
— Cette suspension partielle du caractère belligérant par les nations alliées avait pour but principal de permettre aux ministres de Russie et des États-Unis de se joindre à elles, pour adresser au gouvernement de Pé-king une sommation analogue à celle que devaient lui faire parvenir les hauts commissaires de France et d'Angleterre.

Le ministre des États-Unis, M. Reed, accepta avec le plus vif empressement la proposition qui lui était faite à ce sujet, mais il déclara toutefois à l'avance ne pouvoir promettre le concours des forces navales des États-Unis, pour les mesures de guerre auxquelles les événements ultérieurs pourraient contraindre les deux puissances alliées.

L'amiral Poutiatine était placé dans une position plus embarrassante, par suite des vues d'agrandissement de la Russie sur le territoire chinois, du côté du fleuve Amour; après quelque hésitation, il accepta aussi.

Cette proposition lui permettait, disait-il, de renouveler ses communications avec Pé-king, et de joindre ses efforts au désir universel de voir la Chine ouverte à la bienfaisante influence de toutes les nations chrétiennes. »

Cette heureuse union des quatre grandes puissances occidentales devait évidemment produire un effet considérable à la cour de Pé-king, et hâter l'arrivée à Shang-haï des plénipotentiaires de cette Cour, chargés de traiter avec les représentants européens.

XVI. — Dans sa demande au premier ministre du Céleste-Empire, le baron Gros formule pour la France, comme base première des négociations futures, une indemnité pour les frais de la guerre, — la faculté pour le ministre de France, sinon de résider à Pé-king, du moins d'y être reçu toutes les fois qu'il le jugera convenable, — l'ouverture de nouveaux ports au commerce européen, — l'interdiction au gouvernement chinois de créer des lignes de douane intérieures grévant les marchandises d'importation et d'exportation de droits exorbitants, — et des garanties nouvelles pour les missionnaires catholiques.

Le 31 mars, au plus tard, les commissaires impériaux, dûment autorisés à traiter avec les ambassadeurs, devront être envoyés à Shang-haï. — Ce délai expiré, le mouvement en avant commencera.

Telle était la substance des communications officielles arrêtées d'un commun accord entre les quatre puissances, et que quatre secrétaires, appartenant chacun aux différentes missions, devaient remettre aux hautes autorités de Shang-haï.

XVII. — M. de Contades avait été désigné pour cette mission par le baron Gros et M. Oliphant par lord Elgin. — Tous deux étaient également porteurs d'une copie de la correspondance des plénipotentiaires avec le vice-roi Yeh. — Si leurs demandes collectives n'étaient pas favorablement accueillies, il avait été décidé que les deux ambassadeurs seraient accompagnés dans le nord par des forces navales imposantes, pour peser en se rapprochant de la capitale d'un poids sérieux dans les décisions du gouvernement chinois. — Cette démonstration était d'autant plus utile que les mandarins pensaient, avec leur confiance habituelle, que les bâtiments de guerre qui composaient les escadres alliées ne pourraient par suite de leur fort tirant d'eau, naviguer sur le Peï-ho.

Le contre-amiral Rigault de Genouilly devait, avec *la Némésis*, *le Phlégéton*, *le Primauguet*, *la Meurthe*, *la Durance* et les quatre canonnières, accompagner le baron Gros, embarqué sur *l'Audacieuse*.

Le contre-amiral Seymour, de son côté, accompagnait lord Elgin avec une force navale considérable, dont faisait partie le vaisseau *le Calcutta*.

XVIII. — Suivant la décision précédemment arrêtée, le blocus du port et de la rivière de Canton est levé le 10 février (1). La ville est ouverte aux étrangers, mais

(1) *Règlements de police intérieure pour la ville de Canton, pendant la durée de l'occupation militaire.*

Le blocus de la rivière et du port de Canton étant levé à compter du 10 février prochain, sont publiés, pour l'information des intéressés

ils restent soumis à des règlements de police intérieure très-sévères qui donnent tout pouvoir aux autorités militaires et que la Commission mixte peut faire exécuter. Des bruits de rébellion et d'armements secrets continuaient en effet à se répandre. — Le départ de l'ex-vice-roi Yeh, transporté à Calcutta, ne pouvait cependant manquer de porter ses fruits et de faire tomber les dernières espérances des fauteurs de désordre, dont il était le drapeau.

« Du reste (écrit l'amiral français dans sa dépêche du

et leur servir de guide, les règlements suivants qui seront en vigueur, pendant la durée de l'occupation militaire de Canton et de ses faubourgs par les forces alliées de la France et de la Grande-Bretagne.

Article premier. La ville de Canton et ses faubourgs étant maintenus en état de siège, nul étranger, quel qu'il soit, ne peut y entrer, s'il n'est muni d'un passe-port signé par les commandants en chef des forces alliées.

Article ii. Une commission mixte, nommée par les commandants en chef, est chargée de maintenir le bon ordre et de connaître des infractions aux présents règlements et aux lois de l'état de siège. Elle a pouvoir de prononcer des amendes, des emprisonnements, et, dans les cas graves, mission de remettre les prévenus à la disposition des commandants en chef.

Article iii. Tout étranger, qui désire entrer à Canton ou dans ses faubourgs, doit en adresser la demande, par écrit, à la commission précitée. Les commissaires soumettront cette demande aux commandants en chef, qui, s'ils n'y voient pas d'objection, accorderont à l'impétrant le passe-port demandé, susceptible d'être retiré, et qui, dans tous les cas, doit être visé par les commissaires tous les 14 jours.

Article iv. Un corps de police français et anglais est chargé de la surveillance de la ville et des faubourgs. Les hommes qui le composent, ont l'ordre d'exiger la production des passe-ports. Toute personne refusant d'obtempérer à leur demande, trouvée sans passe-port ou commettant quelque infraction au bon ordre, sera conduite devant les commissaires.

Article v. Les officiers des armées et marines alliées, et les officiers étrangers revêtus de leur uniforme sont dispensés de l'obligation

11 février 1858), je crois aujourd'hui le désarmement à peu près complet; pour notre part, nous avons brisé les tourillons de 500 pièces de canon, tant sur les remparts que dans les arsenaux, et nous avons apporté dans les lignes environ 20 000 armes de toute espèce, gingalls, fusils de rempart, fusils de tout modèle et de toute origine, lances, arcs, flèches, etc., la moitié environ de ce qui se trouvait dans les dépôts (1). »

XIX. — Arrêtons-nous un instant dans notre récit pour

---

du passe-port Les marins et les soldats de marine ne peuvent descendre à terre, si ce n'est pour service commandé.

ARTICLE VI. Les portes de la ville seront ouvertes depuis le lever du soleil jusqu'à son coucher; après le coup de canon tiré au coucher du soleil, aucun étranger ne pourra circuler dans les rues de la ville et des faubourgs.

ARTICLE VII. Aucun étranger ne peut pénétrer dans les établissements occupés par les fonctionnaires publics, s'il n'est muni d'une permission spéciale des commissaires.

ARTICLE VIII. Les bâtiments de commerce ne peuvent mouiller entre les navires de guerre et les murailles de la ville, ni ailleurs, qu'aux places déterminées par le capitaine du port.

ARTICLE IX. L'introduction des armes et munitions de guerre est absolument interdite.

ARTICLE X. Dans tous les cas d'alarme, des pavillons rouges seront hissés sur les hauteurs de Magazine-Hill, au yamoun occupé par les commissaires. Ces pavillons, appuyés de deux coups de canon et de la retraite battue dans les quartiers, indiqueront à toute personne, se trouvant en ville, qu'elle doit la quitter dans l'intérêt de sa sûreté, ou y pourvoir, en se rendant dans les lignes alliées ou dans l'une des stations de police.

A Canton, le 4 février 1858.

(1) *Relevé des bouches à feu trouvées dans Canton.*

357 canons en fonte avaient été mis hors de service.
12 avaient été jetés par-dessus les remparts.
369 canons non compris ceux de la face sud de la ville, où on

donner une juste part de regrets à un officier distingué dont la perte était pour tous un véritable deuil.

Le commandant Collier, qui avait dans les opérations contre Canton apporté un concours si efficace au commandant en chef, succombait à une cruelle maladie, au moment où l'amiral allait lui confier un poste difficile qu'il eût su dignement remplir.

L'amiral, dans sa dépêche particulière au ministre de la marine, s'exprimait ainsi sur ce regrettable officier :

« En perdant le commandant Collier, la marine perd un de ses officiers les plus distingués comme capitaine, et l'une de ses meilleures espérances pour le cadre des officiers généraux. Le caractère ferme et prudent de cet officier supérieur et ses qualités militaires l'avaient désigné à mon choix pour le commandement du corps d'occupation et de la division navale laissée devant Canton. »

Le *Marceau* fut chargé par l'amiral de transporter à Hong-kong, dans le cimetière catholique, le corps du commandant Collier. — C'était le 14 février.

A l'arrivée du cortège funèbre à bord du *Marceau*, la canonnière *l'Avalanche* fit le salut funèbre de sept coups

n'a pu pénétrer d'abord. C'était en général de mauvaises pièces de petit calibre.

En magasin on trouve,

143 canons en fonte (mis hors de service).

<u>7</u> en bronze, de petit calibre ont été enlevés.

150

Un grand nombre de ces canons étaient de fabrication européenne.

Les magasins reconnus jusqu'à ce jour contenaient 500 000 kilos de poudre. Il existe aussi d'énormes approvisionnements de salpêtre et de poudre.

de canon. Lorsque le corps passa près de *la Capricieuse*, bâtiment que commandait le capitaine de vaisseau Collier, cette corvette fit à son chef un dernier salut de sept coups de canon.

Pendant toute la journée, les bâtiments français conservèrent, en signe de deuil, leur pavillon en berne et leurs vergues en pantêne.

XX.—Le capitaine du génie Labbe venait d'arriver de France confirmant à l'amiral Rigault de Genouilly l'envoi très-prochain de trois bâtiments, annoncés déjà par une dépêche ministérielle (1). Au moment de son départ, ces bâtiments poursuivaient avec activité leurs préparatifs, et devaient, sans nul doute, être en route pour rallier le pavillon de l'amiral.

Déjà on voit apparaître dans la rivière de Canton des

---

(1) *Dépêche de S. E. le ministre de la marine, au commandant en chef de la division de la Réunion et de l'Indo-Chine*, 9 décembre 1857.

Les bâtiments que je vous envoie sont *la Gironde*, transport mixte de 1200 tonneaux. — *Le Laplace*, corvette à hélice de 400 chevaux, *l'Alarme*, canonnière de 1re classe à vapeur.

Le corps expéditionnaire s'embarquera en entier sur *la Gironde*, ce corps sera composé comme suit :

Sapeurs du génie. — 52, (dont 2 officiers.)

Artillerie de marine. — 52, (dont 2 officiers.)

Infanterie de marine. — 416, (dont 1 chef de bataillon et 15 officiers.)

Le détachement d'artillerie sera accompagné de six obusiers de montagne, dont trois rayés approvisionnés à raison de 300 coups par pièce.

135 000 cartouches à balles ogivales accompagnent le détachement d'infanterie.

steamers et des navires européens; une multitude de jonques chargées de produits de toute nature circulent incessamment. — Trois semaines se sont à peine écoulées, et le commerce extérieur reprend toute son activité.

Un événement de haute importance était venu se joindre aux efforts des alliés pour ramener la confiance dans l'intérieur de la ville et calmer les esprits de la population encore indécise.

Le 2 mars, un courrier arrivait de Pé-king porteur de deux décrets impériaux. — Le premier dégradait de ses hautes fonctions l'ex-vice-roi Yeh ; le second nommait un nouveau commissaire impérial, gouverneur-général des deux Kwangs, et jusqu'à son arrivée, investissait par intérim Pee-Kwee de ces fonctions importantes (1).

---

(1) *Premier édit impérial.*

« Une dépêche ci-jointe, qui nous a été adressée par Muh-Kih-Tih-Na et Pee-Kwee, nous a annoncé la prise de la cité provinciale de Canton par les barbares.

« Yeh-Ming-Ching, en tant que commissaire impérial, chargé de la direction des affaires étrangères de l'Empire, aurait évidemment dû trouver quelque moyen d'éluder les demandes des barbares, si elles étaient tellement déraisonnables, qu'il ne pût y faire droit; il aurait dû, en même temps, se concerter avec le général tartare, avec le gouverneur et les autres officiers, et prendre les mesures nécessaires au maintien de la tranquillité.

« Les barbares ont transmis par deux fois des communications au général tartare, au gouverneur-général, au lieutenant-général, etc. Yeh n'a point fait connaître à ses collègues le contenu de ces communications; il a refusé de s'entendre avec eux sur ce qu'il y avait à faire, et il a continué à remettre de jour en jour toute solution. Si bien qu'à la fin il a exaspéré les barbares, qui ont subitement fait irruption dans la cité provinciale, et s'en sont emparés.

« Par cette opiniâtreté déplorable et par cette mauvaise administration, Yeh-Ming-Ching s'est montré tout à fait indigne des **hautes fonc-**

Cette nomination provisoire de Pee-Kwee, déjà chef du gouvernement institué par les alliés, avait une grande signification, et devait faire espérer que nous marchions enfin dans cette voie tant désirée de la conciliation.

XXI. — Toutefois les rapports de l'extérieur constataient que l'agitation, avivée par des émissaires secrets, ne diminuait pas dans les campagnes. Cette politique à double face n'avait rien, du reste, qui dût surprendre de la part d'une nation qui se croit tout permis et légitime contre des barbares. Quant au gouverneur Pee-Kwee, fortement soupçonné de tremper dans toutes ces agitations, il affecte les dehors les plus conciliants, et

tions dont il était revêtu. En conséquence, nous ordonnons qu'il soit immédiatement privé de sa charge.

« Muh-Kih-Tih-Na, le général tartare, Pee-Kwee, le gouverneur, les lieutenants-généraux Shwang-Hi et Shwang-Ling, Hang-Ke, le commissaire des douanes, Kiang-Kwo-Lin, le commissaire des finances, et Chow-Ya-Ping, le juge provincial, sont tous coupables de mollesse dans la défense de la ville. Cependant, comme le gouverneur-général ne les avait point admis dans ses conseils, on peut jusqu'à un certain point les excuser. Prenant donc en considération leur demande d'être sévèrement punis, il nous a plu de leur montrer notre indulgence, et d'ordonner que le Bureau des peines passât légèrement sur leur compte. Respectez ceci! »

Deuxième édit impérial.

« Nous nommons Houang-Tsing-Han, gouverneur-général des deux Kwangs, et nous lui ordonnons de se rendre tout de suite à son poste. Nous lui avons en outre conféré le sceau de commissaire impérial et la direction des affaires étrangères de l'Empire.

« En attendant son arrivée, Pee-Kwee sera provisoirement chargé des fonctions de commissaire impérial et de gouverneur-général des deux Kwangs. Respectez ceci! »

dans toute occasion, il insiste sur son désir extrême de faire servir ses nouvelles fonctions à assurer le retour de la paix.

Lord Elgin est déjà parti pour Shang-haï, car il doit s'arrêter aux ports intermédiaires. — M. Read et l'amiral Poutiatine ont aussi quitté ces parages.

Le baron Gros, qui doit se rendre directement à Shang-haï, a retardé son départ de quelques jours. — Le 11 mars, il fait route vers le nord, à bord de l'*Audacieuse*. Cette frégate est suivie de la canonnière la *Fusée* qui doit lui servir d'aviso.

Ce départ, effectué avant l'arrivée officielle du nouveau commissaire impérial nommé à Canton, était une combinaison très-heureuse des plénipotentiaires. — Non-seulement ce haut dignitaire chinois appartenait au parti qui professe une haine violente et aveugle contre les étrangers, mais en traitant avec lui les puissances alliées eussent paru reconnaître la prétention du gouvernement de la Chine de reléguer à cette extrémité de l'Empire toutes les transactions politiques avec les Européens.

CHAPITRE II.

XXII. — L'amiral Rigault de Genouilly se préparait aussi à quitter très-prochainement Canton avec sa division navale. Les rapports inquiétants dont nous avons parlé plus haut et qui semblaient faire présager une attaque l'avaient seuls engagé à prolonger son séjour.

La mission dont avaient été chargés les envoyés des plénipotentiaires de France, d'Angleterre, de Russie et d'Amérique s'était très-favorablement accomplie. Ils avaient reçu du gouverneur de Kiang-su, dans la ville de Soo-chow, un accueil inespéré et avaient emporté la promesse positive que les communications des plénipotentiaires allaient être sans retard transmises à Pé-king.

M. de Contades et ses collègues n'avaient point en effet rencontré à Shang-haï le gouverneur de la province.

Les quatre envoyés, qu'accompagnait M. de Montigny, consul de France, sachant l'importance de leur mission, et appréciant combien tout retard pouvait être préjudiciable aux intérêts des négociations entamées, n'hésitèrent pas à se diriger vers Soo-chow, chef-lieu de la province, afin de remettre dans les mains du Vice-roi lui-même les communications de leur gouvernement. — La ville de Soo-chow est célèbre en Chine ; les Européens n'ont pu que très-rarement y pénétrer, déguisés en Chinois, ou cachés dans des bateaux.

XXIII. — Les divers incidents de cette mission sont curieux à raconter.

Le 24 février, la petite escadrille, qui comptait dix-huit jonques, quitta Shang-haï, et après avoir traversé les rivières et les lacs, entra pendant la nuit du 25 au 26 dans le grand canal impérial. Aux premiers rayons du jour, on aperçut, à trois milles de distance environ, les murs de Soo-chow. — Quelques instants après, un messager porteur d'une lettre annonçait au gouverneur l'arrivée des envoyés des quatre puissances ; puis, sans attendre de réponse, les jonques poursuivaient leur route deux heures après. Devant les remparts de la ville, un autre messager accosta ces embarcations et annonça que le gouverneur allait venir ; mais les envoyés continuèrent d'avancer au milieu des bateaux de toute forme qui encombraient la passe, et pénétrèrent ainsi dans la ville par la grille qui barre l'entrée du canal, sans se préoccuper des cris et des gesticulations des gardiens de cette porte. Des deux côtés du canal s'étendaient les faubourgs, et on voyait de toutes parts s'ouvrir de petits canaux de communication.

XXIV. — « Le bruit de notre arrivée (dit M. de Contades dans son rapport) s'était rapidement répandu dans la ville, et ce fut au milieu d'une foule énorme, rangée en deux haies sur notre passage, que nous fîmes notre entrée dans Soo-chow. Dans cette foule, pas un cri, pas une seule de ces clameurs si habituelles aux Chinois, mais bien un silence profond, recueilli, qui est chez eux le signe du respect et de la crainte, et qui nous permettait de saisir le bruit de quelques observations timidement faites à voix basse. Il était facile de lire sur toutes ces figures pressées, entassées autour de nous, les sentiments les moins hostiles, plus facile encore d'y voir un étonnement, une stupéfaction indicibles.

« Une salve de six coups de canon salua notre arrivée au yamoun, à la porte duquel le fou-taï vint nous recevoir entouré de ses officiers. Entrés dans le prétoire, dont le gouverneur nous fit les honneurs avec une grâce parfaite, M. Oliphant et moi nous fûmes placés sur les deux siéges de l'estrade située au fond de la salle, de façon que le gouverneur, assis sur un des fauteuils de côté, pût, suivant l'étiquette chinoise, nous avoir tous les deux à sa gauche. Les consuls et leurs interprètes occupaient des siéges disposés sur les côtés. Après les premiers compliments d'usage, je pris la parole et adressai au fou-taï quelques phrases que l'interprète du consulat de France traduisit à mesure. Je dis au gouverneur que j'allais avoir l'honneur de remettre officiellement entre ses mains une dépêche qui lui était adressée, ainsi qu'à S. Exc. le vice-roi des deux Kwangs, par le haut commissaire de S. M. l'empereur des Français; que cette dépêche en renfermait une autre à S. Exc. le premier secrétaire d'État à Pé-king, d'une importance extrême, et que je priais le fou-taï de vouloir bien, par la voie la plus prompte, et sans souffrir un retard qui engagerait sa responsabilité, la faire parvenir à sa destination.

« Le gouverneur me répondit qu'il s'empresserait de se rendre au désir que je venais de lui exprimer touchant l'expédition des notes. Je lui remis aussitôt les dépêches. Le fou-taï ouvrit la première enveloppe à son adresse, et lut ce qu'elle renfermait, pendant que tous ses officiers et secrétaires, debout derrière lui, en faisaient autant par-dessus son épaule. On nous a affirmé que parmi ces personnages il y avait de hauts dignitaires et des envoyés du vice-roi des deux Kwangs.

XXV. — « M. Oliphant prononça à son tour quelques paroles dans le même sens que les miennes, après quoi le fou-taï nous offrit un petit repas, durant lequel la conversation fut assez animée. Le gouverneur me demanda si Canton était rentré dans l'ordre, si le commerce y avait repris son cours. Je lui fis répondre que les efforts des ambassadeurs n'avaient jamais cessé de tendre vers ce but, et qu'ils étaient heureux de l'avoir complétement atteint.

« — Qu'allez-vous faire de Yeh ? » dit alors le fou-taï.

« Un de ces messieurs répondit qu'il était parti pour Calcutta.

« — Le tuerez-vous ? » ajouta Tchao d'un air assez indifférent.

« Je lui répondis que Son Excellence connaissait mal la générosité des ambassadeurs et de leurs gouvernements, s'il les croyait capables de frapper un ennemi vaincu.

« Il nous demanda encore quand les ambassadeurs viendraient à Shang-haï ; sans vouloir assigner d'époque fixe, nous ne pensâmes pas qu'il y eût de l'inconvénient à répondre que ce serait prochainement. Durant toute cette entrevue, le fou-taï fut d'une politesse et d'une distinction qui nous charmèrent. Sa physionomie, presque européenne par les traits, est fine et intelligente ; ses façons sont celles d'un homme de la meilleure compagnie. En somme, il serait impossible de recevoir un accueil plus gracieux, plus aimable que celui qu'il nous a fait.

« En nous reconduisant à nos chaises avec le même cérémonial qu'en venant, et après mille compliments et poignées de main, le fou-taï nous annonça que le lendemain matin, il nous rendrait notre visite au palais communal, appelé Kon-Kouan, en dehors de la ville, et où ont lieu d'habitude les réceptions des plus hautes autorités chinoises, à leur arrivée à Soo-chow. — Ce fut dans ce yamoun que nous reçûmes, en effet, le 27 février, à midi, la visite du fou-taï. »

XXVI. — Le 16 mars, le contre-amiral Rigault de Genouilly avait quitté la rivière de Canton sur *l'Avalanche* et avait trouvé réunis à Hong-kong les bâtiments qui devaient l'accompagner à Shang-haï. Il fit partir successivement pour cette destination *le Primauguet, l'Avalanche, la Dragonne, la Meurthe* et *la Durance*, et appareilla lui-même sur *la Némésis* le 26 mars; cette frégate à voiles était remorquée par *le Phlégéthon*.

Le capitaine de vaisseau d'Aboville est resté à Canton avec le commandement supérieur du corps d'occupation; il a sous ses ordres, outre ce corps, la corvette à voiles *la Capricieuse* et la canonnière *la Mitraille*, qui devait être remplacée plus tard par *le Catinat*, *le Marceau*, et *le Lilly*, avisos à vapeur.

L'amiral Seymour était parti, le 25 mars, sur le vaisseau, *le Calcutta*. — Les deux amiraux s'étaient donné rendez-vous à l'embouchure du Yang-tse-kiang.

Le 3 avril, *la Némésis*, portant le pavillon de l'amiral français, jetait l'ancre aux bouches du Yang-tse-kïang, suivies du *Primauguet* et de *la Dragonne*. — Au moment où *la Némésis* prenait mouillage aux îles Saddle, elle fut rejointe par la canonnière *la Fusée*; son capitaine, le lieutenant de vaisseau Gabrielli de Carpégna, remit à l'amiral Rigault de Genouilly une dépêche du baron Gros, arrivé à Shang-haï le 30 mars.

XXVII. — « Le baron Gros m'informe dans cette dépêche (écrit l'amiral) (1), que la réponse qu'il a reçue de Pé-king à la suite de la communication adressée au premier ministre de l'Empire était très-peu satisfaisante pour la forme et pour le fonds.

« Le premier ministre n'a pas daigné lui répondre directement, mais l'a fait faire en nom collectif par

---

(1) Dépêche à S. Exc. le ministre de la marine, 9 avril 1858.

le vice-roi des deux Kwangs et par le gouverneur du Kiang-sou. »

Le fonds de ce document, éludant toute réponse sérieuse, annonçait qu'un commissaire impérial allait se rendre à Canton pour traiter avec les commissaires des puissances alliées et qu'il serait contraire aux traditions de l'Empire de traiter à Shang-haï avec les nations étrangères (1). Les réponses transmises à lord Elgin et à M. Reed, émanées des mêmes fonctionnaires, étaient conçues dans le même sens. — Quant au comte Poutiatine, qui venait de prendre par ordre de son souverain le titre de commissaire impérial, et de commandant en chef des forces navales russes dans les mers de Chine, il était prévenu que le bureau des affaires étrangères répondrait plus

---

(1) Voici la réponse transmise aux plénipotentiaires par le vice-roi des deux Kwangs et le gouverneur de Kiang-sou.

« Le 26 février, nous avons reçu la communication de Votre Excellence, datée du 10 février, qui nous était envoyée par le secrétaire d'État Yuchin. Nous l'avons immédiatement envoyée à Pé-king, recouverte d'un sceau, et nous venons de recevoir du secrétaire d'État Yu, la réponse suivante :

« S. M. l'Empereur est magnanime et pleine de prudence. Il a daigné,
« par décret, dégrader Yeh du poste de gouverneur général des deux
« Kwangs à cause de sa mauvaise administration, et envoyer à Can-
« ton S. Exc. Kouang, en qualité de commissaire impérial, pour exa-
« miner l'état des choses et décider impartialement.

« Il faut donc que Leurs Excellences se rendent à Canton pour y sou-
« mettre leurs propositions. Nul commissaire impérial ne peut traiter
« d'affaires à Shang-haï. Comme les règlements du Céleste-Empire
« tracent à chaque fonctionnaire ses limites d'attributions, et que les
« serviteurs du gouvernement chinois doivent se conformer religieuse-
« ment au principe qui leur interdit tous rapports avec les étrangers, il
« ne serait pas convenable que je répondisse en personne au ministre
« français. Veuillez donc lui faire part de tout ce que je viens de
« vous dire, et par ce moyen sa note ne demeurera pas sans réponse. »

tard à sa note, mais que c'était aux frontières russes de l'Amour seulement, que l'on pouvait s'entendre avec lui.

XXVIII. — Cette réponse hautaine du premier ministre de l'Empire montrait clairement que l'occupation de Canton, loin d'ouvrir les yeux au gouvernement chinois, n'avait en rien modifié l'aveuglement de sa politique dans le sens des concessions à faire aux puissances occidentales. — Aux yeux de la cour de Pé-king, la prise de Canton était un fait isolé, dû surtout à l'imprévoyance de l'ex-Vice-roi et à sa négligence impardonnable. Dès lors, il était facile de prévoir qu'une action militaire énergiquement dessinée sur un point plus rapproché de la capitale, allait devenir inévitable.

« En présence de ces difficultés nouvelles (écrit l'amiral), les quatre plénipotentiaires ont résolu de se porter dans le golfe de Pe-tchi-li pour essayer si une démonstration devant le Péï-ho amènera un changement dans les décisions des autorités de Pé-king, et si elles consentiront à envoyer sur ce point des mandarins négociateurs. Cette première tentative faite, si elle n'aboutit pas, M. le baron Gros se propose de réclamer de ma part l'emploi de mesures coërcitives, et m'invite en conséquence à me rendre sans délai dans le golfe de Pe-tchi-li avec toute la division navale qu'il m'avait prié d'amener près de Shang-haï. — Pareille invitation a été adressée par lord Elgin à l'amiral Seymour ; M. le comte Poutiatine et surtout M. Reed paraissent loin d'être décidés à joindre, en cas de besoin, leurs moyens d'action aux nôtres. »

XXIX. — Aussitôt que l'amiral Rigault de Genouilly avait eu connaissance, par la dépêche de l'ambassadeur, du résultat peu favorable des négociations, il s'était rendu immédiatement à Shang-haï sur la canonnière *la Fusée*, afin de voir le baron Gros avant son départ pour le golfe de Pe-tchi-li; car il devait d'abord prendre toutes les dispositions nécessaires pour assurer le ravitaillement de sa division, pendant les nouvelles opérations qui allaient s'ouvrir.

Il fallait, disait-on, s'attendre à une résistance sérieuse de la part des Chinois, et quelques-uns de nos missionnaires, en correspondance avec le Pe-tchi-li, nous avaient fait savoir que toutes les troupes de la province étaient en mouvement vers le Peï-ho, et que les fortifications à l'embouchure du fleuve avaient été considérablement augmentées.

La plus grande incertitude régnait du reste sur la navigabilité du fleuve pour des bâtiments européens, même du plus faible tirant d'eau.

XXX. — Le 15 avril, à 5 heures du matin, la frégate *l'Audacieuse* emmène le baron Gros vers le golfe de Pe-tchi-li, *la Fusée* l'accompagne. — La mer est encore agitée par les gros temps des jours précédents, et il est à craindre que *l'Audacieuse* ne retrouve les mêmes tourmentes de mer qu'elle a rencontrées de Hong-kong à Shang-haï. Heureusement le lendemain le temps se rassérène, et la frégate, après quatre jours de bonne navigation, double le cap Shan-tung et apparaît dans le golfe de Pe-tchi-li, où se trouvent déjà au mouillage *le Furious*, *le Minnesota* et *l'America*, qui avaient à leur bord les trois collègues du ministre de France.

Trois commissaires impériaux étaient arrivés de Pé-king; ils ont mission de s'entendre avec les représentants des puissances occidentales, mais ils ne sont point munis de pleins pouvoirs régulièrement établis. Les ambassadeurs refusèrent d'entrer en négociations avec eux : — ceux-ci protestèrent que des pouvoirs plus étendus étaient contraires aux lois de l'Empire, et qu'ils venaient loyalement, par ordre de leur souverain, pour entendre les communications des puissances occidentales.

Les ministres de France et d'Angleterre persistèrent dans leur résolution, l'amiral Poutiatine et M. Reed, qui tous deux n'avaient point été sur le pied de guerre avec la Chine, entrèrent en pourparlers, pour sonder au moins les commissaires impériaux sur les dispositions probables du gouvernement chinois.

« Jamais, disent ces mandarins, le grand Empereur, Fils du Ciel, n'acceptera l'établissement des légations européennes dans Pé-king. Il est également inadmissible de supposer qu'il puisse accorder l'ouverture des grands fleuves et des marchés intérieurs de la Chine. — Quelques nouveaux ports seraient ouverts au commerce; on reviserait les lois contre le christianisme. Quant à l'indemnité réclamée pour l'incendie des factoreries, c'était un point à discuter ultérieurement. »

Les difficultés réelles de la situation n'avaient donc

point fait un pas vers une solution possible. Il fallait évidemment frapper d'un coup décisif l'arrogance chinoise, si vivace encore.

XXXI. — Le 19 avril, à sept heures du matin, l'amiral quitta Shang-haï sur *la Némésis*, accompagnée par *le Phlégéthon*, et le 25, à trois heures et demie de l'après-midi, il mouillait dans le golfe de Pe-tchi-li, à l'embouchure du Peï-ho. — *Le Primauguet*, *la Dragonne* et *l'Avalanche* jetaient l'ancre en même temps, près de la frégate amirale.

Presque aussitôt, une communication officielle du baron Gros informe le commandant en chef des forces navales que lord Elgin et lui croient qu'il sera indispensable, sous peu de jours, d'avoir recours à des mesures coercitives. « Ces mesures seront le blocus de la rivière, l'attaque et la prise des forts de l'embouchure du Peï-ho, et une expédition pour s'emparer de Tien-tsin. »

Les mesures proposées par les ambassadeurs sont l'objet de l'examen le plus sérieux de la part des contre-amiraux. — Le blocus est d'une exécution facile; la prise des forts offre des difficultés par la nature fangeuse des terrains qu'il faut traverser pour arriver à l'attaque des positions; mais ces difficultés seront surmontées. Quant à garantir le succès d'une expédition sur Tien-tsin, et promettre qu'elle sera exécutée, les amiraux ne peuvent s'y engager avec les forces réduites dont ils disposent, une portion de ces forces devant forcément rester à l'embouchure du Peï-ho. — Cette rivière est immense; quelle est sa profondeur d'eau? Tout le monde l'ignore. Il y a là une question qu'il faut réserver; la suite des événements peut seule l'éclaircir et en donner la solution. Dans tous les cas, il faut attendre la venue des canonnières à faible tirant d'eau de l'escadre anglaise, dont la mousson contraire a retardé l'arrivée dans le golfe de Pe-tchi-li.

Telle était l'opinion des amiraux sur les projets qui leur avaient été présentés par les ambassadeurs.

Toutefois, il était important de montrer aux mandarins chinois les bâtiments alliés prêts à bombarder les forts du Peï-ho, si les demandes de la France et de l'Angleterre étaient encore éludées ou réfutées; aussi *la Dragonne* et *la Fusée*, ainsi que deux canonnières anglaises, reçurent l'ordre de franchir la barre de l'embouchure du Peï-ho, au moment de la grande marée, et d'aller mouiller en vue des forts.

XXXII. — Le lieutenant de vaisseau, de Besplas, jeune officier de marine très-distingué et deux officiers anglais avaient été chargés, de baliser le passage que devaient suivre les canonnières. — *La Dragonne* franchit fort heureusement la barre, et alla jeter l'ancre dans le voisinage des forts, mais *la Fusée* et les deux canonnières anglaises, *le Cormoran* et *le Nemrod* s'échouèrent dans le passage. A la marée suivante, ces bâtiments furent renfloués, et purent aller prendre les positions indiquées. — Le même jour, *l'Avalanche* passait aussi la barre et venait mouiller auprès de *la Dragonne*.

Après cette première démonstration, et après avoir été eux-mêmes reconnaître les forts du Peï-ho, les amiraux s'étaient réunis encore une fois pour traiter la question d'une expédition sur Tien-tsin, que les ambassadeurs avaient de nouveau recommandée à leur attention. — Les renseignements vagues et confus qu'ils avaient recueillis sur la navigabilité de la rivière les laissait toujours dans la plus grande incertitude sur ce point important. — Ils pensèrent qu'il leur était impossible de prendre, par avance, un engagement dont les conséquences pouvaient peser sur l'honneur des pavillons qui leur étaient confiés. Cette grave responsabilité, ils l'avaient tout entière.

A cet égard, les instructions du ministre de la marine au contre-amiral Rigault de Genouilly étaient précises : « Lorsque les négociations seront devenues inutiles et qu'il y aura nécessité de recourir à la force pour amener le gouvernement chinois à accéder aux demandes qui lui auront été adressées, c'est à l'amiral qu'il appartiendra de déterminer sur quel point et de quelles manières seront employées les forces navales placées sous ses ordres (1). »

La décision à prendre sur l'expédition de Tien-tsin restait donc réservée, et les amiraux exposèrent aux ambassadeurs sur quelles considérations navales et militaires se fondait leur réponse.

---

(1) Dépêche du ministre au contre-amiral Rigault de Genouilly. — 9 mai 1857.
Voir à la page 60.

XXXIII. — Le moment décisif approchait.

L'amiral Poutiatine avait cherché à nouer de dernières négociations entre les ambassadeurs de France et d'Angleterre et les commissaires impériaux chinois. Mais l'influence que pouvait exercer l'amiral russe, comme intermédiaire, n'eut point une issue plus heureuse, et le refus de concéder aux agents diplomatiques des nations étrangères le séjour, même temporaire à Pé-king, renversa toute espérance de conciliation.

Le 18 mai, les plénipotentiaires se réunirent en conseil avec les commandants en chef pour déterminer nettement ce qu'il était possible d'entreprendre, pour amener enfin le gouvernement chinois à accorder les satisfactions si inutilement demandées.

« Les ambassadeurs posèrent les deux questions suivantes :

« 1° Les amiraux sont-ils en mesure d'enlever les forts de l'entrée du Peï-ho ?

« 2° Ces forts enlevés, les ministres plénipotentiaires de France et d'Angleterre, suivis des ministres des États-Unis et de Russie, peuvent-ils remonter pacifiquement la rivière, afin de se rapprocher de la capitale, et, d'accord avec le langage tenu au commissaire chinois, avoir une entrevue avec un plénipotentiaire officiellement accrédité ?

Sur l'enlèvement des forts, les amiraux répondirent affirmativement. — Quant au mouvement en avant, ils l'acceptèrent sous la réserve qu'il serait subordonné dans ses limites, aux mesures jugées nécessaires pour garantir la sécurité des ambassadeurs.

XXXIV. — Ces points principaux une fois déterminés, on arrêta dans la même conférence le texte de la sommation qui serait adressée le lendemain au commissaire impérial, vice-roi de la province de Pe-tchi-li.

Les plénipotentiaires informaient le commissaire, qu'étant investis par leurs souverains respectifs de pleins pouvoirs, ils ne pouvaient consentir à traiter avec un représentant de l'empereur de la Chine qui ne serait pas revêtu par Sa Majesté Impériale de pouvoirs égaux aux leurs.

Ils exposaient : « que tous leurs efforts avaient été vains pour arriver à une heureuse solution, que tous les délais fixés étaient expirés, sans avoir amené de résultat, et qu'ils avaient résolu, selon l'intention exprimée dans des communications précédentes, d'entrer en rapports plus immédiats avec les grands fonctionnaires du gouverneur impérial, ce qu'ils feraient, en s'avançant vers Tien-tsin.

« Comme mesure préliminaire, les forts placés à l'embouchure du Peï-ho devront être remis entre les mains des commandants en chef des forces alliées, sous peine d'être enlevés de vive force et détruits.

« Les troupes impériales devront évacuer ces ouvrages.

« Les forts, une fois en la possession des puissances alliées, les ambassadeurs remonteront pacifiquement la rivière, convaincus que le gouvernement impérial admettra, sans plus de retard, la nécessité de nommer un représentant dûment qualifié pour traiter avec eux. »

XXXV. — Cette sommation devait être portée le 20, et deux heures après sa remise entre les mains des autorités chinoises, si la réponse n'était pas satisfaisante, l'attaque commencerait contre les forts.

Le plan d'attaque, préalablement concerté entre les deux amiraux, se divisait en deux parties :

« 1° Une attaque par l'artillerie des canonnières ;

« 2° Un enlèvement par escalade au moyen des compagnies de débarquement partagées en deux corps.

« Les canonnières doivent former deux groupes.

« Premier groupe : — *Le Cormoran*, bâtiment anglais, *la Mitraille* et *la Fusée*, bâtiments français, sous le commandement du capitaine Thoyon.

« Deuxième groupe : — *Avalanche* et *Dragonne*, bâtiments français, sous le commandement du capitaine Vrignaud. *Nemrod*, bâtiment anglais.

« Le premier groupe doit attaquer les forts de la rive sud ou rive droite ; — l'autre, ceux de la rive gauche, ou rive nord. — Ces deux groupes agiront simultanément.

XXXVI. — « Deux corps de débarquement sont désignés pour l'attaque des deux rives, l'un de 457 hommes

(289 de l'escadre anglaise, 168 de l'escadre française), se portera sur la rive gauche, et enlèvera les forts du nord ; — l'autre corps, comprenant 721 hommes (371 de l'escadre anglaise, 350 de l'escadre française), agira sur la rive droite : son action principale se portera sur le fort placé au nord de cette ligne de défense, car sa possession assure l'enlèvement de toutes les positions ennemies sur cette rive.

« Les forts de la rive gauche, battant de leurs feux les points de débarquement des troupes chargées d'enlever les défenses de la rive droite, devront être au préalable détruits et enlevés, et leur artillerie mise hors d'état de servir.

« Les obusiers de montagne seront alors débarqués et placés en batterie sur la campagne, pour arrêter tout retour offensif venant dans cette direction.

« Pendant ce temps, la colonne d'attaque chargée d'agir contre les forts de la rive gauche, une fois cette opération terminée, sera immédiatement réembarquée et jetée sur la rive droite, pour remplacer dans le fort du nord la colonne d'attaque spéciale de ce côté. — Cette clef de l'attaque générale doit rester fortement occupée, jusqu'à ce que toutes les défenses de l'ennemi soient aux mains des alliés.

« Dès que la colonne d'attaque des forts du sud verra arriver ce soutien, elle abordera aussitôt successivement toutes les positions et les enlèvera de vive force.

« Le corps de débarquement franco-anglais n'étant pas assez nombreux pour occuper tous les ouvrages, se concentrera dans les forts du nord et du milieu de la rive droite, ainsi que dans les courtines adjacentes.

XXXVII. — « Pendant ces différentes opérations, les canonnières d'attaque des forts du nord devront changer de mouillage, et se placer de manière à protéger les forts contre un retour de l'ennemi.

« Celles qui auront été employées à porter les troupes de débarquement, garderont avec soin les deux rives et établiront une vigie en tête de mât, pour surveiller les mouvements des troupes chinoises.

« Les capitaines des canonnières chargées de bombarder les forts ne doivent pas oublier qu'ils peuvent, par l'efficacité de leurs feux, assurer le succès, ou du moins empêcher qu'il soit trop chèrement acheté ; ainsi, ils devront s'appliquer spécialement à ruiner les défenses et à produire des éboulements de terrain pour faciliter l'escalade.

« Ils auront soin de faire occuper les hunes par les meilleurs tireurs des équipages, avec ordre de viser exclusivement les canonniers ennemis des faces contrebattues.

« Les canonnières chargées du transport des troupes, devront joindre leur feu à celui des autres canonnières, en prenant les forts d'enfilade et par derrière, de manière à jeter le désordre dans la défense ; celles de l'attaque du sud lanceront des obus sur le village de Ta-Koo, pour y allumer des incendies ; la vue des maisons en flamme dans ce village, où tout porte à croire que les mandarins militaires ont leur famille, doit contribuer à abattre leur moral. »

Le plan détaillait, en outre, avec le plus grand soin, les diverses phases de l'attaque et le rôle réservé à chacun, afin d'éviter toute confusion possible pendant l'action.— La rapidité et l'ensemble des mouvements étaient un point important pour assurer le succès, et pour frapper subitement l'ennemi, avant qu'il ait eu le temps de se reconnaître et de croire même à la possibilité d'un revers.

Le commandement des compagnies françaises de débarquement pour l'attaque des forts du sud, était donné au capitaine de vaisseau Reynaud. — Le capitaine de frégate Lévêque avait celui de la colonne d'attaque des forts du nord.

XXXVIII. — Le 19 mai, toutes les dispositions sont prises ; les commandants des bâtiments ont reçu leurs instructions sur les postes qu'ils doivent occuper pendant le bombardement des forts, et sur l'ordre de marche qu'ils doivent suivre (1).

(1) ORDRE GÉNÉRAL.

Demain matin les canonnières allumeront les feux à 6 heures et désaffourcheront immédiatement en levant l'ancre de jusant ; ces bâtimen*s* apiqueront leurs basses vergues, brasseront les vergues d'hune en pointe : les canonnières de l'attaque de la rive droite brasseront tribord, et celles de la rive gauche bâbord. Les parcs à brulôts qui pourraient gêner la manœuvre des ancres seront enlevés ; les filets d'abordage et les montants de tente seront enlevés.

Les canonnières, qui ont des hommes des compagnies de débarquement à leur bord, leur donneront du café demain matin.

Dès que les hommes des compagnies de débarquement auront pris

L'amiral Rigault de Genouilly se rend de sa personne, le soir, à bord de *l'Avalanche,* pour arrêter les derniers détails du combat.

le café, ils rejoindront les canonnières auxquelles ils sont affectés dans les embarcations qui les ont amenés.

Les canonnières destinées à l'attaque des forts seront les premières à aller prendre leur poste de combat et se mettront en marche pour prendre leur position, dans l'ordre suivant :

Attaque du nord :
    N° 1, *Cormorant.*
    N° 2, *Mitraille.*
    N° 3, *Fusée.*
Attaque du sud :
    N° 4, *Avalanche.*
    N° 5, *Dragonne.*
    N° 6, *Nemrod.*

La mise en marche n'aura lieu qu'après l'évitage au jusant, et au moment où *le Slaney* (n° 83), à bord duquel seront les deux amiraux, hissera les pavillons anglais et français au mât d'artimon.

Quand les bâtiments d'attaque auront pris leur position, *le Slaney* mettra en marche et sera suivi immédiatement par les canonnières qui portent les corps de débarquement de l'attaque du nord; ainsi *le Slaney* prendra le n° 7 de l'ordre général de marche; 8, *le Staunch* (91) 9, *Bustard;* 10, *Opossum* (94); (attaque de la rive nord, ou gauche), puis (attaque du sud, ou rive droite) : 11, *le Firm;* 12, *le Leven* (84).

Aucun bâtiment n'ouvrira le feu ou ne répondra à celui des Chinois, sans que l'ordre ne soit donné. Un pavillon jaune hissé à bord du *Slaney* indiquera l'ouverture du feu; ce signal sera répété par tous les bâtiments. Le feu sera maintenu tant que le pavillon jaune sera hissé.

Les officiers supérieurs, commandant les troupes de débarquement de la rive gauche, décideront du moment où ils devront descendre à terre.

Une boule noire à la tête du mât du *Slaney* indiquera le moment où l'on jettera à terre le corps de débarquement du sud.

Chaque canonnière gardera son grand canot et enverra toutes les autres embarcations mouiller en dehors de la ligne des feux avec un seul homme de garde, pour toutes les embarcations d'un même bâtiment.

Le capitaine de vaisseau, chef d'état-major,
REYNAUD.

Vers six heures du soir, les corps de débarquement, transportés à bord des canonnières anglaises et dans des canots remorqués, passent la barre de la rivière et viennent s'installer pour la nuit sur les canonnières françaises, mouillées en amont des forts.

La garnison de ces forts, qui suivait le mouvement des navires alliés, crut à une attaque subite ; les soldats chinois garnissaient les remparts ; les servants étaient à leurs pièces, et l'on pouvait encore, à travers les dernières lueurs du jour qui s'éloignait, distinguer des officiers qui allaient et venaient le long des batteries. Mais nos bâtiments et nos embarcations s'arrêtèrent à distance et la nuit entièrement venue, ne fut plus troublée que par le chant des matelots anglais et français qui répétaient en chœur de gais refrains.

XXXIX. — Les deux amiraux devaient diriger l'action en commun pendant l'attaque de mer, comme au moment du débarquement ; aussi ont-ils décidé qu'ils arboreraient leur pavillon sur le même bâtiment, afin d'éviter la lenteur et l'indécision dans la transmission des ordres.

L'apparition des deux pavillons unis par la fraternité d'armes, devait être le signal de se mettre en mouvement, aux canonnières désignées pour l'attaque des forts.

Elles ont reçu l'ordre d'allumer leurs feux à six heures du matin ; les parcs à brûlots qui peuvent gêner la manœuvre des ancres ont été enlevés ; les basses vergues sont apiquées, afin d'éviter les accostages dans le chenal étroit et sinueux que doivent parcourir les bâtiments.

Le 20, à huit heures du matin, la sommation des plénipotentiaires de France et d'Angleterre sera remise au commissaire impérial.

A dix heures, si une réponse favorable n'est point arrivée, l'attaque commencera.

XL. — Un peu avant huit heures deux embarcations se détachaient du groupe des bâtiments alliés. — A l'arrière de ces embarcations flottait le pavillon national, et à l'avant le pavillon parlementaire.

L'une portait le capitaine de vaisseau Reynaud, chargé de remettre la sommation de l'ambassadeur français ; l'autre, le capitaine anglais Hall du *Calcutta*. — Elles abordèrent ensemble sur la plage devant les forts, à l'endroit où une tente avait été élevée, depuis l'arrivée des bâtiments européens dans ces parages, pour servir aux différentes communications qui avaient eu lieu. Les deux officiers furent reçus par un mandarin d'un grade assez élevé, qui leur demanda l'objet de leur mission ; ceux-ci, sans donner aucune explication, lui remirent le message dont ils étaient porteurs, ajoutant seulement que ce message, dont les ministres de France et d'Angleterre attendaient la prompte réponse, était de la plus haute importance.

Pendant ce temps, une jonque portant un officier supérieur chinois s'était dirigée vers *l'America*, où flottait le pavillon amiral russe. Cet officier portait une communication au comte Poutiatine. — L'amiral russe profita de cette dernière occasion pour répéter encore à ce messager de conseiller aux autorités chinoises d'adhérer aux dernières propositions de la France et de l'Angleterre, s'ils ne voulaient voir se renouveler sur le Peï-ho les événements qui venaient de se passer devant Canton.

« Le succès des forces alliées n'est pas douteux, ajoutait l'amiral Poutiatine. »

XLI. — Mais les Chinois avaient fait de grands préparatifs de défense ; ils avaient élevé des retranchements, construit des batteries nouvelles, armé un très-grand nombre de pièces de gros calibre ; la garnison se composait des meilleures troupes tartares de l'Empire, auxquelles s'était jointe une partie de la garde impériale. Leur confiance était sans borne.

Certains de foudroyer leurs ennemis dès leur apparition, ils n'avaient aucune inquiétude sur l'issue d'une défense qu'ils étaient résolus de pousser jusqu'à ses dernières limites.

« — Eh bien ! répondit le messager chinois aux sollicitations de l'amiral russe, que les barbares viennent nous attaquer, nous sommes prêts ; s'ils ne l'osent pas, nous tirerons les premiers coups de canon. »

A dix heures, aucune réponse des autorités supérieures chinoises n'était parvenue.

CHAPITRE III.

XLII. — Les deux amiraux sont à bord du *Slaney*.

Le signal aux bâtiments de prendre leurs positions respectives est arboré.

A huit heures et demie environ, la jonque ralliait les forts.

Le Cormorant tient la tête de la ligne d'attaque des forts du nord ; — *l'Avalanche* conduit l'attaque du sud. — Le ciel est superbe, la rivière est calme ; la longue ligne des forts se dessine nettement le long de la plage, sentinelles silencieuses qui observent tous nos mouvements.

Avec la longue-vue, on distingue aux embrasures les gueules de bronze, on les compte, et l'on peut suivre les mouvements des soldats sur le sommet des remparts. Ces quelques instants d'attente sont solennels ; les cœurs battent d'impatience et tous les yeux attentifs sont fixés sur le bâtiment qui porte les commandants en chef.

Enfin les deux pavillons de France et d'Angleterre montent au mât d'artimon du *Slaney* et sont salués par les cris des équipages des deux nations.

C'est le signal.

Le Cormorant et *l'Avalanche*, qui forment toutes deux

têtes de colonnes, s'élancent en avant, — *la Mitraille* et *la Fusée* suivent *le Cormorant;* — *la Dragonne* et *le Nemrod* suivent *l'Avalanche.*

Après ces deux canonnières vient *le Slaney*, qu'accompagnent, dans l'ordre indiqué, les canonnières britanniques de deuxième ordre portant les corps de débarquement, et traînant à la remorque les embarcations des deux escadres.

Tous les bâtiments chargés des deux attaques doivent, pour atteindre l'endroit où ils prendront position, défiler devant la ligne de défense des ouvrages du sud, à une distance de cinq encâblures (1000 mètres), qui diminue progressivement et se réduit à une seule encâblure (200 mètres), au point d'attaque choisi par les amiraux.

Tous ont reçu l'ordre formel de ne pas commencer le feu et de ne pas répondre à celui des Chinois, avant d'avoir vu, à bord du *Slaney*, apparaître un pavillon jaune.
— Tant que ce pavillon restera hissé, le feu continuera.

XLIII. — A peine *le Cormorant* s'est-il mis en marche que tous les canons des forts et des batteries ennemis qui défendent la rive gauche, lancent à la fois leur première volée. C'est une effroyable détonation qui frappe soudainement les échos des deux rives et se perd lentement dans les horizons lointains. — Aux boulets des pièces de gros calibre, se joint une pluie de balles, lancées par les longs mousquets et par les fusils de remparts. On les entend siffler dans les cordages; les gréements et les mâtures sont déjà hachés par la mitraille.

Mais pas un coup de canon parti des bâtiments alliés ne répond encore au feu des forts, car le pavillon jaune n'apparaît point, afin de permettre aux canonnières, que la fumée de leur propre feu eussent aveuglées, de se diriger d'une manière certaine dans cette rivière étroite et difficile.

Les équipages ont reçu l'ordre de se coucher sur les ponts en défilant devant la ligne des ouvrages ennemis ; et au milieu de cet orage de fer, l'on voit seuls debout, les officiers à leur poste de batterie, et sur la dunette, le commandant et l'officier de manœuvre surveillant les mouvements du bâtiment, pour éviter les échouages ou les accostages.

XLIV. — Aussitôt que les canonnières atteignent leur poste de combat, le signal d'ouvrir le feu leur est donné.

Les équipages se relèvent aussitôt aux cris de : Vive l'Empereur ! et à ce cri mille fois répété répond une décharge générale de toute l'artillerie navale. Les meilleurs tireurs, placés dans les hunes, sont armés de carabines et atteignent avec une grande précision les canonniers ennemis. — Bientôt un immense nuage de fumée enveloppe la rivière et les forts. A travers cette fumée compacte, on voit étinceler çà et là des flammes sur les eaux tranquilles du Peï-ho ; — ce sont des bateaux enflammés que les Chinois ont lancés comme brûlots au courant du fleuve ; des embarcations sont aussitôt envoyées pour les détourner et les échouer sur la rive, où ils se consument inoffensifs.

Pendant ce temps, les boulets, les obus, la mitraille sifflent dans l'espace et s'abattent sur les ouvrages qui commencent déjà à s'ébrécher, sous les terribles projectiles de nos canons rayés. — *Le Slaney*, qui porte les pavillons amiraux, n'a qu'une seule pièce de gros calibre, mais ses coups sont sûrs et frappent au but.

Depuis près d'une heure, le feu général a commencé.

Les armements des forts ont subi de grands désastres ; bon nombre de pièces égueulées ou renversées de leurs affûts brisés, sont hors d'état de servir ; mais les Chinois n'abandonnent pas encore la place et se portent aux canons encore debout. Les artilleurs frappés par les balles de nos habiles tireurs, sont immédiatement remplacés.

La ténacité de la défense est remarquable surtout dans les forts du sud : ceux du nord offrent moins de résistance. A onze heures, leur feu était complétement éteint. Il faut en attribuer la cause aux ravages que l'artillerie des bâtiments fit tout à coup dans ces ouvrages, où la garnison, mal abritée, avait horriblement souffert. — Une grande partie des bâtiments était effondrée par les obus qui avaient éclaté à l'intérieur. Lorsque nos soldats les occupèrent, on compta dans une seule batterie vingt-neuf canonniers étendus morts derrière leurs pièces. Le commandant du fort avait la tête emportée par un boulet.

XLV. — Les embarcations chargées des troupes qui doivent agir de ce côté ont aussitôt abordé la rive : les marins et soldats munis des échelles d'escalade s'élancent sur le banc de vase dont la plage est bordée et disparaissent au milieu des roseaux qui, sur toute l'étendue de la rive, croissent en grand nombre. A la tête des assaillants sont le commandant Lévêque, du *Phlégéthon*, et le capitaine anglais Nicholson ; avec eux marche l'aide de camp du commandant en chef, le lieutenant de vaisseau Ribourt. — A l'approche des compagnies de débarquement, l'ennemi abandonne les forts et se jette dans la campagne, où le poursuit encore les obus des canonnières.

Cependant les forts de la rive droite et la courtine qui relie entre eux les différents ouvrages, sont ravagés par nos projectiles ; à peine si quelques pièces essayent encore de faire feu. Le chef d'état-major de l'amiral, le brave commandant Reynaud, et le capitaine Hall, du *Calcutta*, ont sauté à terre avec les détachements qu'ils commandent. Les hommes enfoncent dans la vase jusqu'aux genoux et luttent avec effort contre ces terrains fangeux ; rien ne les arrête, ils se relèvent, et franchissent ainsi toute la partie marécageuse ; puis se forment en pelotons. Les premiers ont atteint déjà les ouvrages ; ils se glissent entre les talus et abordent rapidement le pied des remparts ; d'autres s'élancent par les embrasures démantelées, ou gravissent sur différents points, avec l'aide des échelles. — Les amiraux Rigault de Genouilly et Seymour, après avoir envoyé leurs dernières instructions aux capitaines Nicholson et Lévêque, traversent les vases et suivent cette colonne.

XLVI. — Un gros corps de cavalerie tartare et 400 hommes d'infanterie environ sont sortis du village de Ta-koo, distant environ des forts de 12 à 1500 mètres ; ils se forment en bataille et semblent vouloir charger nos tirailleurs. Mais les balles des carabines sont aussitôt dirigées contre eux ; les chevaux frappés à mort se renversent sur leurs cavaliers, jetant la confusion dans les rangs, et cette troupe, s'éloigne pour ne plus reparaître.

De leur côté, les défenseurs des forts n'ont pas essayé une résistance inutile ; s'ils ont soutenu avec une véritable énergie le feu terrible de nos canons et les balles meurtrières de nos tirailleurs, ils n'osent pas attendre, de pied ferme, l'attaque corps à corps des colonnes d'assaut. — Épouvantés par leur apparition à laquelle ils ne s'attendaient pas, les Chinois qui étaient dans l'intérieur des ouvrages, ainsi qu'une réserve massée en arrière, gagnent la plaine par toutes les issues. — Au milieu des tentes incendiées par nos obus, quelques groupes de soldats tartares tentent cependant de combattre ; mais cette lutte terrible à l'arme blanche, dont ils n'ont aucune idée, jette promptement l'épouvante au milieu d'eux, ils se dispersent en poussant des cris, et nos hommes les poursuivent quelque temps à travers les champs, franchissant les fossés à leur suite.

A chaque pas ce sont des tentes bouleversées et à demi consumées, de la poudre noyée dans la nappe fangeuse qui avoisine les berges du fleuve, des débris d'arcs, des flèches à fusées éparpillées çà et là ou réunies en monceaux, des obus, des fusils à mèche, des bannières traînant à terre, puis des boulets, des gingalls symétriquement rangés et des paquets de mitraille.

Il est midi. — Toute la ligne des forts est en notre possession, et les drapeaux de France et d'Angleterre ont remplacé les étendards impériaux.

XLVII. — Deux heures avaient suffi pour réduire ces importants ouvrages qui possédaient un armement de 284 bouches à feu, dont 180 de gros calibre. — Le gouverneur comptait avec une foi aveugle, pour barrer le passage de la rivière, sur la puissance de ces défenses accumulées, et sur le front imposant des batteries qui devaient inévitablement couler les canonnières alliées à l'embouchure du Peï-ho.

Les camps installés derrière les forts prouvaient, en outre, que la garnison avait été renforcée d'un corps de réserve considérable.

Le commandant des forts, en face de cette victoire si soudaine et si inattendue, était tombé du plus grand aveuglement dans l'accablement le plus profond. Il avait vu ses canons réduits au silence et gisant au milieu des débris incendiés, semblables à des êtres vivants que la mort eût frappés ; il avait vu ses soldats en fuite, et sachant trop bien le sort que lui réservait une semblable défaite, il s'était donné lui-même la mort.

Ce brillant et rapide succès avait coûté à la marine française quatre jeunes officiers, tous les quatre emportés par des boulets : M. Bidaux, enseigne de vaisseau de *la Mitraille;* — M. Froussard, commis d'administration du même bâtiment; — M. Baratier, aspirant de 1re classe, faisant fonction d'officier sur *la Dragonne;* — M. Porquet, enseigne de vaisseau, second de *la Fusée.*

M. Regnault, enseigne de vaisseau, était très-gravement atteint d'une balle au cou.

XLVIII. — Les compagnies chargées de la garde des forts sont déjà formées et occupent leurs postes. — Ces ouvrages, très-solidement bâtis, étaient, du côté qui regarde la mer, recouverts de terre. Puissamment armés, ils étaient, en outre, protégés par un camp retranché, et avaient comme auxiliaires les obstacles naturels qu'offrait la rivière, qui se fraye dans les vases un chenal étroit.

Tout à coup une sourde détonation se fait entendre, et une noire colonne de fumée s'élève en tourbillonnant dans les airs. — Une poudrière à laquelle des débris d'affûts enflammés par nos obus avaient mis le feu, venait d'éclater dans le fort du nord. A peine le bruit sinistre de cette fatale explosion a-t-il cessé, que des gémissements se font entendre au milieu des décombres qui gisent sur le sol : ce sont les derniers cris d'agonie des malheureux ensevelis sous les ruines fumantes.

Un corps français occupait ce fort et travaillait à éteindre l'incendie, lorsque ce terrible événement vint jeter le deuil dans notre triomphe.

Il n'est pas de spectacle plus affreux que celui d'une semblable catastrophe. Les hommes éperdus, à demi brûlés, affolés par la douleur, aveuglés par le sang et la fumée se soutenaient à peine sur leurs membres chancelants, et les bras ouverts, éperdus, insensés, ils cherchaient à fuir ce sol brûlant qui se dérobait sous leurs pas. Quelques-uns s'élançaient du haut des remparts sur le glacis, et roulaient dans le fossé circulaire, ou se débattaient dans l'eau fangeuse avec des cris étouffés ; plusieurs étaient affreusement mutilés.

L'amiral Rigault de Genouilly accourut et organisa les premiers secours; c'était parmi tous ceux qui se trouvaient présents une noble émulation de dévouement, de courage, d'abnégation personnelle, et chacun rivalisait d'ardeur pour se précipiter au milieu des ruines et en arracher des victimes. — Plus de quarante personnes avaient été atteintes par l'explosion; parmi les blessés, se trouvait le lieutenant de vaisseau Vériot, qui commandait la compagnie de débarquement de *la Némésis*.

XLIX. — Pendant que ces tristes faits se passaient à terre, et que l'on démantelait les forts de la rive droite et ceux de la rive gauche pour se concentrer dans le fort du nord de la rive sud, deux canonnières françaises, *l'Avalanche* et *la Fusée*, et deux canonnières anglaises avaient reçu l'ordre d'aller réduire au silence une batterie qui, élevée au coude de la rivière, la prenait d'enfilade. — Cette batterie, armée de neuf canons de fort calibre et de six obusiers de 18 centimètres, inquiétait les bâtiments mouillés devant les forts.

Un détachement du corps de débarquement anglais

qui avait agi sur la rive gauche, se dirigeait en même temps par terre, sous les ordres du capitaine Nicholson, avec mission de prendre la batterie à revers. — Une fois les berges du Peï-ho dépassées, le terrain vaseux disparaissait et le sol devenait favorable à la marche des troupes.

Ce mouvement simultané des troupes et des canonnières, fut exécuté avec ensemble et jeta l'effroi parmi les défenseurs de cette batterie, qu'avait déjà démoralisés la vue des drapeaux étrangers flottant sur les forts conquis. — A peine les canonnières eurent-elles lancé quelques boulets, que les Chinois, craignant de voir leur retraite coupée par le détachement qui menaçait de les tourner, abandonnèrent aussitôt cette dernière batterie et gagnèrent en désordre l'intérieur des terres. — L'ouvrage fut aussitôt occupé par la colonne anglaise; les canons furent encloués et culbutés.

Les bâtiments continuèrent ensuite leur mouvement en avant en longeant le village de Ta-koo, qui s'étend sur la rive et se développe dans la campagne. Ce village est une réunion assez considérable de maisons basses, d'un seul étage presque toutes, construites en terre et séparées par d'étroites ruelles. Une seule pagode s'élève au milieu; c'est la maison sacrée. — A chaque instant, on apercevait sur les berges des pièces d'artillerie destinées à balayer le cours de la rivière; mais un effroi si subit s'était répandu dans l'armée et dans la population chinoise, que tous ces canons qui eussent pu faire grand mal aux forces alliées, avaient été tous abandonnés.

A l'extrémité du village, les canonnières furent arrêtées par un barrage de jonques amarrées avec des chaînes, barrage soutenu par une batterie de quinze pièces d'artillerie; mais leurs défenseurs avaient disparu.

L. — Les deux amiraux, après avoir organisé l'occupation des positions conquises, s'étaient de nouveau embarqués sur *le Slaney* pour remonter en rivière, afin d'étudier soigneusement son cours, et de prévenir toute attaque imprévue de ce côté. — Arrivés devant cette estacade, les commandants en chef décidèrent qu'ils la conserveraient pour protéger les bâtiments contre les brûlots que l'ennemi pourrait encore lancer du haut du fleuve; la garde en fut confiée aux canonnières françaises, *la Dragonne* et *la Fusée*, et à deux canonnières anglaises. — D'autres bâtiments prirent position au coude de la rivière, à l'endroit même où se trouvait la batterie d'enfilade chinoise, formant ainsi une bonne ligne de communication jusqu'à ceux qui assuraient la garde des forts.

On savait par les prisonniers que les troupes impériales étaient en retraite sur Tien-tsin. — Les commissaires chinois s'étaient arrêtés à un village situé à trois lieues au-dessus de Ta-koo, et de cet endroit avaient expédié des courriers à Pé-king, pour porter à la connaissance de la cour impériale la prise des forts du Peï-ho.

LI. — Il ne fallait point perdre de vue le projet formé par les ambassadeurs de remonter cette rivière pour se rapprocher de Tien-tsin. Le rapide triomphe que l'on venait d'obtenir devait faciliter cette opération, et la présence des forces navales alliées dans le haut du fleuve pouvait exercer une favorable influence sur l'esprit des hautes autorités chinoises, en leur enlevant tout espoir de prolonger plus longtemps les formes évasives de leur politique habituelle.

Dès le 22, deux canonnières anglaises de petite dimension, ayant à bord les amiraux, avaient dépassé l'estacade et avaient poussé une première exploration. — L'examen des conditions générales de la rivière et des sondes fit espérer aux deux commandants en chef qu'il leur serait possible de remonter assez haut.

Le lendemain, l'amiral Rigault de Genouilly arborait son pavillon sur *l'Avalanche*, commandée par le lieutenant de vaisseau Lafond; l'amiral Seymour arborait le sien sur *le Coromandel; la Fusée* et trois canonnières anglaises avaient aussi reçu l'ordre d'appareiller.

A six heures et demie, la flottille lève l'ancre par un temps superbe et dépasse l'estacade des jonques. Deux petites canonnières anglaises ouvrent la marche, sondant et explorant le fleuve; puis viennent *la Fusée* et *l'Avalanche*. — *Le Coromandel* et deux canonnières anglaises ferment la ligne. — L'ingénieur hydrographe, M. Ploix, est sur la canonnière d'avant-garde pour signaler les passages dangereux et recueillir les sondes que contrôle à son tour chaque navire.

De forts détachements d'infanterie de marine anglaise et française ont été embarqués, et les canonnières

traînent à la remorque les chaloupes et les canots de
secours.

LII. — Ce voyage d'exploration dans des parages où
n'avait jamais pénétré aucun bâtiment étranger, présentait un intérêt puissant. On marchait dans l'inconnu pour
atteindre un but inconnu lui-même ; car l'on ignorait
complétement s'il serait possible de remonter le fleuve
jusqu'à Tien-tsin, et des obstacles infranchissables pouvaient tout à coup arrêter la flottille et la contraindre,
soit à rester immobile, soit à rebrousser chemin.

Aussi dans cette course audacieuse, rien n'était indifférent à l'œil explorateur des marins, habitués à la rude
responsabilité de ces courses aventureuses ; le moindre
indice avait sa valeur.

La rivière, fort étroite, présentait d'innombrables sinuosités, et il fallait une grande précision de manœuvre
pour tourner les pointes aiguës, qui fort heureusement
donnaient une assez bonne profondeur d'eau.

Les berges étaient presque partout couvertes de longs
roseaux. Aussi loin que le regard pouvait s'étendre, on
n'apercevait que des salines. — Peu à peu, des terrains
cultivés jusqu'aux rives mêmes du fleuve, donnèrent à
ce pays l'animation vitale qui lui manquait. — C'étaient
de petits champs en pleine culture, entourés d'arbres ;
ils avoisinaient des villages, construits en terre, avec
une certaine élégance.

A mesure que la flottille d'exploration approchait,
les habitants accouraient, et après de grandes saluta-

tions auxquelles se joignaient des signes de respect, ils s'asseyaient sur les berges et regardaient avec étonnement passer les canonnières avec leurs colonnes de fumée qui, bientôt poussées par le vent, s'élevaient dans le ciel en formant les dessins les plus bizarres.

Toutes les jonques que l'on rencontrait, et elles étaient nombreuses, recevaient l'ordre de descendre la rivière et d'en sortir; car, à un moment donné, ces jonques, coulées bas, eussent entièrement barré le passage. — Dans plusieurs endroits étaient entassés des monceaux de joncs et de paille de millet, qui eussent pu être transformés en radeaux enflammés. — La position périlleuse dans laquelle on se trouvait commandait la plus grande prudence; il fallait tout craindre, tout prévoir, se méfier enfin de tout; aussi mettait-on le feu à ces meules, chaque fois que l'on en rencontrait.

Vers trois heures, après une navigation dont les difficultés se renouvelaient à chaque pas, on arriva devant un village assez considérable. — Après l'avoir dépassé, la flottille jeta l'ancre pour la nuit. *Le Coromandel* poussa en avant et alla mouiller à un ou deux milles au-dessus.

LIII. — La nuit fut calme; les premières heures avaient été éclairées par les incendies des meules de jonc et de paille qui répandaient au loin, autour d'eux, d'immenses lueurs rougeâtres. Ces lueurs grandissaient ou s'affaissaient tout à coup en courant comme des feux aériens, et donnaient un aspect fantastique à cette partie de la rivière.

Le lendemain, les canonnières de découverte prennent les devants; elles reviennent quelques heures après : le passage est libre.

L'escadrille se remet alors en route, marchant de jusant, de manière à se réserver le secours du flot, en cas d'échouage; car, malgré toutes les précautions prises et une surveillance excessive de manœuvre, on ne pouvait que rarement les éviter.

« Je ne relaterai pas jour par jour écrit au ministre l'amiral Rigault de Genouilly (1) toutes les difficultés de cette navigation si ardue, et dont les complications augmentaient à mesure que nous avancions; il suffira à Votre Excellence de savoir que nous avons mis quatre jours à parcourir les cinquante-quatre milles qui séparent Tien-tsin de l'embouchure du Peï-ho. »

LIV. — Ce fut en effet le 26, à huit heures du soir, que les bâtiments arrivèrent devant Tien-tsin. — Mais fallait-il se souvenir des difficultés vaincues en face d'un tel résultat? Nos navires étaient à l'ancre devant cette ville interdite aux Européens et qui se croyait si redoutablement protégée, non-seulement par les nombreuses défenses qui barraient l'entrée du Peï-ho, mais par les obstacles naturels de ce fleuve, réputé innavigable pour des bâtiments de guerre. — C'était un fait considérable qui terrifiait soudainement les Chinois, endormis depuis tant d'années dans une confiance

---

(1) Dépêche en date du 3 juin 1858.

aveugle, et devait amener une révolution complète dans les relations des puissances occidentales avec le Céleste-Empire. — Car, c'est à Tien-tsin que dans l'avenir, soit pacifiquement, soit par la force des armes, viendront se vider toutes les difficultés avec le Céleste-Empire ; en trois marches une armée peut venir frapper aux portes mêmes de Pé-king. — Le mystère qui protégeait les abords de cette grande cité était ainsi mis à jour.

La route que venait de parcourir la petite flottille s'était opérée sans coup férir. Quelques obus lancés par les canonnières dans la campagne sur des rassemblements de troupes, et notamment sur des escadrons de cavalerie tartare, qui semblaient vouloir se rapprocher des berges, avaient suffi pour les arrêter et les disperser.

Le feu avait, en outre, été mis à une certaine quantité de jonques, dont les patrons s'étaient refusés à débarrasser les rives et à sortir du fleuve.

Ce furent les seuls actes d'hostilité auxquels les commandants en chef durent avoir recours pour assurer leur marche et garantir la sécurité des bâtiments engagés dans cette dangereuse passe (1).

(1) *Dépêche de l'amiral au ministre de la marine.*

Devant Tien-tsin, 3 juin 1858.

« La plus grande partie des canonnières est mouillée bord à quai, au point d'intersection de la rivière du Peï-ho et du grand canal impérial. Deux canonnières d'avant-garde sont amarrées à l'embouchure d'un autre affluent du Peï-ho à un mille de nous. — Au delà du mouillage de ces canonnières, l'eau manque complétement. »

LV. — Dans la position que l'on avait prise, toute résistance pouvait être facilement dominée. — De plus, la ligne de communication avec l'embouchure du fleuve, incessamment parcourue par les canonnières légères, était entièrement libre ; les hauts plénipotentiaires pouvaient donc en toute sécurité remonter jusqu'à Tien-tsin, et ils en reçurent aussitôt l'avis.

Les nouvelles parvenues aux commandants en chef rendaient en outre urgente la présence des ambassadeurs. En effet, les amiraux avaient reçu en communication, et cela sans aucun commentaire, une copie d'un décret impérial de date toute récente.

Il était conçu en ces termes :

« Nous ordonnons à Kweiliany, premier secrétaire d'État, et à Hwashana, président du conseil des affaires civiles, de se rendre par la route de poste au port de Tien-tsin pour examiner et régler les affaires. — Respectez ceci. »

Le décret prouvait l'importance qu'avait eue, aux yeux du gouvernement chinois, la prise des forts du Peï-ho et la présence de nos canonnières en vue de Tien-tsin.

La cour de Pé-king comprenait évidemment que toute résistance devenait superflue et que cette ville serait bombardée et ruinée, si l'on ne se décidait pas à traiter avec les puissances européennes. — Or, Tien-tsin, par sa position près de la capitale de l'Empire, est un des plus riches et des plus considérables affluents du commerce. C'est le grenier de la capitale. Son occupation à main armée par les alliés pouvait amener les conséquences les plus fatales, et jeter tout à coup la famine et la misère au cœur même de la Chine.

On peut rapprocher ce décret du jugement qui fut rendu par le conseil des châtiments contre les mandarins civils et militaires qui n'avaient pas su empêcher la prise et la destruction des forts élevés à l'embouchure du fleuve (1). Ce jugement montre la responsabilité capitale que le gouvernement chinois fait peser sur ses agents, en cas d'échec.

Le commandant des forts du Peï-ho, en se donnant volontairement la mort, n'avait fait qu'arracher une victime au bourreau.

LVI. — *L'Avalanche* et *le Coromandel* sont venus se

---

(1) Le prince de Hwui et quelques autres, de concert avec le conseil des châtiments, ont présenté un mémoire détaillant les diverses punitions que les lois prononcent contre les différents officiers que nous les avions chargés de juger à l'occasion de la perte du fort de Tien-tsin. Les officiers déjà dégradés sont : Chang-Tien-Yuen, commandant en chef de l'armée chinoise du Chih-li, Tanien, chargé du commandement de la division du Tien-tsin; et Tehkwei, commandant chargé de la défense de Ta-koo. Tan-Ting-Siang leur avait donné l'ordre d'occuper et de défendre les forts de Ta-koo, sur les rives nord et sud de la rivière, Fulehtunt'ai, lieutenant général des porte-étendards, ayant campé à Chung-pau, sur les derrières de Chang-Tien-Yuen et des autres, afin de les soutenir. Lorsque les Barbares ont ouvert le feu, ils ont fait tout ce qu'ils ont pu pour les tenir à distance, ont frappé et endommagé quatre vaisseaux barbares, et ont tué plusieurs soldats barbares; néanmoins, tous les forts et tous les canons ont été pris; certainement leur crime est impardonnable. La loi ordonne que Fulehtunt'ai, Chang-Tien-Yuen et Tanien soient convenablement décapités; ils seront emprisonnés jusqu'à la fin de l'automne et puis mis à mort.

placer au point de jonction du Peï-ho avec le canal impérial, pour surveiller cet important passage.

Le 30, au point du jour, *le Slaney* arrive portant le baron Gros et lord Elgin.

L'America amène le comte Poutiatine et M. Reed. — Sur tout le parcours du fleuve, les habitants des rives, tranquilles et confiants, avaient repris leurs travaux. Le mouvement continuel des canonnières qui sillonnaient la rivière n'avait plus rien qui pût ou dût les étonner; ils semblaient rester étrangers, aussi bien aux événements qui s'étaient accomplis, qu'à ceux qui devaient s'accomplir encore.

A Tien-tsin, le Peï-ho se partage en deux cours. — L'un est la continuation du grand canal impérial qui va aboutir au Yang-tse-kiang; l'autre se dirige vers Pé-king, capitale de l'Empire. A un mille au-dessus de Tien-tsin, ce bras du fleuve n'offre plus que très-peu d'eau, et devient seulement praticable aux jonques de petite dimension.

Quant à la ville elle-même, qui est entourée de murailles, elle est peu considérable, et se compose en grande partie de misérables maisons en terre, habitation des soldats, des employés du gouvernement et d'une population en apparence très-pauvre ; mais autour des murs s'étendent d'immenses faubourgs qui contiennent un grand nombre de jolies maisons en brique et des yamouns habités par de riches négociants qui monopolisent le commerce du riz et du sel des provinces de la Chine avec celle du Pe-tchi-li. Les maisons, pressées les unes contre les autres, s'entassent jusqu'au bord de la rivière, où l'on voit s'élever un assez grand nombre de kiosques élégants et pittoresques. — C'est là que les plus notables habitants de ces faubourgs viennent, pendant les chaleurs écrasantes de l'été, chercher l'air et la fraîcheur sous l'ombre des grands arbres, dont les cimes élevées se mirent dans les eaux paisibles du fleuve. Toute la vie réelle de Tien-tsin s'est concentrée dans ces faubourgs, construits sur les deux rives du grand canal impérial; ils se relient entre eux par de nombreux ponts, dont quelques-uns en pierres et d'autres formés avec des bateaux, servent à la circulation incessante d'une population agglomérée, comme dans toutes les villes chinoises.

Sur la rive gauche du Peï-ho, les maisons sont en moins grand nombre, mais on y voit d'immenses magasins de sels, de riz et de grains.

L'habitation choisie pour les ambassadeurs est un immense yamoun sur le bord de la rivière; il se compose de plusieurs corps de bâtiments entourés de jardins et de beaux arbres séculaires, dont les branches chargées de feuillages étendent au loin leur ombre.

Ce yamoun servait autrefois de résidence d'été à l'empereur Kien-Houng, l'un des ancêtres de l'empereur régnant. — Aujourd'hui ce palais est dégradé et fort peu digne de sa noble origine, que l'on ne soupçonnerait pas en le parcourant, si diverses inscriptions ne venaient en attester le souvenir.

Au pied même de ses murailles, sur lequel flottent

les deux pavillons de France et d'Angleterre, sont amarrées *l'Avalanche, la Dragonne, la Fusée, le Cormorant, le Nemrod* et *le Coromandel*.

LVII. — L'arrivée à Tien-tsin des deux commissaires impériaux, munis cette fois *de pleins pouvoirs*, et l'allure toute pacifique de nos relations avec les autorités supérieures de la ville, faisaient présager que la paix allait enfin se conclure entre les puissances occidentales et le Céleste-Empire; mais ces apparences, toutes favorables qu'elles étaient, pouvaient d'un instant à l'autre changer d'aspect et prendre un caractère d'hostilité, sans que la cour de Pé-king se crût en rien engagée, si son intérêt ne le lui ordonnait pas impérieusement.

« C'est pour cette raison, écrit l'amiral Rigault de Genouilly (1), que l'amiral Seymour et moi, nous avons résolu de faire venir du sud un certain nombre de troupes. M. le général van Straubeuzée ayant reçu de l'Inde et de l'Australie d'importants renforts, est en mesure de détacher de la garnison de Canton environ 1000 hommes qui vont remonter ici. J'appelle itérativement à moi les troupes venues sur *la Gironde*, dont l'arrivée à Hong-kong vient de m'être annoncée. Toutes ces troupes seront casernées à terre; leur présence pèsera sur les négociations et en déterminera, il faut l'espérer, le plein succès en faisant redouter au gouvernement chinois une marche en avant. »

(1) Dépêche au ministre. Devant Tien-tsin, 3 juin 1858.

Ces précautions répondaient au caractère chinois et à sa tortueuse diplomatie. — Toute marque de mansuétude, de bon vouloir ou de conciliation que n'accompagnerait pas un déploiement de forces imposant, serait regardée comme une preuve évidente de crainte ou de faiblesse, et amènerait un revirement subit dans les négociations entamées. Il fallait donc, jusqu'à la fin, en imposer aux autorités chinoises, et leur faire comprendre que de nouvelles hésitations entraîneraient la continuation immédiate des hostilités.

Sous cette pression, la cour de Pé-king allait enfin admettre les justes réclamations auxquelles elle s'était si longtemps refusée, et reviser les anciens traités, à la satisfaction des gouvernements étrangers.

Nous ne pensons pas qu'il soit d'un grand intérêt de suivre jour par jour les incidents qui se succédèrent jusqu'à la signature du traité de la Chine avec la France, conclu le 27 juin 1858.

LVIII. — Nous allons seulement jeter sur leur ensemble un coup d'œil rapide.

Le 2 juin, les commissaires impériaux arrivent.

Le 3, suivant l'usage chinois, ils envoient de grandes cartes en papier rouge, sur lesquelles sont inscrits leurs noms et leurs titres, et font savoir aux ambassadeurs qu'ils sont munis de pleins pouvoirs; ils indiquent le jour de la première entrevue.—Dans cette communication, ils prennent officiellement le titre de *commissaires et ministres impériaux*. Il leur est fait réponse, que tout devant faire supposer qu'ils étaient enfin revêtus par leur souverain de pouvoirs aussi étendus que ceux des ambassadeurs alliés, l'entrevue qu'ils fixaient était acceptée. Le lieu désigné est une pagode située dans une petite plaine en dehors de la ville, à petite distance de la muraille d'enceinte; c'est un temple bouddhiste qui date à peine de deux siècles, et auxquels les Chinois n'attachent pas par conséquent le prestige sacré de l'antiquité.

Le 4, lord Elgin fait une visite officielle aux commissaires impériaux. — Le baron Gros a décidé qu'il s'y rendrait le 6.

Une foule compacte encombre les abords de la pagode et la route que suit le cortége. Cette foule est silencieuse, impassible; mais elle contemple avec des regards avides ces étrangers si subitement apparus.

La chaise de notre ambassadeur, portée par huit coolies, vêtus de robes de soie grise bordées de rouge, et ayant sur leur chapeau des franges aux couleurs nationales, s'arrête devant la pagode.

Les deux commissaires impériaux, environnés de mandarins à globules de toute couleur, viennent sur le seuil recevoir le plénipotentiaire de la France.

Après les compliments d'usage, les pleins pouvoirs sont échangés. Ceux des nouveaux commissaires n'ont peut-être pas toute l'étendue qu'on aurait pu désirer; mais cependant ils ne sont pas de nature à empêcher l'ouverture de négociations pacifiques. — Notre ambassadeur demande alors, si les plénipotentiaires chinois sont informés des justes réclamations adressées par le gouvernement français, et de sa volonté expresse d'obtenir entière satisfaction pour le meurtre du missionnaire Chapdelaine. — Sur leur réponse affirmative, le baron Gros, après avoir accepté une collation qui lui est offerte, reprend le chemin de son yamoun.

LIX. — C'est un usage chez les hauts dignitaires chinois de ne point discuter eux-mêmes les affaires, mais de les traiter par intermédiaires; aussi, quelques jours plus tard, la discussion des différents articles du traité commença régulièrement, avec M. de Bellecourt, premier secrétaire d'ambassade, désigné pour remplir cette mission. — Pour cause de maladie, il fut remplacé par M. de Contades.

Déjà le traité est signé entre la Chine et la Russie. — Ce traité porte la liberté de conscience pour les chrétiens chinois de toute dénomination et la libre circulation des missionnaires dans toute l'étendue de l'Empire, ainsi que l'admission temporaire à Pé-king des agents diplomatiques de la Russie qui auraient des réclamations à présenter au gouvernement.

Le point le plus difficile des négociations entre les hauts commissaires et les plénipotentiaires de France et d'Angleterre portait sur la résidence permanente à Pé-king des agents diplomatiques. Les mandataires chinois se montraient prêts à toutes les autres concessions et s'offraient à signer immédiatement le traité de paix, si les ambassadeurs n'exigeaient aussi que la résidence temporaire de leurs agents.

Le port de Tien-tsin, livré au commerce, leur donnait aussi de grandes inquiétudes par son rapprochement de la capitale, et pouvait, disaient-ils, être remplacé par l'ouverture d'un autre port important.

La Russie et l'Amérique ayant déjà accepté la résidence temporaire dans leurs traités (1), il eût été dangereux de retarder encore la conclusion de la paix par une exigence à laquelle le gouvernement chinois déclarait qu'il ne consentirait jamais, d'autant plus que sur toutes les autres questions, les deux nations alliées obtenaient entière satisfaction.

Les ambassadeurs cédèrent donc d'un commun accord sur cet article (2).

LX. — Ce fut le 27 juin, à sept heures du soir, que le

---

(1) Traité conclu à Tien-tsin entre Sa Majesté l'Empereur de toutes les Russies et Sa Majesté l'Empereur de la Chine, le 1ᵉʳ juin 1858.
Traité de paix, d'amitié et de commerce entre les États-Unis d'Amérique et la Chine, le 18 juin 1858.
(Voir les *Archives diplomatiques*, tome deuxième, avril 1861).

(2) *Traité de paix avec la Chine.*

Art. 2. Pour maintenir la paix si heureusement rétablie entre les deux Empires, il a été convenu entre les hautes parties contractantes qu'à l'exemple de ce qui se pratique chez les nations de l'Occident, les agents diplomatiques dûment accrédités par Sa Majesté l'Empereur des Français auprès de Sa Majesté l'Empereur de la Chine pourront se rendre éventuellement dans la capitale de l'empire, lorsque des affaires importantes les y appelleront.

Il est convenu entre les hautes parties contractantes que si l'une des puissances qui ont un traité avec la Chine obtenait pour ses agents diplomatiques le droit de résider à poste fixe à Pé-king, la France jouirait immédiatement du même droit.

baron Gros signa à Tien-tsin le nouveau traité d'amitié, de commerce et de navigation avec la Chine.

Six nouveaux ports importants étaient ouverts au commerce (1).

Les missionnaires pouvaient parcourir l'intérieur du Céleste-Empire sous la protection du gouvernement chinois, qui reconnaissait le droit à tout individu en Chine d'embrasser le christianisme et d'en suivre les pratiques avec entière liberté.

Tout ce qui avait été proclamé ou publié contre le culte chrétien était déclaré sans valeur (2).

---

(1) Art. 6. L'expérience ayant démontré que l'ouverture de nouveaux ports au commerce étranger est une des nécessités de l'époque, il a été convenu que les ports de Kiung-tchau et Chaou-chaou dans la province de Kouang-ton, Taïvan et Taashwi dans l'île de Formose, province de Fo-kien; Tan-tchau dans la province de Chan-tong et Nankin dans la province de Dian-nan, jouiront des mêmes priviléges que Canton, Shang-haï, Ning-pô, Amoy et Fou-tchéou.

Quant à Nankin, les agents français en Chine ne délivreront de passeports à leurs nationaux pour cette ville, que lorsque les rebelles en auront été expulsés par les troupes impériales.

(2) Art. 13. La religion chrétienne ayant pour objet essentiel de porter les hommes à la vertu, les membres de toutes les communions chrétiennes jouiront d'une entière sécurité pour leurs personnes, leurs propriétés et le libre exercice de leurs pratiques religieuses, et une protection efficace sera donnée aux missionnaires qui se rendront pacifiquement dans l'intérieur du pays, munis de passe-ports réguliers dont il est parlé dans l'article 8. Aucune entrave ne sera apportée par les autorités de l'empire chinois au droit qui est reconnu à tout individu en Chine d'embrasser, s'il le veut, le christianisme et d'en suivre les pratiques sans être passible d'aucune peine infligée pour ce fait.

Tout ce qui a été précédemment écrit, proclamé ou publié en Chine par ordre du gouvernement contre le culte chrétien est complétement abrogé et reste sans valeur dans toutes les provinces de l'empire.

Les Français, sous quelque inculpation qu'ils fussent arrêtés, devaient être remis au consul et jugés selon les lois françaises (1).

Enfin, par un article séparé, servant de complément au traité, et ayant mêmes force et valeur que le traité lui-même, le magistrat coupable du meurtre du missionnaire français Chapdelaine était dégradé et déclaré incapable d'exercer jamais aucun emploi (2).

Tels étaient en substance les points principaux nettement définis du nouveau traité de Tien-tsin. — De notables indemnités avaient en outre été concédées, tant pour les Français dont les propriétés avaient été incendiées et ravagées par les habitants de Canton, que pour

---

(1) Art. 38. Si malheureusement, il s'élevait quelque rixe ou quelque querelle entre les Français et des Chinois, comme aussi dans le cas où, durant le cours d'une semblable querelle, un ou plusieurs individus seraient tués ou blessés, soit par des coups de feu, soit autrement, les Chinois seront arrêtés par l'autorité chinoise, qui se chargera de les faire examiner et punir, s'il y a lieu, conformément aux lois du pays. Quant aux Français, ils seront arrêtés à la diligence du consul, et celui-ci prendra toutes les mesures nécessaires pour que les prévenus soient livrés à l'action régulière des lois françaises, dans la forme et suivant les dispositions qui seront ultérieurement déterminées par le gouvernement français.

Il en sera de même en toute circonstance analogue et non prévue par la présente convention, le principe étant que, pour la répression des crimes et délits commis par eux en Chine, les Français seront constamment régis par les lois françaises.

(2) Article 1er. Le magistrat de Si-lin-hien, coupable du meurtre de missionnaire français Auguste Chapdelaine, sera dégradé et déclaré incapable d'exercer désormais aucun emploi.

Art. 2. Une communication officielle adressée à Son Excellence M. le ministre de France en Chine lui annoncera l'exécution de cette mesure, qui sera rendue publique et motivée convenablement dans la *Gazette de Pé-king*.

le remboursement des frais, spécialement occasionnés au gouvernement français par l'expédition de Chine (1).

LXI. — « Toutes les troupes présentes à Tien-tsin (écrit l'amiral) et les compagnies de débarquement des canonnières, musique de *la Némésis* en tête, ont formé l'escorte de notre ambassadeur. J'avais appelé de la rade et du camp du Peï-ho un grand nombre d'officiers de tout grade et de toutes armes; je me suis mis à leur tête, et tous à cheval, nous nous sommes joints au cortége du représentant de l'Empereur. Notre retour a eu lieu de nuit à la lueur des torches. La signature du traité s'est passée avec tout le formalisme du cérémonial chinois ; ce cérémonial a été, comme toujours, fort long. Les commissaires impériaux étaient tristes et préoccupés; il leur semblait sans doute qu'ils signaient la ruine de leur pays. Ils ne paraissent pas en effet avoir jusqu'à présent compris que se lier par des traités avec toutes les puis-

---

(1) Art. 3. Une indemnité sera donnée aux Français et aux protégés de la France dont les propriétés ont été pillées ou incendiées par la populace de Canton avant la prise de cette ville par les troupes alliées de la France et de l'Angleterre.

Art. 4. Les dépenses occasionnées par les armements considérables qu'ont motivés les refus obstinés des autorités chinoises d'accorder à la France les réparations et les indemnités qu'elle a réclamées, seront payées au gouvernement de Sa Majesté l'Empereur des Français par les caisses de la douane de la ville de Canton.

Ces indemnités et ces frais d'armement s'élevant à peu près à une somme de deux millions de taëls, cette somme sera versée entre les mains du ministre de France en Chine, qui en donnera quittance.

(Voir pour le traité dans son entière teneur *les Archives diplomatiques*, n° 5, deuxième volume).

sances occidentales, c'est se donner en réalité des garanties contre celles qui leur paraissent les plus redoutables pour leur indépendance. »

Dans la crainte de nouveaux malentendus, ou pour prévoir l'éventualité d'un refus de la cour de Pé-king de souscrire aux conditions signées par les commissaires impériaux, les hauts plénipotentiaires de France et d'Angleterre décidèrent qu'ils attendraient, pour quitter Tien-tsin, que l'empereur de Chine eût fait connaître, par une notification officielle, son entière adhésion aux traités.

Le 4 juillet, après une première déclaration envoyée de Pé-king et jugée insuffisante, LL. EE. reçurent un décret dont la rédaction était très-explicite relativement à l'acceptation du traité.

LXII. — Pendant que les canonnières étaient à Tien-tsin, de nouveaux bâtiments avaient rallié les grands bâtiments restés à l'embouchure du Peï-ho. — C'était d'abord *la Gironde*, transport à vapeur, — commandant Jauréguiberry, capitaine de frégate, — portant 500 hommes environ de troupes, puis ensuite *le Laplace*, corvette à vapeur, commandée par le capitaine de frégate Monjaret de Kerjégu; *l'Alarme*, canonnière à vapeur, commandée par le lieutenant de vaisseau Sauze, et *le Prégent*, aviso à vapeur (capitaine, le lieutenant de vaisseau Hulot d'Osery).

Le 8, les troupes françaises, transportées par les bâtiments anglais *l'Opossum* et *le Leven*, s'éloignent de Tien-tsin. — Le baron Gros est à bord de *la Dragonne;* le contre-amiral Rigault de Genouilly, qui avait son pavillon sur *l'Avalanche*, quitte le dernier le Peï-ho, après en avoir assuré l'évacuation complète.

Les forts construits à l'embouchure du fleuve ont été détruits et renversés par la mine.

Le 30 juillet, toute la division au complet était de retour au mouillage de Shang-haï; il faut en excepter toujours les bâtiments laissés devant Canton.

Le baron Gros se préparait à partir pour le Japon, mission qui devait être toute pacifique. La frégate *l'Audacieuse* étant momentanément hors d'état de tenir la mer, l'ambassadeur français prendra passage sur la corvette *le Laplace.* — L'aviso à vapeur *le Prégent* et *le Remy*, aviso loué au commerce, accompagneront *le Laplace* dans cette mission.

LXIII. — Nous avons accompli la tâche que nous nous étions donnée de retracer dans tous leurs détails les opérations maritimes et militaires de l'année 1858 dans les mers de Chine, opérations intimement liées aux habiles négociations de l'ambassadeur de France; nous avons suivi pas à pas nos navires de guerre dans leurs explorations et dans leurs combats, qui devaient amener le traité de Tien-tsin.

Ce récit fait sur les correspondances et les documents officiels, ne laisse aucun côté obscur ou ignoré. — Il nous paraissait en effet d'un puissant intérêt d'étudier ces graves événements qui avaient le double aspect militaire et diplomatique. — La paix et la guerre, la diplomatie et la marine avaient sans cesse marché côte à côte, s'appuyant et se secondant ; elles venaient d'ouvrir dans l'intérieur du Céleste-Empire la porte par laquelle devaient désormais pénétrer les puissances occidentales.

La Chine luttera encore. — Dans son orgueil et dans son dédain, elle voudra déchirer les traités signés sous le canon qui a pris Canton et détruit les forts du Peï-ho ; inutiles efforts! La France et l'Angleterre lui ont porté un coup terrible. La route est tracée, et c'est en vain que le gouvernement chinois essayera de ressaisir les lambeaux déchirés du mystère dont il entourait naguère les voies intérieures de l'Empire.

Selon les instructions qu'il avait reçues du gouvernement de l'Empereur, le contre-amiral Rigault de Genouilly faisait tous ses préparatifs de départ pour se rendre en Cochinchine.

COCHINCHINE

LIVRE IV.

CHAPITRE PREMIER.

1. — La volonté expresse du gouvernement de l'Empereur Napoléon III d'obtenir satisfaction du meurtre commis sur la personne du missionnaire français Chapdelaine, et de mettre enfin un terme aux barbares persécutions exercées sans relâche contre les apôtres de la foi avait guidé les armes de la France en Chine.

Le traité de 1844, insuffisant à cet égard (1), ne donnait point les garanties nécessaires contre le retour de ces persécutions odieuses, mal dissimulées sous le vain prétexte d'injustes accusations.

L'union de la France avec l'Angleterre, qui, elle, avait en jeu les plus graves intérêts commerciaux, et l'arrivée des plénipotentiaires de Russie et d'Amérique avaient amené, nous l'avons vu, après bien des tergiversations, la révision complète des traités; et si le christianisme y trouvait une juste protection contre ses persécuteurs, les relations des puissances occidentales avec

(1) Voir ce même volume, page 18.

le Céleste-Empire prenaient, de leur côté, un nouvel essor.

Mais dans cet extrême Orient, la Chine n'était pas le seul empire où la religion du Christ eût ses bourreaux et ses martyrs. Le royaume anamite était le théâtre d'odieuses barbaries et d'infatigables cruautés. L'Empereur Napoléon III voulut que, là aussi, le drapeau de la France servît d'égide au christianisme contre les fureurs de l'idolâtrie. — A cette grande question religieuse et civilisatrice se joignaient, en outre, d'anciens engagements entre la Cochinchine et la France, à la suite du traité d'alliance signé à Versailles, le 28 novembre 1787, par les ministres de Louis XVI et par le prince Canh au nom de son père l'empereur Gya-long, dépouillé de son royaume et expulsé de ses États par les rebelles.

II. — L'abbé Huc, ancien missionnaire apostolique en Chine, avait soumis à l'Empereur un travail sur les droits acquis à la France d'occuper, par suite de ce traité, certains points de la Cochinchine; c'était, si ces droits existaient réellement, un point de départ pour arriver à protéger efficacement les chrétiens que les autorités anamites poursuivaient et mettaient à mort dans toute l'étendue du royaume. Les missionnaires assuraient que le commerce pouvait aussi rencontrer de sérieux avantages dans ce pays fertile, qui offrait des ports nombreux et sûrs et des produits considérables en matières premières, assurées de trouver par toute l'Europe d'importants et fructueux débouchés.

Une commission fut donc nommée par le Ministre des Affaires Étrangères pour examiner cette question et l'étudier sous ses faces diverses. — Cette commission tint sa première séance à l'hôtel des affaires étrangères, le 23 avril 1857, sous la présidence du baron Brenier, ministre plénipotentiaire (1).

Le 18 mai, elle se réunissait pour la septième et dernière fois, et son président remettait quelques jours plus tard, au comte Walewski, l'ensemble des travaux auxquels elle s'était livrée sur la question de droit et d'intérêt politique, religieux et commercial.

Ces divers documents furent mis sous les yeux de l'Empereur, ainsi que les rapports officiels sur les persécutions toujours croissantes, dont les chrétiens étaient depuis si longtemps victimes dans toute l'étendue de la Cochinchine, malgré les énergiques réclamations adressées à ce sujet.

III. — Les clauses du traité de 1787 ne pouvaient guère être invoquées, car, par des circonstances imprévues, ce traité n'avait reçu qu'un accomplissement incomplet de la part de la France. Mais les droits sacrés de l'humanité imposaient à l'Empereur le devoir de ne pas laisser

---

(1) *Commission nommée par S. Ex. le ministre des affaires étrangères pour examiner les droits de la France sur la Cochinchine, par suite du traité conclu à Versailles le 28 novembre* 1787 :

M. le baron Brenier, ministre plénipotentiaire, président ; — M. Cintrat, directeur au département ; le contre-amiral Fourichon ; M. Fleury, directeur au ministère du commerce ; M. Jaures, capitaine de vaisseau ; M. de Mofras, secrétaire.

tant de crimes plus longtemps impunis ; c'était défendre à la fois la cause du christianisme et de la civilisation.

Les tentatives conciliatrices étaient restées sans effet ; regardées plutôt comme des preuves de faiblesse, elles avaient empiré la situation et redoublé la fureur aveugle des persécuteurs contre leurs victimes. Les nouvelles réclamations devaient être, cette fois, précédées d'un acte énergique, pour être entendues du souverain anamite et pour lui faire comprendre que les armes de la France étaient décidées à venger tant d'actes de sauvage barbarie.

L'Empereur décida donc qu'une expédition serait envoyée en Cochinchine, et des négociations furent immédiatement entamées avec la cour de Madrid pour obtenir d'elle, dans cette affaire, son concours direct ; car l'Espagne, plus que toute autre puissance, était intéressée à cette expédition.

IV. — Une dépêche, datée du 25 novembre 1857, et qui parvint au contre-amiral R. de Genouilly, lorsqu'il était à Canton et se disposait à partir dans le nord de la Chine, était conçue en ces termes :

« M. le contre-amiral, la volonté de l'Empereur est de mettre un terme aux persécutions qui se renouvellent sans cesse contre les chrétiens de la Cochinchine et d'assurer à ces derniers la protection efficace de la France.

« Sa Majesté a décidé, en conséquence, que les forces placées sous votre commandement seraient augmentées de trois navires et de cinq cents hommes de troupes.

« Ces renforts partiront de France dans le plus bref

délai possible, ils seront dirigés sur Singapour. La démonstration contre la Cochinchine demande à être exécutée sans aucune perte de temps. Vous vous en chargerez vous-même, si votre présence n'est pas indispensable sur les côtes de la Chine. Dans le cas contraire, vous désignerez pour la faire celui de vos officiers supérieurs, placés sous vos ordres, qui vous inspirera le plus de confiance.

« Pour renoncer à agir immédiatement il faudrait qu'il fût véritablement nécessaire de maintenir la totalité de vos forces dans les eaux du Céleste-Empire. »

Nous avons dit précédemment quelles raisons impérieuses avaient empêché le contre-amiral R. de Genouilly d'exécuter immédiatement les ordres de l'Empereur. Les événements qui se passaient en Chine ne permettaient pas au commandant en chef une action immédiate contre les Anamites. Les deux bataillons de débarquement, seules troupes disponibles, utilement employés sur les hauteurs de Canton devaient fournir entièrement, jusqu'à l'arrivée des renforts attendus de France, la force d'action destinée à opérer dans le nord de la Chine.

« Ma présence à Canton (écrivait l'amiral au ministre) est nécessaire pour quelque temps encore ; d'autre part, j'aurais eu les moyens d'agir, que ces moyens étant très-restreints, je n'aurais pu remettre à aucun officier, si digne de ma confiance qu'il soit, le soin de l'honneur des armes de l'Empereur. »

V. — Il fallait, en effet, les considérations puissantes des nouvelles éventualités de guerre avec le gouvernement chinois, pour empêcher l'amiral de se rendre immédiatement en Cochinchine, car, quelques mois auparavant, la tête d'un nouveau martyr venait de tomber sous le couteau de l'exécuteur, celle de Mgr Diaz, religieux espagnol de l'ordre de saint Dominique. — Cette exécution, que plusieurs autres aussi douloureuses avaient précédées, répondait à l'acharnement nouveau que prenaient, depuis quelque temps, les persécutions contre les chrétiens.

« Les églises ont été rasées (écrivait-on à cette époque); les missionnaires ont été arrêtés ou sont en fuite, les écoles sont fermées; ces pauvres chrétientés sont frappées de tous les désastres. »

L'amiral avait pu un instant espérer qu'il serait possible d'arracher aux bourreaux cette nouvelle victime. En effet, les missionnaires de Hong-kong, en instruisant le commandant en chef de la division navale des barbaries exercées contre les chrétiens, lui faisaient savoir l'arrestation de Mgr Diaz, qui avait été incarcéré, la chaîne au cou, dans la ville de Nam-Ding, située près des côtes.

« En même temps (écrivait l'amiral, en rendant compte de ces faits au ministre), le ministre de France m'envoyait de Macao une des personnes de sa légation, pour m'annoncer la même nouvelle et me consulter sur la suite à donner à une requête qui lui était adressée par M. le consul général d'Espagne en Chine, requête qu'il me priait d'accueillir favorablement. M. le consul général, se fondant sur l'urgence des circonstances, et sur l'éloignement de Manille, demandait officiellement que l'un de nos bâtiments de guerre se portât sur la côte de Tonquin pour obtenir, si c'était possible, la délivrance du malheureux prélat condamné à mort depuis plusieurs mois, mais qui, à la date du 15 juillet dernier, existait encore dans l'infâme prison où il avait été jeté, au milieu de tous les scélérats du pays (1).

VI. — La venue prochaine du baron Gros imposait une grande réserve dans la dispersion des bâtiments qui pouvaient être appelés à entrer immédiatement en action, pour soutenir efficacement les négociations du ministre de la France. Cependant, comme il s'agissait de délivrer un évêque catholique, l'amiral n'hésita pas à donner sur-le-champ au *Catinat* l'ordre de se tenir prêt à partir pour le golfe du Tonquin. Le comte de Kleczkowski, secrétaire de la légation de France, sinologue distingué, s'embarqua sur cette corvette; il était chargé de faire tous ses efforts pour sauver Mgr Diaz.

Le Catinat partait de Macao le 4 septembre 1857 au matin, avec ordre de recueillir tous les missionnaires ou chrétiens indigènes qui viendraient demander refuge sous son pavillon.

Malheureusement *le Catinat* arriva trop tard : Mgr Diaz avait été mis à mort le 20 juillet, et, l'année suivante,

---

(1) Dépêche du contre-amiral Rigault de Genouilly au ministre de la marine, 8 septembre 1857.

son successeur, Mgr Melchior, devait aussi subir le même supplice : « Mgr Melchior (écrivait-on à cette époque), a été décapité, puis haché en morceaux et ses restes ont été envoyés dans diverses localités chrétiennes pour être exposés sur la place publique.

VII. — Une année s'était écoulée depuis la mission du *Catinat*, les affaires de Chine étaient glorieusement terminées, l'amiral Rigault de Genouilly avait grande hâte de faire route lui-même vers la Cochinchine, avec tous ses bâtiments disponibles. Il y avait en effet urgence de frapper un premier coup énergique, avant l'époque des pluies torrentielles qui, sur ces côtes, commencent généralement au mois d'octobre pour se prolonger souvent jusqu'au mois de février. — Septembre était donc, selon toute probabilité, la limite des temps favorables à une première opération.

Il était, en outre, de toute nécessité que le corps expéditionnaire, avant l'époque présumée de ces pluies, fût établi solidement sur la presqu'île de Tien-Tchu, qui borde un des côtés de la baie de Tourane, qu'il y fût logé dans des barraquements et en état de garder, contre toute attaque, ce point important, appelé à devenir la base des opérations futures.

L'amiral ne se dissimulait pas que tout serait à créer sur cette côte où les ressources étaient nulles : magasins de vivres, hôpital, dépôt de charbon, etc.; et déjà, après un examen topographique sérieux, il avait arrêté dans sa pensée ses projets d'occupation, afin d'en préparer à l'avance les moyens matériels d'exécution.

La baie de Tourane, en effet, qui devait être le théâtre de la première action militaire de la division navale, était défendue par des ouvrages considérables d'ancienne et de nouvelle date; et tous les renseignements s'accordaient à dire qu'il fallait s'attendre à une forte résistance de la part des troupes cochinchinoises.

Le capitaine du génie Labbe se rendit directement à Manille, avec *la Durance* et *la Dordogne*, pour hâter le départ du contingent espagnol, que ces deux bâtiments avaient mission d'embarquer.

VIII.—Tous les bâtiments qui composaient la division navale, à l'exception du *Catinat*, de *la Capricieuse*, du *Marceau* et du *Lily*, restés devant Canton, du *Laplace* et du *Prégent*, détachés au Japon, ont reçu l'ordre d'appareiller et sont partis successivement pour Yuly-kan (île d'Haynan (1).

C'est à ce mouillage, éloigné de soixante lieues environ de Tourane, que l'amiral doit les rallier, et il quitte bientôt lui-même Sanghai avec *la Némésis*. Aussitôt après son arrivée à Yuli-kan, il fait installer dans un camp

(1) *Le Primauguet, le Phlégéton, l'Avalanche, la Dragonne, la Mitraille, la Fusée, la Meurthe, l'Alarme, la Gironde.*
La Saône, apportant de France 477 hommes d'infanterie de marine, commandés par le lieutenant-colonel Reybaud; une demi-compagnie d'artillerie de marine avec une demi-batterie d'obusiers de montagne, avait l'ordre de se rendre de Singapour à cette destination, que devaient aussi rejoindre *la Durance* et *la Dordogne,* revenant de Manille.

les troupes de débarquement et profite, pour les exercer aux différentes manœuvres de débarquement et de combat, du temps qu'il doit encore stationner à ce mouillage pour attendre les troupes espagnoles et les derniers bâtiments de sa division.

Vers la fin d'août, *la Dordogne* revenait de Manille, apportant un contingent de quatre cent cinquante hommes de troupes indigènes des Philippines, commandés par le colonel espagnol Oscaritz ; peu après, parut l'aviso espagnol *el Cano* ; cet aviso, sous les ordres du commandant Gonzalès, était armé de deux pièces de 16.

La division se trouvant réunie au complet, l'amiral commandant en chef leva l'ancre le 30 août au matin. Le 31 au soir, toute l'escadre était mouillée à l'entrée de la baie de Tourane et mettait à la mer ses embarcations.

IX. — Cette baie est située à dix lieues environ au sud de la rivière de Hué, sur les bords de laquelle, dans l'intérieur des terres, s'élève la capitale du royaume anamite.

Plusieurs considérations importantes ont contribué à faire de la baie de Tourane un point très-fréquenté par les Européens ; d'abord son vaste bassin, qui présente pendant toutes les saisons un excellent abri aux navires contre les dangereuses tourmentes qui bouleversent si fréquemment ces parages, ensuite sa proximité de la ville de Hué, siège du gouvernement.

Lorsque, vers la fin du siècle dernier, le roi Gya-long parvint à reconquérir son royaume, avec l'aide d'officiers européens amenés par l'évêque d'Adran, ce souverain y fit construire des forts sous la direction de ces officiers ; ces forts existent encore et sont dans un très-bon état de défense.

X. — D'autres ouvrages nouveaux ont été élevés depuis lors par les Cochinchinois sur le modèle de ces premiers travaux. — D'abord une batterie rasante, au pied de l'ancien fort du Nord ; elle est armée de douze pièces de très-gros calibre, destinées à défendre avec ce fort, l'entrée de la rade. — Un autre fort dit de *l'Observatoire*, construit sur un îlot, protége également cette entrée. Cet ouvrage défensif présente deux fronts, armés aussi de pièces de gros calibre, prêtes à canonner les bâtiments qui voudraient entrer et ceux qui ayant réussi à forcer la passe, viendraient prendre un mouillage intérieur. Cet îlot est relié lui-même à la terre ferme par une chaussée en pierre de quinze cents mètres de long, qui assure aux défenseurs du fort une ligne de retraite.

La batterie de l'Aiguade est aussi de construction nouvelle ; armée de neuf pièces de gros calibre, elle s'élève sur le flanc de la montagne pour battre de ses feux le mouillage intérieur. — Les routes de terre qui conduisent à ces différents ouvrages avaient été barricadées dans la prévision d'un débarquement ennemi. — De plus, deux des forts anciens, le fort de l'Est et le fort de l'Ouest, construits sur les deux côtés de la rivière, en défendent l'entrée, et dominent au loin la campagne ; ils peuvent, avec des projectiles bien dirigés, la balayer sur une grande étendue.

De l'autre côté de la baie, en face de la batterie du Nord, se trouve encore un fort de peu d'importance.

On voit par cet aperçu quelles difficultés sérieuses eut rencontrées la division navale chargée d'enlever toutes ces positions, et de s'y établir fortement, si elles avaient été aux mains de défenseurs aguerris.

Placée au milieu du littoral du royaume anamite, cette baie présentait une excellente base pour les opérations en Cochinchine, et offrait en outre un point de relâche très-favorable aux navires qui devaient croiser au nord et au sud.

Le peu de résistance que l'on devait rencontrer montre clairement combien les renseignements parvenus à l'amiral étaient inexacts ; les Cochinchinois, loin de s'attendre à une attaque immédiate de ce côté, n'y avaient envoyé aucun renfort de troupes.

XI. — Quelques mots maintenant sur l'aspect général.

Sur la droite, à l'entrée de la baie de Tourane, s'élèvent de très-hautes montagnes boisées qui la séparent de la capitale du royaume. — Vers le fond de la baie, ces montagnes s'éloignent de la côte pour laisser s'étendre une vaste plaine sablonneuse, où l'on voit le village de Tourane, et de distance en distance quelques misérables habitations construites avec des bambous et recouvertes de paille. Au-delà de ce sol, tout de sable et improductif, s'étend une autre plaine couverte d'abondantes cultures de riz, de patates et de millet. — Sur la gauche, des montagnes chargées d'une riche végétation jusqu'à leurs sommets, viennent baigner leurs pieds dans la mer. En gagnant le fond de la baie, elles s'éloignent aussi insensiblement de la rive et donnent accès à des terrains cultivés en rizières, où se groupe un petit nombre de maisons qui servent d'habitations aux pêcheurs. — A ces rizières succède une grande nappe de sable complétement aride, qui se termine aux montagnes dites : *montagnes de marbre.*

Le 1er septembre, dans la matinée, une embarcation avec pavillon parlementaire s'avança vers le fort de l'Observatoire. Le commandant Reynaud, chef d'état-major de la division, qui montait cette embarcation, remit un pli adressé au gouverneur des forts, en demandant que ce papier lui fût porté sans aucun retard. — C'était une sommation de remettre ces forts aux mains du commandant en chef de l'escadre française.

Deux heures étaient accordées au gouverneur. — Ce délai expiré, si la sommation était restée sans réponse, les forts devaient être enlevés de vive force.

XII. — Les bâtiments ont pris leur mouillage indiqué dans le dispositif de l'attaque, et attendent le signal d'appareiller pour entrer dans la baie ; ils sont sur trois colonnes (1). *L'Alarme* se tient près de *la Némésis*, pour transmettre les ordres de l'amiral.

(1)	1re colonne. (Colonne de gauche.)	2e colonne.	3e colonne.
	Phlégéton.	*Dragonne.*	*Gironde.*
	Némésis.	*Fusée.*	*Saône.*
	Primauguet.	*Mitraille.*	*Dordogne.*
	Avalanche.	*El Cano.*	*Meurthe.*

Si les Cochinchinois sont décidés à défendre à outrance l'entrée de la baie, la journée peut être rude et le succès chèrement acheté, car l'armement des batteries et des forts est considérable, et les bâtiments, pour aller prendre leur poste de combat, doivent passer sous le feu des forts du Nord, de la batterie rasante placée à son pied, et du fort de l'Observatoire.

Les deux heures accordées au gouverneur sont écoulées, la sommation catégorique de l'amiral est restée sans réponse ; les bâtiments pénètrent dans l'intérieur de la baie, dans l'ordre indiqué :

XIII. — *La Némésis* prend poste par le travers du fort de l'Observatoire. — Le *Phlégéton* et le *Primauguet* sont chargés de réduire la batterie rasante qui borde la mer. *L'Avalanche*, passant derrière *la Némésis*, vient s'embosser devant la batterie de l'Aiguade ; *la Dragonne* imite le mouvement de *l'Avalanche* et se place à une distance de cinq à six encâblures du grand fort du Nord, contre lequel cette canonnière doit diriger ses feux.— Les obusiers de ces deux bâtiments, chargés à mitraille, sont prêts à balayer la jetée de l'îlot de l'Observatoire, si l'ennemi essaye de la traverser.

La Gironde, *la Saône*, *la Dordogne*, et *la Meurthe*, sont prêtes à soutenir, selon les éventualités, les différentes attaques.

Les canonnières *la Mitraille*, *la Fusée*, *l'Alarme* et l'aviso espagnol *el Cano*, traversent la baie et viennent prendre position à l'entrée de la rivière de Tourane, à une distance de deux mille deux cents mètres environ, les deux premiers bâtiments devant le fort de l'Est, les deux autres devant celui de l'Ouest.

Au grand étonnement de la division navale, tous ces mouvements s'opèrent, sans qu'un seul coup de canon, parti des forts ou des batteries, vienne en gêner l'exécution. Si tous les ouvrages défensifs avaient à la fois tonné contre les navires, ceux-ci eussent essuyé des pertes sensibles, avant même d'avoir atteint leur poste de combat.

XIV. — Le pavillon national apparaît au grand mât de *la Némésis*, et le pavillon espagnol au mât de misaine. — C'est le signal de commencer le feu.

Les bâtiments arborent aussi les deux pavillons, et tous lancent à la fois leur première volée ; les forts répondent, mais faiblement. — Le feu des bâtiments est au contraire très-bien nourri et très-habilement dirigé, car la mer est calme et les navires immobiles ; des brèches se font rapidement, et il est facile de prévoir que ces positions seront enlevées sans grande lutte.

Dès que les batteries qui défendent le mouillage sont éteintes, les compagnies de débarquement de *la Némésis*, du *Phlégéton*, du *Primauguet*, et la demi-compagnie du génie sont jetées à terre. Le capitaine de vaisseau Reynaud, qui les commande, s'avance rapidement à leur tête vers les forts du Nord et vers la batterie rasante ; il les escalade aux cris de : *vive l'Empereur !* sans rencontrer de résistance ; leurs défenseurs les ont abandonnés; les drapeaux alliés flottent sur le sommet des remparts.

Les troupes françaises et espagnoles sont toutes à terre ; l'amiral les forme en bataille et s'apprête à les lancer en avant.

XV. — Pendant que ces faits se passaient au mouillage des grands bâtiments, l'aviso espagnol *el Cano* et trois canonnières françaises, *la Mitraille, la Fusée, l'Alarme*, canonnaient vigoureusement les forts de l'Est et de l'Ouest à l'entrée de la rivière. Une effroyable détonation se fait entendre, c'est le fort de l'Est qui saute ; la courtine contiguë au magasin à poudre est enlevée tout entière et projetée dans le fossé. De tous les côtés la résistance cesse, les forts et les batteries, à l'exception du fort de l'Ouest, sont abandonnés. — La garnison, qui en a si mal défendu les abords, a disparu, et toutes ces défenses, si redoutablement armées, sont désertes. On se demande à quelle impression de terreur panique ont obéi les Cochinchinois pour se retirer ainsi devant le feu de nos canons, sans avoir même essayé de résister aux colonnes d'attaque.

Quelques morts, étendus çà et là, indiquent seuls la trace d'un combat, et l'on aperçoit au loin dans la campagne des groupes nombreux de fuyards qui gravissent les premières hauteurs, pour chercher un refuge dans l'intérieur du pays.

L'amiral est allé reconnaître un emplacement convenable à l'établissement d'un camp sur la partie plate de la presqu'île, à proximité du fort de l'Est. — Dans la soirée du même jour, les troupes françaises viennent s'établir sous le commandement du lieutenant-colonel Reybaud, avec le bataillon espagnol que commande le colonel Oscaritz.

Des compagnies de débarquement, détachées du bataillon de marins, sont placées sous le commandement supérieur de l'aide de camp de l'amiral, et occupent les principaux ouvrages, qui défendent la rade.

XVI. — Pendant tout le jour, la chaleur avait été accablante ; l'atmosphère embrasée brûlait, pour ainsi dire, l'air respirable. — Pas un souffle de vent ne venait raffraîchir les poitrines desséchées. — Les hommes épuisés s'arrêtaient parfois subitement en chemin comme frappés de vertige. Aussi l'amiral Rigault de Genouilly a donné ordre de ne faire commencer le mouvement des troupes qu'à la tombée du soleil.

Malgré cette précaution si sage, et quoique les marches n'excédâssent jamais deux heures, plusieurs soldats succombèrent en quelques heures. Cette chaleur mortelle, inconnue à nous autres Européens, était l'ennemi le plus redoutable à combattre. C'était un triste spectacle de voir tomber ainsi sur la terre brûlante nos soldats anéantis, laissant échapper leurs armes, qu'ils ne pouvaient plus tenir.

Lorsque la nuit fut entièrement venue, le chef d'état-major Reynaud prit une embarcation et, assisté par le sous-ingénieur hydrographe Ploix, il sonda toute la partie sud-ouest de la baie, pour pouvoir dès le lendemain, sans risque d'échouage, rapprocher les canonnières du fort de l'Ouest qui tenait encore.

Au point du jour les cinq canonnières et l'*el Cano* sont sous vapeur ; le commandant Reynaud dirige leur marche, et quelques instants après ces six bâtiments occupent leurs nouveaux postes. — Ils ouvrent immédiatement le feu. — Leurs coups précis et réguliers battent incessamment le fort. Une demi-heure s'est à peine écoulée, qu'une explosion se fait entendre ; c'est le fort de l'Ouest qui saute.

Aussitôt après, le commandant Jauréguiberry à la tête d'une flottille d'embarcations armées en guerre entre dans la rivière et se place en station près du fort de l'Est. — La *Dragonne* et l'*el Cano* viennent mouiller en dehors de la baie, près du camp, entre la presqu'île et l'île de Tscham-Callao, couvrant ainsi la gauche du corps expéditionnaire, dont la droite s'appuie au fort de l'Est, où sont établies deux de nos compagnies d'infanterie avec une demi-compagnie espagnole.

XVII. — Fortement assis dans cette position, l'amiral attend l'armée anamite qui, d'après les rapports recueillis par nos missionnaires, doit marcher sur nous au nombre de dix mille hommes.

Mais cette armée ne paraît point, et comme aucun indice n'annonce son approche, l'amiral donne ordre au commandant Jauréguiberry de pousser des reconnaissances en rivière. Cet officier supérieur détruit plusieurs batteries, et a plusieurs engagements avec les avant-postes cochinchinois. — Sur tous les points où il rencontre l'ennemi, il le met en déroute. Selon toute apparence, l'armée anamite doit être réunie sur le bord du fleuve qui appartient au continent ; ces bords, coupés de rizières, de canaux et de marais, sont sur tous les points impraticables à la marche des troupes.

C'est donc seulement par eau que des expéditions pourraient être tentées. — Dans cette prévision, l'amiral fait construire quatre chalans. — Le génie élève une ligne solide de défense, pour permettre à une faible garnison de conserver les positions conquises. — Le capitaine d'artillerie Lacour construit une batterie qui sera armée de pièces de 30. Mais ces travaux avancent péniblement, car le terrain couvert de broussailles épaisses est en outre encombré de roches qu'il faut détruire par la mine et présente des difficultés sans nombre, auxquelles viennent se joindre les chaleurs étouffantes d'un soleil tropical. — A ces chaleurs doivent succéder au mois d'octobre des pluies diluviennes ; ce sont des torrents qui, pendant des jours entiers roulent sans interruption avec une intensité croissante, dont les personnes qui ont habité ces contrées peuvent seules se faire une idée exacte.

XVIII. — « Le fort de l'Ouest (écrit l'amiral), étant en dehors de nos lignes de défense, a été miné par le génie et complétement détruit. Ce fort et tous les autres ouvrages étaient en parfait état de réparations, et tous étaient armés de pièces de gros calibre en fer et en bronze. — Les pièces de bronze étaient les plus nombreuses et en général fort belles. Tous les canons sont pourvus de hausses récemment appliquées ; les attirails d'artillerie en très-bon état, sont bien supérieurs à tout ce que nous avons vu en Chine.

Indépendamment de son armement, le fort de l'Ouest contenait un parc d'artillerie de campagne, de pièces en bronze de 6 et de 9, dont les affuts, montés sur des roues très-élevées, sont parfaitement appropriés aux mauvaises routes. Les armes de main n'offrent rien de particulier ; ce sont des fusils de munition fabriqués en France ou en Belgique. La poudre, dont nous avons pris des quantités considérables, est d'origine anglaise et a été probablement achetée à Singapour et à Hong-kong. L'ensemble des dispositions prises montre que le gouvernement s'attendait à une attaque prochaine. »

XIX. — Cet extrait de la dépêche de l'amiral Rigault de Genouilly prouve que les Cochinchinois étaient loin d'être aussi arriérés que les Chinois dans l'art de la guerre. — Profitant des leçons qui leur avaient été données en 1787, lors du traité d'alliance signé entre la France et l'Empereur Gya-Long, ils avaient élevé et armé leurs ouvrages défensifs d'après le système européen. Ils avaient aussi emprunté aux peuples occidentaux leurs progrès dans la fabrication des armes de guerre, et il était évident que le jour où les Anamites combattraient contre nous, leurs troupes plus disciplinées et mieux armées nous offriraient peut-être une sérieuse résistance. Cette résistance serait éphémère sans doute, et il ne faut point la comparer à celles des armées européennes en présence, mais cependant elle ne devait pas être méprisée, car nous n'avions qu'un bien petit nombre de combattants à notre disposition, et nul renfort ne devait être de longtemps espéré pour combler les vides des effectifs déjà si restreints.

L'attente d'un combat sérieux électrisait tous les cœurs impatients des mâles émotions de la guerre ; et ce petit corps expéditionnaire, non pas abandonné, car la France, si loin que soit son drapeau, a toujours ses regards fixés sur lui, mais, isolé dans ces parages lointains, brûlait du noble espoir d'inscrire quelque fait glorieux sur nos annales, et de venger les victimes résignées du christianisme.

XX. — L'amiral eût bien désiré tenter quelqu'action énergique contre Hué, la capitale du royaume, mais vainement il avait cherché à se renseigner près des prisonniers anamites, et à entrer en communication avec les missionnaires de l'intérieur, aucun renseignement ayant valeur n'était venu l'éclairer sur les abords de la capitale. — Il ne fallait point songer à attaquer Hué par terre en partant de Tourane ; les moyens de transport pour les vivres et les munitions manquaient entièrement, et la crainte de ces terribles ouragans qu'on appelle *typhons*, dont l'époque fatale approchait, ne per-

mettait pas d'entreprendre une expédition maritime. —
En attendant un moment opportun, on améliore les hôpitaux et les campements des troupes.

Déjà la *Dragonne* et l'*el Cano* ont parcouru tout le contour extérieur de la presqu'île et se sont assurés qu'aucun camp ennemi n'y est établi. — La barre de la rivière Taï-Tao a aussi été explorée ; elle est, même à marée haute, infranchissable aux bâtiments les plus légers.

Pendant ce temps, la *Durance* arrivait de Manille avec cinq cent cinquante Espagnols environ, commandés par le colonel Lanzarote, chef supérieur du corps expéditionnaire.

L'amiral commandant en chef, pour éviter tout conflit avec les bâtiments étrangers, a déclaré la baie et la rivière de Tourane en état de blocus.

XXI. — Le 28 septembre, la ligne de défense est terminée, du moins dans ses parties essentielles, et la batterie principale est armée et approvisionnée.

Dès lors, on pouvait lever le camp sans aucune appréhension et faire rentrer le corps expéditionnaire derrière le nouveau retranchement. Le fort de l'Est, qui était occupé par nos troupes, est aussi évacué et les mines, préparées par le génie, achèvent de démanteler sa face orientale.

Le commandement des avant-postes est confié au commandant Ribourt, qui vient de recevoir le grade de capitaine de frégate, pour les services qu'il a rendus comme aide de camp de l'amiral depuis le commencement de l'expédition. Sous ses ordres est le commandant Breschin, chargé du commandement particulier des troupes.

L'amiral a placé son quartier général sur un plateau élevé situé au-dessus du fort de l'Aiguade.—Les troupes espagnoles sont établies dans la baie au-dessous des hauteurs du fort du Nord.—Le bataillon des marins est rentré à bord des bâtiments.

XXII. — Malheureusement des maladies venaient souvent frapper les hommes les plus robustes et enlever des bras aux travaux si utiles que commandait la situation présente, en face d'un ennemi qui, d'un instant à l'autre, pouvait apparaître en forces considérables. — C'est là le côté triste et cruel de ces expéditions lointaines : on compte avec l'ennemi, mais on ne peut compter avec ces terribles fléaux qui s'abattent tout à coup sur une petite armée et la déciment sans gloire, fantômes insaisissables, devant lesquels s'épuisent vainement la science et l'énergie. — Au choléra, qui avait sévi sur le corps expéditionnaire depuis son départ de Shangaï et pendant son séjour à Yulikan, avaient succédé les dyssenteries, les fièvres pernicieuses et le scorbut.

Le capitaine Gout, de l'infanterie de marine, succombait en quelques jours, et, après lui, le capitaine chef du génie Labbe, officier très-distingué, dont la perte laissait un vide réel dans les rangs de cette petite armée.

« Pour honorer autant qu'il dépendait de moi (écrit l'amiral), la mémoire de cet excellent officier et de ce serviteur dévoué, j'ai décidé que la batterie principale de la ligne de défense prendrait le nom de : *Batterie Labbe.*

Sur ces rives éloignées où la guerre n'avait point encore porté ses progrès destructeurs, il n'y avait point à redouter les combinaisons stratégiques d'un ennemi habile ; ce n'était point la bataille avec ses plans longtemps médités, ses stratagèmes audacieux, ses subites péripéties où la victoire, longtemps disputée, est abandonnée sanglante sur un vaste champ de morts. — L'ennemi à combattre c'était l'inconnu, vers lequel il fallait marcher pas à pas, jour par jour, qu'il fallait aller chercher ou qu'il fallait attendre ; aussi la pensée tout entière du commandant en chef, auquel étaient confiées tant d'existences, s'appliquait à assurer le ravitaillement de ses troupes et à combattre les influences pernicieuses d'un climat qui menaçait de faire encore de si nombreuses victimes. Les barraquements sont augmentés et perfectionnés, garantis à la fois contre le soleil et contre les ravages des pluies torrentielles. Les hôpitaux sont établis avec le plus grand soin, et le soldat, en attendant l'heure du combat, peut apprécier par lui-même la constante sollicitude dont il est l'objet. Les rapports des espions avaient appris à l'amiral que les Cochinchinois préparaient un grand nombre de brûlots dans le haut de la rivière. — Aussitôt l'ordre est donné au commandant Jauréguiberry de la remonter avec sa flottille, pour s'assurer de la véracité de ces renseignements, et détruire ces brûlots s'ils existaient réellement. — Aux embarcations françaises et à la section d'infanterie de marine expressément placée sous les ordres du commandant, ont été ajoutées la chaloupe armée en guerre de l'aviso à vapeur *el Cano*, plusieurs canots de la division et quarante chasseurs espagnols.

XXIII. — La petite expédition part le 6 octobre, mais ne rencontre point de brûlots, car la rivière, au-dessus des montagnes de marbre, se divise en un si grand nombre de bras que les embarcations du pays peuvent facilement se dérober aux recherches les plus actives. — Mais, sur le bras principal du fleuve, deux fortes estacades sont protégées par trois batteries. Un corps anamite de cinq cents fusiliers récemment arrivés de Hué, en a reçu la garde.

Les troupes françaises et espagnoles, conduites par leurs chefs, s'élancent avec un admirable entrain à l'assaut de ces défenses, qui semblent vouloir résister à notre attaque. Les ennemis, placés dans des embuscades en arrière des batteries, commencent une vigoureuse fusillade; mais bientôt ils sont culbutés et mis en complète déroute; les batteries sont rasées, les pièces en fer détruites et leurs affûts incendiés.

L'amiral commandant en chef attend *le Primauguet*, qu'il a envoyé en exploration dans le golfe de Tonquin pour chercher à nouer quelques relations avec les chrétiens et les missionnaires; il espère que ce bâtiment lui rapportera des renseignements qui lui permettront d'arrêter enfin un plan d'opérations.

Il continue à constituer sur l'emplacement qu'il occupe un centre d'action solide, d'où le corps expéditionnaire pourra rayonner plus tard sur les diverses parties de la Cochinchine ; mais il est évident que c'est en se rapprochant de la capitale qu'il faut frapper des coups énergiques ; car, sans nul doute, de même que l'empereur de la Chine, le souverain anamite, confiant dans la force d'inertie, refusera de satisfaire à nos justes réclamations, jusqu'à ce qu'il soit menacé dans sa sécurité personnelle, au sein même de son royaume.

XXIV. — Ce fut à cette époque que le contre-amiral Rigault de Genouilly reçut la dépêche ministérielle qui lui annonçait que l'Empereur l'avait élevé au grade de vice-amiral (1). Cette juste récompense de la haute capacité qu'avait déployée, depuis le commencement de la campagne, le commandant en chef de la flotte française, lui disait ce que le souverain de la France attendait encore de lui.

(1) Paris, 17 août 1858.
L'Empereur, monsieur, par un décret du 9 de ce mois, rendu sur mon rapport, vous a élevé au grade de vice-amiral.

Vous devez cet avancement aux services distingués qui ont marqué votre carrière, et particulièrement à l'intrépide habileté dont vous avez fait preuve à la prise de Canton et à l'attaque des forts du Peï-ho.

J'ai mis un intérêt tout particulier à vous le faire obtenir.

Recevez, etc.

L'amiral ministre de la marine,
HAMELIN.

L'amiral ne se dissimulait pas les difficultés qu'il aurait à surmonter dans l'action sérieuse qu'il méditait contre la capitale du royaume, avec un effectif de troupes diminué chaque jour par les maladies, et qui serait encore forcément affaibli par la garnison chargée de maintenir, en son absence, l'occupation de la baie de Tourane.

Si les gros bâtiments ne peuvent pénétrer dans les fleuves de la Cochinchine, une flottille légère y peut opérer : elle est de nécessité première dans la prévision d'une attaque contre Hué ; une flottille mixte, composée d'avisos à petit tirant d'eau et de lorchas à remorquer par ces avisos pendant l'expédition, pourrait peut-être être organisée et remplacer les bâtiments légers dont la présence eût été si utile. — Par ordre de l'amiral, le commandant d'Aboville, chargé du commandement de Canton a commencé ses recherches sur les ressources que peuvent offrir Macao, Hong-kong et Canton en bâtiments de cette espèce.

Le capitaine général des Philippines doit avoir à sa disposition un certain nombre d'avisos à vapeur de guerre, et le capitaine de vaisseau espagnol Lassano, attaché à l'expédition, est allé en demander l'envoi. Dans le cas où ces avisos ne seraient pas disponibles, l'amiral prie Son Excellence d'acheter ou de noliser des avisos à vapeur du commerce, qu'il sera très-facile d'armer avec les ressources de l'arsenal de Cavite, à l'aide des matelots indigènes et d'officiers de la marine royale.

XXV. — C'est seulement vers la fin de mars, peut-être même au commencement d'avril, que la barre et la rade de Hué seront praticables aux flottilles d'attaque et au convoi ; bien des événements imprévus peuvent, jusqu'à cette époque, entraver ce projet. — Mais le corps expéditionnaire ne doit point rester inactif ; l'amiral a recueilli et étudié avec soin les divers renseignements qui lui sont parvenus de différents côtés, et Saigon lui paraît le seul point attaquable avec les ressources dont il dispose.

« Un coup frappé sur Saigon (écrit-il au ministre de la marine, en date du 3 décembre) aura un effet très-utile, d'abord sur le souverain anamite. — En second lieu, Saigon étant très-rapproché de la frontière du Camboge (il lui a appartenu anciennement), le roi du Camboge tentera peut-être quelqu'effort pour secouer le joug que fait peser sur lui la Cochinchine, et ce nous serait une favorable diversion. Enfin Siam entendra le retentissement du canon français ; ce retentissement ne peut que raffermir le souverain de ce pays dans les bonnes dispositions qu'il montre pour nous, mais qui sont, dit-on, plus apparentes que réelles. »

Dans une autre dépêche en date du 29 janvier 1859, l'amiral complète ses appréciations sur la place de Saigon :

« Saigon est sur un fleuve accessible à nos corvettes de guerre et à nos transports ; les troupes, en débarquant, seront sur le point d'attaque ; elles n'auront donc ni marches à fournir, ni sacs, ni vivres à porter. Cette opération est tout à fait dans la mesure de nos forces physiques. Je ne sais si Saigon sera mal ou bien défendu, tant les rapports des missionnaires au sujet de cette place sont confus et contradictoires. Mais, quoi qu'il en soit, Saigon est l'entrepôt des riz qui nourrissent en partie Hué et l'armée anamite et qui doivent remonter vers le nord au mois de mars. Nous arrêterons les riz.

« Le coup frappé à Saigon prouvera au gouvernement anamite que tout en conservant Tourane, nous sommes capables d'une action extérieure, et l'humiliera dans son orgueil vis-à-vis des rois de Siam et de Camboge ses voisins, voisins qui le détestent et qui ne seront pas fâchés de trouver l'occasion de reprendre ce qui leur a été pris. »

XXVI. — L'amiral Rigault de Genouilly eût voulu entreprendre cette expédition vers le 20 décembre, mais les pluies torrentielles qui se succèdent presque sans relâche, ont forcément interrompu les travaux et causé des dégâts qui retarderont le départ d'une quinzaine de jours.

Pendant ce temps, la flottille d'embarcations qui est restée en rivière sous les ordres du commandant Jauréguiberry, a de temps à autre quelques engagements peu importants ; l'ennemi cherche à barrer la double voie qui, par terre et par eau, conduit de Tourane à la capitale de la province. — Nous n'avons aucun projet d'attaque contre cette ville de troisième ordre et dont la prise serait un fait de guerre sans importance ; toutefois le commandant Jauréguiberry a reçu l'ordre de maintenir une offensive vigoureuse, afin de contenir l'ennemi dans ses ouvrages et de l'empêcher d'en sortir.

Dans les matinées des 20 et 21, cet officier supérieur a deux rencontres sérieuses avec les troupes anamites. — Le 21, il fait enlever à la baïonnette le fort de Dunnaï, armé de pièces de 24. L'ennemi se défend vigoureusement jusque dans l'intérieur du fort et laisse sur le terrain une trentaine de morts.— Les pièces qui armaient cet ouvrage sont enclouées, et huit pierriers, que les Anamites emploient beaucoup comme pièces de campagne, sont enlevés. Pendant ces deux journées, les soldats français et espagnols ont combattu côte à côte avec le même sang-froid, la même énergie, le même entrain.

XXVII. — Les faits qui se passaient, ou devaient se passer en Cochinchine, n'avaient aux yeux du gouvernement de l'Empereur qu'une importance secondaire, surtout en face des éventualités de guerre qui surgissaient en Italie. Un corps expéditionnaire avait été envoyé en Cochinchine pour satisfaire aux sentiments d'humanité et chercher à arrêter les cruautés croissantes que les Anamites exerçaient contre les missionnaires chrétiens. Le succès de nos armes devant Canton et à l'embouchure du Peï-ho, succès si rapide, avait fait supposer qu'il en serait de même en Cochinchine, et que la seule apparition des bâtiments de guerre européens près du territoire anamite suffirait pour inspirer au gouvernement de ce pays une salutaire terreur.

Par suite de renseignements inexacts ou incomplets, on ne s'était pas fait en France une idée exacte des difficultés de l'entreprise que le ministre de la marine avait, au nom de l'Empereur, ordonné au vice-amiral Rigault de Genouilly de tenter dans ces parages. C'était donc sur le commandant en chef que retombait tout entière cette grave responsabilité inexorablement assumée sur tout homme qui, à six mille lieues de son pays, doit mener à la victoire le drapeau qui lui a été confié.

Aussi l'amiral, avec ses ressources si restreintes, ne dissimulait pas au ministre les inquiétudes et les impossibilités qui se dressaient devant lui.

XXVIII.— « Il me faudra forcément (écrivait-il le 29 janvier 1859) m'abstenir de toute opération difficile; l'honneur de nos armes ne sera pas compromis, mais le ministre sera-t-il satisfait par une inaction restreinte qui éternisera la guerre? — Le gouvernement a été trompé sur la nature de cette entreprise en Cochinchine; elle lui a été représentée comme modeste : elle n'a point ce caractère;— on lui a annoncé des ressources qui n'existent pas, des dispositions chez les habitants qui sont tout autres que celles prédites, — un pouvoir énervé et affaibli chez les mandarins : ce pouvoir est fort et vigoureux; — l'absence de troupes et d'armée : l'armée régulière est très-nombreuse et la milice comprend tous les hommes valides de la population. — On a vanté la salubrité du climat : le climat est insalubre ; il n'y a qu'à regarder la figure hâve et décharnée des missionnaires qui se sont montrés parmi nous, venant des différentes parties de l'empire. Tourane ne vaut pas mieux que Hong-kong, et Hong-kong est réputé à bon droit pour un pays très-malsain. En relisant les rapports envoyés de Paris, et en présence des faits qui se sont produits et qui se produisent chaque jour, on reste convaincu que la question est entourée d'assertions erronées.

« Aucune expédition sérieuse par terre n'est possible, si courtes que soient les marches : les troupes les plus valides ne les supporteraient pas, à moins de se résigner à ces consommations d'hommes que les Anglais éprouvent dans l'Inde. C'est pour moi un fait acquis par les simples promenades militaires de courte durée que nous avons faites sur la presqu'île. — Le pays n'a pas de routes ; il est coupé par d'innombrables rizières, et j'ai la certitude qu'il en est particulièrement ainsi des environs de Hué. Nous n'avons pas d'ailleurs d'équipages de campagne.— Devant Hué, comme partout, il faut arriver par eau, par des fleuves, sauf celui de Saigon, peu profond ; et s'il est à peu près certain, d'après le dire des pilotes chinois, que nos canonnières pourront franchir la barre de Hué, il est au moins douteux qu'elles puissent remonter le fleuve pour battre la place avec leurs canons rayés.

« Pour qu'une expédition contre Hué présentât des garanties de succès, des canonnières à petit tirant d'eau, telles que celles qui avaient été envoyées dans la Baltique, seraient nécessaires ; ces canonnières trouveraient également un emploi utile dans les fleuves de Tonquin. Une opération sur Hué est la répétition de l'opération sur Tien-tsin, avec cette différence que les eaux à traverser sont moins profondes, et qu'à la place de Tien-tsin, fortifié à la chinoise, on se trouvera au bout de la course devant une place fortifiée à l'européenne, fortement armée d'artillerie et entourée d'une armée. »

XXIX. — A ces appréciations sur les difficultés probables d'une entreprise contre la capitale de l'empire annamite, le commandant en chef joignait l'énumération des forces qui lui semblaient nécessaires pour accomplir cette expédition (1).

« On doit partir de ce point (ajoutait-il dans la même dépêche), qu'en ces pays lointains, pour l'honneur de nos armes et pour satisfaire l'opinion de l'Europe, celle de la France, et aussi pour l'accomplissement de l'œuvre elle-même, il faut des succès, toujours des succès, et

---

(1) *Dépêche adressée à S. Exc. le ministre de la marine, par l vice-amiral Rigault de Genouilly.*

Quartier général de Tourane, 29 janvier 1859.

Je n'estime pas à moins de 3000 hommes le nombre de troupes nécessaires. Nous étions 5000 hommes, tous Européens, devant Canton. Dans les 3000 hommes employés à l'attaque de Hue, je compte 1000 hommes de troupes des Philippines. — Le corps français se composerait de 2000 hommes : 1200 hommes d'infanterie de marine, 600 hommes de compagnies de débarquement, 150 canonniers, 50 hommes du génie. L'excédant des troupes de toutes armes, françaises et espagnoles, serait affecté à la garde et à la défense de Tourane.

jamais un échec. Cette obligation de succès, un commandant en chef ne doit jamais la perdre de vue dans ses entreprises, et c'est parce que je crois fermement au succès d'une expédition sur Saigon, que je vais me porter sur cette ville. »

Il était en outre à redouter que les forces britanniques ne nous précédassent sur ce point, qui était bien réellement dans notre rayon d'action, obéissant ainsi aux pressantes et perpétuelles sollicitations des négociants de Hong-kong et de Singapour auprès des autorités anglaises.

Les préparatifs de départ, retardés par les mauvais temps, étaient enfin terminés, et l'amiral Rigault de Genouilly comptait mettre très-prochainement sous vapeur pour attaquer Saigon. — En quittant Tourane, il laissait cette position grandement approvisionnée et solidement garantie sous le point de vue militaire.

XXX. — Comme l'ennemi avait beaucoup accru les forces qu'il entretenait en rivière et sur la route de Hué, forces que les rapports des espions portaient au nombre de 15,000 hommes, l'amiral, en raison de l'éloignement des bâtiments de la flottille en station sur ce point, avait jugé nécessaire de leur donner un point d'appui solide en réarmant, avec quelques canons de gros calibre, le fort situé du côté de l'est et à l'entrée de la rivière. Ce fort, du reste, n'avait été ruiné que sur une seule de ses faces et il put facilement être remis en bon état de défeuse. Le commandement supérieur de Tourane resta confié au capitaine de vaisseau Thoyon, auquel l'amiral donnait, pour les cas éventuels d'attaque, deux canonnières, *la Mitraille* et *la Fusée*. Le commandant Jauréguiberry, remplacé dans le commandement de la rivière par M. Faucon, prit celui du *Primauguet* que laissait vacant M. Thoyon. — Le lieutenant de vaisseau Lafont quitta le commandement de *l'Avalanche*, confié à M. d'Osery, et fut appelé à remplir auprès du commandant en chef les fonctions d'aide de camp, le capitaine de frégate Ribourt restant à Tourane, chargé du commandement des avant-postes.

On était donc en mesure de défendre les positions conquises contre toute entreprise de l'ennemi, si celui-ci, encouragé par le départ des gros bâtiments, voulait tenter une attaque générale; l'amiral, entièrement rassuré de ce côté, mit sous vapeur, le 2 février, et se dirigea vers le fleuve de Saigon.

CHAPITRE II.

XXXI. — La division navale que le commandant en chef emmenait avec lui se composait du *Phlégéton*, portant le pavillon amiral, du *Primauguet*, des canonnières *l'Alarme*, *l'Avalanche* et *la Dragonne*, des transports *la Saône*, *la Durance* et *la Meurthe*, et de l'aviso à vapeur espagnol *el Cano*. — Le 9 février, dans l'après-midi, elle atteignait l'embouchure du fleuve de Saigon et se trouvait réunie aux quatre bâtiments de commerce portant les chevaux des états-majors, le matériel et les approvisionnements de charbon et de bestiaux.

L'amiral résolut de s'emparer, dès le lendemain, des deux forts qui défendaient le mouillage intérieur du cap Saint-Jacques. — Ces deux ouvrages, appelés : *forts de Vantaö*, se composaient d'un fort en pierre, d'une batterie basse, et d'une batterie, dite *des Palissades*. Aussitôt que ces différentes défenses seront réduites, la canonnière formant l'extrême gauche de la ligne d'attaque poussera une reconnaissance jusqu'au bassin de Ngà (1).

Déjà les commandants des bâtiments sont instruits des dispositions générales. Des plates-formes entourées de toile devront être établies sur les barres de hunes des canonnières pour y placer de la mousqueterie, les parcs à brûlots seront mis en place, et les filets d'abordage des canonnières installés en casse-tête.

Les chaloupes et les grands canots seront prêts à recevoir les hommes qui devront être jetés à terre.

Le premier corps d'attaque, composé des compagnies de débarquement des trois canonnières et des deux corvettes de guerre, ainsi que des troupes françaises et espagnoles embarquées sur les deux navires, est placé

---

(1) C'est ainsi qu'il est dénommé dans la carte de Dayot.

sous le commandement du capitaine de vaisseau Reynaud, secondé par le lieutenant-colonel Reybaud. L'enseigne de vaisseau de Lonlay, ayant sous ses ordres M. d'Arfeuille, du *Phlégéton*, est chargé du commandement des canots. — Si deux attaques sont nécessaires et doivent s'opérer simultanément, c'est le commandant Jauréguiberry qui commandera la seconde colonne; les compagnies espagnoles du commandant Palanca prendront également part aux différentes attaques et seront jetées, selon le besoin, sur les points indiqués. — La division doit appareiller avec le commencement du jusant.

XXXII. — A 4 h. 1|2 du matin, le 10, le branle-bas de combat est battu sur tous les bâtiments.

Dès que le signal est donné, tous se mettent en mouvement et viennent se placer, selon l'ordre qui leur a été indiqué, devant les forts qui défendent l'entrée du cap. — Le *Phlégéton* et le *Primauguet* ouvrent la marche; ils viennent se placer de manière à attaquer par le travers le fort en palissades; *l'Avalanche*, la *Marne*, la *Dragonne* viennent se placer sur la même ligne. — Un peu en arrière, entre le *Primauguet* et le *Phlégéton*, s'est embossé le bâtiment espagnol *el Cano*; puis successivement en remontant vers la droite, et devant un village qui s'étend sur la côte, sont placés la *Meurthe*, la *Saône* et les bâtiments de commerce.

Le pavillon amiral flotte sur le *Phlégéton*. — Le feu doit commencer lorsque cette corvette hissera à son grand mât le pavillon jaune. — Dès qu'il apparaît, une épaisse fumée enveloppe les bâtiments et les forts. Vainement ceux-ci essayent de résister et lancent quelques projectiles qui viennent se perdre dans les agrès de nos navires ou s'enfoncer en bouillonnant dans les eaux du fleuve, les tirailleurs placés dans les hunes atteignent les canonniers à leurs pièces. Bientôt le feu des forts est à peu près éteint. Alors le pavillon jaune qui flotte au grand mât du *Phlégéton* est amené, et les canots poussent vers la terre avec les compagnies de débarquement françaises et espagnoles. — Elles sont divisées en deux colonnes.

Pendant que la première prend pied, la seconde se tient sous les avirons. — Toutes deux, guidées par leurs chefs, le commandant Reynaud et le lieutenant-colonel espagnol Escario, s'élancent, l'un sur le fort, l'autre sur la batterie *des Palissades*. Les défenseurs de ces deux ouvrages se voyant enveloppés de tous côtés, gagnent en désordre l'intérieur des terres. — L'artillerie ennemie est mise hors de service, et les affûts sont jetés à la mer.

Déjà *la Dragonne*, qui forme l'extrême gauche de la ligne, a fait route vers le bassin intérieur, pour en reconnaître le terrain; elle a pris à son bord le chef d'état-major, commandant Reynaud; cette canonnière passe à toute vapeur devant le fort de Canghio, et remonte, sans trouver aucun obstacle, jusqu'au bassin de Ngâ, où l'amiral a l'intention de mouiller sa division, le lendemain.

XXXIII. — Le 11, dans la matinée, l'ordre est donné de se mettre en mouvement.

La Dragonne dirige la marche des bâtiments qui naviguent sur une file, et va mouiller au-delà du fort de Canghio, prête à servir d'éclaireur, aussitôt que cet ouvrage, isolé sur la pointe de terre qui s'avance à l'extrémité du bassin, sera réduit.

Le Phlégéton, qui porte le pavillon de l'amiral, tient la tête, et, en passant devant le fort, s'arrête et ouvre le feu. Ses obus incendiaires ne tardent pas à mettre le feu dans l'intérieur de l'ouvrage. — *Le Primauguet*, *l'Avalanche*, *l'Alarme*, *l'el Cano*, *la Saône* et *la Meurthe* imitent *le Phlégéton*. L'ennemi riposte avec énergie, mais tout à coup une colonne de flammes et de fumée s'élève en tourbillonnant dans les airs et une seconde explosion se fait entendre : c'est le fort de Canghio qui saute, lançant au loin dans les eaux du fleuve ses débris enflammés.

Dans la journée, l'amiral donna ordre (1) d'appareiller

Ordre du 11 février 1859.

La Dragonne, l'Avalanche, le Phlégéton, le Primauguet, l'el Cano, l'Alarme, appareilleront après midi pour remonter la rivière jusqu'au premier barrage et dans l'ordre ci-dessus.

La onzième compagnie, embarquée sur *la Meurthe*, sera divisée en deux sections : le première section, commandée par le capitaine, embarquera sur *le Phlégéton;* la deuxième, commandée par le lieutenant, sur *le Primauguet*.

Le commandant Des Pallières embarquera sur *le Primauguet*.

L'el Cano recevra à son bord une compagnie espagnole désignée par le colonel Lanzarote; un chef de bataillon espagnol prendra le commandement de cette compagnie et de celle qui est embarquée sur *le Phlégéton* et *le Primauguet*.

pour remonter la rivière jusqu'au premier barrage; mais le commandant en chef n'a pu recueillir que des notions très-confuses, et encore ces renseignements, fournis par des pêcheurs et des bateliers cochinchinois, ne doivent-ils être acceptés qu'avec méfiance. — Aussi, en quittant le bassin de Ngà, l'amiral marche avec une grande prudence, précédé de la canonnière *la Dragonne*, qui éclaire la route; il n'emmène avec lui que les bâtiments de guerre; les transports et le convoi doivent suivre lorsque la route sera ouverte, et sur un signal convenu.

XXXIV. — Pendant une partie de la route, des bois de palétuviers et de mangliers bornent la vue et voilent l'horizon. Les palétuviers croissent jusque sur le bord même du fleuve, encombrant les rives de leurs racines entrelacées qui se plongent dans les eaux, tandis que leur feuillage en effleure la surface. — Les berges sont plates et vaseuses. — Puis, cet aspect change, et à ces bois touffus succèdent tout à coup, presque sans transition, de grandes plaines cultivées en riz et en cannes à sucre. Quelques villages sont groupés çà et là; et, de distance en distance, on voit de misérables habitations construites avec des bambous et de la paille; auprès d'elles croissent de grands arbres qui abritent les cultivateurs de ces fertiles campagnes, dont l'étendue se perd dans l'immensité de l'horizon.

Le mode d'attaque que l'amiral a adopté contre les différents ouvrages qui défendent la rivière était comme dans le Peï-ho, subordonné aux courants dont la violence ne permettait pas de s'embosser. Les forts devaient être canonnés d'enfilade par les pièces, soit de chasse, soit de retraite, du *Phlégéton* et du *Primauguet*, qui prenaient à cet effet un mouillage convenable. Les canonnières sous vapeur devaient manœuvrer pour présenter le travers et soutenir l'attaque des deux bâtiments. — Le feu de l'ennemi une fois éteint, les troupes étaient jetées à terre, formant, selon les nécessités de l'attaque, une ou deux colonnes.

XXXV. — « Afin d'avoir toujours sous la main une force prête pour les débarquements (écrit l'amiral dans sa dépêche au ministre), je distribuai sur *le Primauguet, le Phlégéton, l'Avalanche, l'Alarme* et *l'el Cano*, trois compagnies d'infanterie française, sous le commandement du colonel Reybaud et du chef de bataillon Des Pallières, deux compagnies d'infanterie espagnole, sous les ordres du chef de bataillon Palanca, et un détachement d'artillerie de marine. Les chaloupes et les canots tambours étaient remorqués par les corvettes et les canonnières. Ces canots tambours portaient les canons rayés en bronze du capitaine Lacour, manœuvrant sur leurs affûts de campagne, grâce à un procédé très-ingénieux imaginé par cet habile et brave officier. Le capitaine du génie Gallimard et quelques sapeurs d'élite étaient embarqués sur *le Phlégéton*.

« C'est avec l'ensemble de ces forces, que du 11 au 15 février, j'enlevais successivement les forts de Onghia, de Biguekague et de Kiala, ceux de Tangray et de Tanky, et que j'arrivais dans la soirée du 15 près des deux forts construits sur les plans d'ingénieurs français, qui défendent au sud la ville de Saigon (1). »

XXXVI. — Cette course où l'amiral marchait d'attaque en attaque et de succès en succès, ne s'arrêtant devant les forts et devant les estacades que le temps nécessaire pour les enlever et les détruire, ne se fit pas sans qu'il rencontrât souvent une rude résistance. Il avait fallu briser deux estacades, l'une au-dessus du fort d'Onghia, l'autre devant le fort de Biguekague même. — L'ennemi se défendait vaillamment, jusqu'au moment où nos boulets et nos projectiles jetaient le désordre et la destruction dans les forts, aidés par les balles de nos habiles tireurs qui, placés dans les hunes, tuaient à leurs pièces les canonniers anamites. — Au fort d'Onghia notamment, l'*Avalanche*, capitaine d'Osery, reçut de nombreux projectiles qui brisèrent ses agrès et lui causèrent des avaries.

Les compagnies de débarquement avaient aussi rencontré de sérieuses difficultés par la nature des terrains vaseux noyés à mer haute, dans lesquels souvent ils enfonçaient à mi-jambes. — Les ouvrages cochinchinois étaient protégés par de nombreux chevaux de frise et par des trous de loup hérissés de piquants de bambous

---

Dépêche du vice-amiral Rigault de Genouilly à Son Excellence le Ministre de la marine. 28 *février* 1859.

aux abords des murailles. Mais nul obstacle ne pouvait arrêter l'élan de nos soldats.

« Chaque fort pris (écrit l'amiral), les pièces en fer étaient détruites, les canons de bronze embarqués, les poudres et les projectiles noyés, l'ouvrage lui-même complétement détruit par le capitaine de génie Gallimard, qui incendiait les palissades et les blindages. — La rivière ouverte ne pouvait se fermer derrière nous. »

XXXVII. — L'amiral avait hâte d'arriver devant Saigon, et le 15 au soir, il se trouvait en vue des deux forts qui, placés en face l'un de l'autre, défendent au Sud les abords de la ville, comme la citadelle les défend au Nord.
— *Le Prégent*, commandé par le lieutenant de vaisseau Ganteaume, avait rejoint la division navale dans la journée du 13. — Ce bâtiment arrivait de Hong-kong et amenait le commandant du génie Dupré-Déroulède.

A peine la canonnière d'avant-garde *l'Alarme* a-t-elle, selon ses instructions, jeté l'ancre au coude de la rivière qui précède la position sur laquelle s'élèvent ces deux défenses, qu'elles ouvrent immédiatement leur feu. — Les abords de la rivière, formés de terrains fangeux où croissent de hautes herbes, sont couverts de plantations très-élevées et de buissons épais très-favorables à la défense. L'ennemi peut facilement masquer des batteries au moyen de ces obstacles naturels, et les découvrir tout à coup par un feu de mitraille, au moment le plus propice.

Le fort de la rive gauche est complétement caché

par un pli de terrain sur lequel se groupent des arbres très-touffus. — Mais celui de la rive droite montre à découvert l'une de ses faces, dont on peut, à l'aide de la longue vue, distinguer nettement l'armement et les défenses.

Aussitôt *le Phlégéton* et *le Primauguet* viennent s'embosser et commencent un feu régulier et précis dirigé sur le fort de la rive droite. Déjà *l'Alarme*, qui s'est empressée de répondre à l'attaque dirigée contre elle, le canonne vigoureusement aussi ; la face que nos boulets ont entamée ne tarde pas à être réduite au silence. — Mais la nuit approche et ne permet pas de prendre les dispositions nécessaires pour réduire complétement cet ouvrage, protégé à la fois par le terrain, par une forte estacade composée de matières inflammables, et par deux batteries.

Dans la soirée, l'amiral règle son plan de combat et réunit à bord du *Phlégéton* tous les commandants des bâtiments, auxquels il donne des instructions précises pour l'action du lendemain. — Une attaque de pointe paraît, aux yeux du commandant en chef, offrir les conditions les plus favorables, car elle donne à la fois des vues sur deux faces de la fortification et sur les deux batteries annexes. — La canonnière *l'Alarme* reçoit sur son gaillard d'avant deux canons de 30, et sous son gaillard, aux sabords de chasse, deux obusiers en bronze rayés du capitaine Lacour, que serviront les artilleurs de la marine ; *l'Avalanche* arme son gaillard d'un obusier de 80. — *Le Phlégéton* et *le Primauguet* placent chacun en chasse deux canons rayés. A la tombée de la nuit, deux embarcations armées en guerre, commandées par le lieutenant de vaisseau Bailly, nagent en silence vers l'estacade et brisent à coups de hache les câbles qui relient entre eux les espars et les bateaux sur lesquels ont été entassées des caisses de poudre et de la paille. — Aussitôt qu'une ouverture est pratiquée, le courant pousse ces bateaux vers la rive, et le chemin devient libre.

XXXVIII. — Dès la pointe du jour, les bâtiments ont allumé leurs feux et sont prêts à aller prendre position. Bientôt ils se mettent en mouvement et viennent mouiller à 800 mètres environ des forts, tous les quatre sur la même ligne et présentant l'avant aux batteries ennemies ; — ce sont *l'Alarme*, *le Phlégéton*, *le Primauguet* et *l'Avalanche*. — Le chenal de la rivière est si étroit, et les bâtiments si rapprochés les uns des autres, que l'amiral commandant en chef, debout sur la passerelle du *Phlégéton*, peut à la voix communiquer ses ordres aux capitaines de ces quatre bâtiments. — Un peu en arrière se sont placés *le Prégent*, *la Dragonne* et *l'el Cano*; qui doivent battre le fort de la rive gauche.

Au signal du *Phlégéton* le feu s'ouvre sur toute la ligne, — après quelques coups d'essai, le tir rectifié devient d'une régularité parfaite. Les meilleurs tireurs de l'infanterie de marine sont dans les hunes, et leurs balles arrivent en plongeant sur les canonniers anamites. — Déjà la mort court de rang en rang au milieu des défenseurs des deux forts, et pendant que nos boulets ravagent les batteries ennemies, les projectiles creux accomplissent leur œuvre de destruction.

La défense est énergique. Le fort de la rive gauche a réuni son feu à celui de la rive droite. — Les boulets et la mitraille frappent les agrès des bâtiments et sifflent au milieu des cordages. L'espace qu'occupent les navires est tellement circonscrit, qu'ils sont enveloppés par les fusées de l'ennemi, d'une pluie de feu qui fort heureusement passe au-dessus d'eux. — Une heure n'est pas écoulée, et déjà les ravages de notre artillerie sont visibles. — A huit heures du matin les deux forts, à bout de lutte et de défense, étaient au pouvoir des troupes alliées.

XXXIX. — Les embarcations ont jeté à terre les compagnies de débarquement; le fort de la rive droite est démantelé, son armement détruit; mais l'amiral fait occuper celui de la rive gauche, destiné à servir de point d'appui aux bâtiments de transport et de convoi qui rallient la division navale; une compagnie d'infanterie et quarante artilleurs du contingent espagnol y sont installés.

Déjà le commandant Jauréguiberry, le commandant du génie Dupré-Déroulède et le capitaine d'artillerie Lacour sont montés à bord de *l'Avalanche* et poussent une reconnaissance en vue de la place, que l'amiral compte attaquer, dès le lendemain, avec toutes ses troupes réunies. La citadelle de Saigon, à fronts bastionnés, est située à 800 mètres environ de la rivière ; chaque face présente un développement de 475 mètres et est masquée dans presque toute son étendue par des bois, des plantations, des jardins et des maisons. — On ne découvre, de la rivière, qu'une porte située à l'extrémité d'une avenue, un mât de pavillon et la toiture de quelques casernes ou grands magasins.

Les rapports des officiers envoyés en reconnaissance, joints aux renseignements fournis par des prisonniers anamites, décidèrent l'amiral à adopter un plan d'attaque sur une ligne de file.

Le dispositif de cette attaque fut réglé par lui dans une conférence avec les commandants des bâtiments, auxquels il signala les points de repère principaux qui devaient guider leur tir; ils ont l'ordre de se placer eux-mêmes dans les hunes pour diriger plus sûrement le feu de leurs bâtiments; car, nous l'avons dit, les abords de la place sont entièrement masqués par de nombreux jardins et par des massifs très-épais.

XL. — Le lendemain 17 février, au point du jour, l'ordre est donné à chaque navire d'appareiller pour aller prendre son poste de combat. — Le temps est superbe et annonce une de ces journées, comme on en rencontre seulement dans ces parages intertropicaux. — *Le Phlégéton*, qui porte toujours le pavillon amiral, vient mouiller en face de la porte, seul point de la place que de la rivière on aperçoive directement; *le Primauguet*, *l'Avalanche* et *l'Alarme* dépassent *le Phlégéton* et viennent mouiller en avant de ce bâtiment, beaupré sur poupe, l'*Alarme* en tête. — En arrière du *Phlégéton* s'échelonnent la *Dragonne*, l'*el Cano* et le *Prégent* qui prennent d'écharpe la face contre-battue. Les embarcations qui doivent, au signal du commandant en chef, transporter à terre les compagnies de débarquement, sont à tribord.

Aussitôt que les bâtiments sont tous arrivés à leur poste, le signal de l'attaque monte au grand mât du *Phlégéton* et le feu commence ; du haut des hunes, les capitaines placés en vigie, rectifient le tir de leurs pièces ; bientôt il atteint cette justesse qui fait si grand honneur à nos canonniers de la marine. — Les eaux tranquilles du fleuve n'impriment aucun mouvement aux navires. La citadelle répond avec énergie, mais les boulets traversent toutes les mâtures qui leur servent de point de mire. Notre feu, sûr de sa direction, augmente d'intensité ; celui de l'ennemi diminue au contraire, ce qui dénote l'effet croissant de nos projectiles et les dégâts qu'ils ont déjà produit dans l'intérieur de la place.

XLI. — Le moment de donner l'assaut est venu.

L'amiral se jette dans son canot avec le lieutenant de vaisseau Lafont, le lieutenant-colonel espagnol Escario et le capitaine de cavalerie Lopez, ses aides de camp. Il prend pied à terre au moment où toutes les embarcations abordent la plage. Les troupes, formées en colonne à l'abri des maisons, sont soutenues par les obusiers rayés du capitaine Lacour et sous la protection des tirailleurs qui, des hunes des bâtiments, fouillent les bois environnants.

Le feu de la citadelle est presque entièrement éteint, le bastion du S. E. seul tire encore; il faut aussi le réduire au silence. Le commandant Des Pallières, à la tête des 7ᵉ et 11ᵉ compagnies d'infanterie de marine et des compagnies du *Phlégéton*, du *Primauguet* et de *l'el Cano*, se lance résolument à travers les fourrés qui se trouvent sur la gauche. Les tirailleurs, jetés en avant, se dispersent dans toutes les directions, et protégés par les bois ils ouvrent un feu très-vif sur les canonniers qui sont encore à leurs pièces. — Le capitaine Gallimard, avec ses sapeurs du génie, se joint à cette colonne pour faire sauter la première porte qu'il rencontrera ou bien, le moment venu, faciliter l'escalade. L'amiral envoie aussi dans la même direction une compagnie de chasseurs espagnols, sous le commandement du chef de bataillon Palanca; cette compagnie doit se porter à mi-distance du fort et des colonnes pour appuyer au besoin les mouvements du commandant Des Pallières.

Sur la plage, le lieutenant-colonel Reybaud tient en réserve le bataillon du commandant Breschin. — Le corps espagnol, sous les ordres du colonel Lanzarote, et le demi-bataillon de gauche des marins, commandé par le capitaine d'infanterie Valière, sont prêts à se porter au pas de course, avec les obusiers du capitaine Lacour, sous les murs de la place.

XLII. — Ces dispositions prises, l'amiral attend les

résultats du mouvement qu'opère le petit corps qu'il vient de lancer en avant.

Les tirailleurs du commandant Des Pallières ont fait merveille. L'ennemi, déjà démoralisé par le feu des bâtiments dont les progrès destructeurs croissaient d'instant en instant, est terrifié par cette attaque inattendue et presque invisible; frappé à la fois dans tous les sens, voyant ses canonniers tomber un à un sur leurs pièces devenues silencieuses, il n'essaye plus une défense impossible. C'est alors que les tirailleurs, profitant de ce mouvement de stupeur se lancent à l'assaut. — A leur tête est le sergent Henri Des Pallières. Les échelles d'escalade se dressent contre les murailles que nos boulets ont ébréchées, et bientôt leur sommet est couronné aux cris mille fois répétés de : *Vive l'Empereur !*

Au moment où l'amiral, prenant avec lui une portion des troupes qu'il tient en réserve sur la plage, accourt sur l'esplanade du fort pour soutenir le commandant Des Pallières; il aperçoit sur sa droite un gros parti d'Anamites (mille hommes environ) qui avait engagé une vive fusillade contre l'une de nos compagnies d'infanterie de marine ; il donne aussitôt l'ordre au colonel espagnol Lanzarote de les rejeter au delà de l'aroyo qui longe la face nord du fort. — Le colonel, impatient d'entrer, lui aussi, en action, s'élance et exécute cet ordre avec autant de rapidité que d'énergie. — Dès ce moment, le corps expéditionnaire cessa d'être inquiété au dehors.

Nous sommes maîtres de la citadelle sur laquelle

flottent les pavillons français et espagnols. — Les portes sont ouvertes par nos sapeurs, et le bataillon de marins du commandant Breschin vient se joindre aux troupes qui déjà ont pris possession de cet ouvrage contre lequel l'ennemi espérait voir se briser nos efforts impuissants. — A dix heures, les obusiers du capitaine Lacour et les obusiers de montagne de la division sont installés dans la citadelle même, prêts à défendre notre conquête contre tout retour offensif.

A midi, les compagnies de débarquement rallient leurs bâtiments. L'amiral a établi son quartier général dans l'arsenal de la citadelle. — Toutes les troupes françaises et espagnoles sont distribuées sur les quatre faces du fort et en occupent les nombreux casernements. — Nos obusiers arment les bastions et peuvent faire feu au premier signal.

Ce succès important n'avait été acheté qu'au prix de pertes insignifiantes qui se réduisaient à un petit nombre de tués et blessés. Mais celles de l'ennemi avaient dû être considérables.

XLIII. — La rapidité des opérations qui s'étaient succédé sans relâche depuis l'entrée de la division navale en rivière, avait imposé à tous de grandes fatigues qui devaient s'appesantir plus cruellement encore sur le corps expéditionnaire, à peine échappé aux fatales influences des maladies qui sévissaient à Tourane. Mais le zèle, l'énergie de chacun, n'avaient pas un seul instant failli dans ces conditions difficiles, et les dévouements étaient doublés par cette pensée que tous, depuis le chef jusqu'au soldat, avaient en garde, dans ces contrées loitaines, l'honneur des drapeaux de la France et de l'Espagne.

La place de Saigon, une des citadelles les plus importantes de la Cochinchine, n'était habitée que par les employés du gouvernement anamite et par la garnison destinée à la défendre. — Aucun habitant du pays ne pouvait y pénétrer. Quatre portes y donnaient accès, et toutes quatre avaient été solidement barricadées au moyen de pierres et de sacs à terre; tout le pourtour de la place était un large boulevard. Au milieu s'élevaient d'immenses bâtiments destinés à emmagasiner l'impôt payé en riz par les provinces du Sud; on trouva ces bâtiments très-grandement approvisionnés. — De nombreuses casernes, des magasins d'armes et une très-belle poudrière occupaient les autres emplacements; la poudrière contenait une grande quantité de poudre.

Quelques habitations de hauts mandarins venaient seules, par leur architecture bizarre et par les brillantes couleurs dont elles étaient couvertes, rompre la sombre et triste monotonie de ces grands bâtiments; mais toutes avaient été abandonnées en grande hâte, et les mandarins avaient emporté avec eux les objets les plus précieux.

L'écurie des éléphants de guerre occupait aussi un assez grand espace; il y avait place pour dix éléphants. On y trouva de grands mannequins qui servaient à habituer ces animaux à la vue des hommes. — A côté de ces écuries étaient les prisons, cloaques infects et obscurs composés d'une suite de petites cases, où les prisonniers ne pouvaient même pas se tenir debout. Une trentaine de malfaiteurs avaient la cangue au cou, et plusieurs étaient enchaînés par le milieu du corps. — Ces malheureux, en nous apercevant, crurent que leur dernière heure était venue, et ils tendaient vers nous leurs bras avec des supplications : quelques-uns, mornes et abattus, semblaient résignés à leur sort ; il serait plus vrai de dire, qu'ils étaient accablés par les souffrances qu'ils avaient endurées.

XLIV. — Tout le pays environnant la citadelle, était occupé par la ville de Saigon, composée de maisons de bois recouvertes en paille. Au milieu d'elles et d'espace en espace quelques-unes se détachaient bâties en briques et recouvertes en tuiles. Ces maisons, du reste, presque toutes construites avec beaucoup d'art avaient chacune un jardin parfaitement cultivé, et étaient entourées de grands arbres, dont l'ombre les protégeait contre les rayons brûlants du soleil.

A l'extrémité la plus éloignée de Saigon se trouvait le quartier chinois, qui était le quartier commercial de la ville ; il rappelait, par sa physionomie, toutes les villes de littoral de la Chine.

Le pays avait lui-même un aspect splendide de fertilité. — C'était, à perte de vue, un horizon immense de grandes plaines toutes richement cultivées en cannes à sucre et en riz. — On voyait, de distance en distance, de grandes meules de riz ; des arbres centenaires s'élevaient majestueusement et étendaient au loin leurs branches chargées de feuilles ; puis c'étaient des bananiers, des citroniers, des orangers au vert feuillage qui égayaient et parfumaient à la fois ces vastes campagnes cultivées avec le plus grand soin.

Les bâtiments de la division navale poussèrent des reconnaissances à 50 milles environ au-delà de Saigon; ils trouvèrent quelques gros villages sur le bord de la rivière, mais tous avaient été évacués.— Jusqu'à cette distance le fleuve est navigable pour les plus gros navires.

XLV. — « Les Cochinchinois, (écrit un officier de la flotte), ont un type de physionomie qui rappelle beaucoup celui des habitants de la Chine ; ils portent une longue robe presque toujours d'un bleu foncé, ouverte à partir de la hanche ; sous cette robe un large pantalon. Leurs cheveux très-longs sont cachés sous un turban de crêpe dont ils s'entourent la tête. — Les femmes, presque toutes fort laides, portent à peu près le même costume ; elles ont l'habitude étrange de se teindre les dents en noir, et mâchent constamment le *bethel*, sorte de composition formée d'une feuille de béthel, de noix d'arek et de chaux ; ce mélange est fort prisé par les habitants de ces contrées.

« Toutes les habitations sont construites en bois et en paille ; des nattes servent à séparer chaque cabane en différents compartiments. »

Les autorités anamites, ainsi que les troupes et la population, s'étaient retirées à Bien-Hoâ et à Mytho, capitales des deux provinces voisines de celles de Saigon, mais pourtant assez éloignées de cette ville.

Une partie de la population, sous la pression des mandarins, les avait suivies, obéissant bien plus, sans nul doute, aux ordres qui lui avaient été intimés par les autorités, qu'à la terreur que nous lui inspirions.

Peu à peu, quelques chrétiens du haut de la rivière vinrent se rallier à nous et se grouper dans les maisons abandonnées.

XLVI. — « La prise de la citadelle de Saigon, écrivait le vice-amiral Rigault de Genouilly à S. Exc. le Ministre de la marine (1), nous a rendus maîtres d'un matériel considérable : deux cents bouches à feu environ en fer ou en bronze sont tombées en notre pouvoir ; nous avons pris, en outre, une corvette et sept ou huit jonques de guerre encore sur les chantiers. — La citadelle renfermait un arsenal complet. En comptant ce qui se trouvait dans les forts, on peut estimer les armes de main à vingt mille gingalls, fusils, pistolets, lances, piques et sabres. Nous avons trouvé partout d'énormes quantités de poudre ; la citadelle seule en renfermait quatre-vingt-cinq tonneaux, en caisses ou en barils, sans compter les poudres en gargousses et une quantité énorme de cartouches et de fusées. Les projectiles et les balles étaient

---

(1) *Dépêche du* 28 *février* 1859.

en proportion ; les magasins contenaient en outre du salpêtre et du soufre, du plomb et des équipements militaires de toute nature, du riz pour nourrir six à huit mille hommes pendant une année, et une caisse militaire renfermant des sapèques pour une somme de 130 000 francs. — En valeurs enlevées ou détruites, en comprenant dans ces dernières celles de la citadelle et des vastes établissements qu'elle renferme et que je compte raser de fond en comble, on peut estimer que le gouvernement annamite subira ici une perte d'une vingtaine de millions.

« C'est là le côté matériel ; mais pour apprécier l'ensemble des résultats de l'expédition, il faut y joindre la perte de l'influence morale sur les royaumes voisins, et ce coup n'est pas moins sensible que le premier. »

XLVII. — On le voit par cette dépêche, l'amiral a résolu de détruire la forteresse de Saigon et toutes ses vastes dépendances, « l'occupation de cette vaste citadelle, écrit-il, eût exigé une garnison beaucoup trop considérable pour nos effectifs restreints, et demandé un armement en canons et en munitions que nous sommes impuissants à fournir. Elle nous eût en outre entraînés dans des opérations trop fréquentes pour nos moyens maritimes. »

Pendant que le capitaine Gallimard rétablit le fort du Sud, le commandant Dupré-Deroulède dirige avec activité les travaux de mine qui doivent renverser la citadelle.

LIVRE IV, CHAPITRE II. 323

Nous l'avons dit : les autorités anamites avaient toutes abandonné la ville de Saigon, et le même danger qui s'était présenté lors de la prise de Canton, menaçait de se renouveler dans Saigon livrée à elle-même et à la merci des pillards qui déjà se répandaient par bandes, semant partout le désordre, le vol et la destruction. — Les incendies surtout se multipliaient rapidement, outre les destructions barbares des propriétés qu'elles entraînaient, elles pouvaient à un moment donné faire courir des dangers réels aux navires mouillés près des rives du fleuve. L'amiral, pour mettre un terme à cet état de choses, dut employer les moyens les plus énergiques ; quelques exemples, du reste, suffirent pour arrêter le pillage et imprimer aux brigands une salutaire terreur.

Si l'autorité anamite n'avait plus d'agents officiels, elle faisait sentir son pouvoir par des menées occultes qui agitaient sourdement la population contre nous. — Les villages chrétiens qui entourent Saïgon, et qui eussent dû se montrer pleins d'enthousiasme pour la cause que venaient défendre la France et l'Espagne, restaient indifférents ; peut-être la terreur que leur inspiraient les autorités anamites était-elle la cause de cette apathie apparente. Mais il en résultait aux yeux du commandant en chef un fait certain, c'est qu'en entreprenant la guerre dans ces contrées, il ne fallait compter sur aucun auxiliaire, mais uniquement sur ses propres forces, soit que les populations atrophiées de ce pays eussent pour leurs véritables intérêts cette fatale insouciance qui perd les plus nobles et les plus saintes causes, soit qu'elles craignissent pour l'avenir les résultats de l'enthousiasme qu'elles pourraient nous montrer, et qui se changerait pour elles plus tard en un redoublement de tortures. Chaque pas que faisait le corps expéditionnaire au sein de l'empire anamite montrait que ce gouvernement était loin d'être aussi faible que l'on s'était plu à le représenter, et qu'il serait dangereux de se lancer à la légère dans d'aventureuses expéditions.

XLVIII. — Les nouvelles de Tourane annonçaient que les Cochinchinois se préparaient à une énergique résistance, si nous voulions tenter de nous approcher de la capitale de l'empire. — Chaque jour les rapports des espions et les explorations ordonnées par le commandant Thoyon signalaient des préparatifs considérables de défense. Le 6 et le 7 février, l'ennemi encouragé par le départ des bâtiments expéditionnaires avait tenté un nouvel effort pour nous chasser de la rivière et du poste que nous y occupions. — Ces deux affaires très-brillantes pour nos armes étaient la preuve que les Cochinchinois n'avaient point perdu l'espoir de nous expulser de leurs côtes.

Le commandant Faucon avait vaillamment repoussé leur attaque à la tête des marins et des soldats de la flottille, auxquels étaient venues se joindre en toute hâte les compagnies de débarquement de la rade.

Plusieurs batteries cochinchinoises avaient été enlevées et détruites avec des pertes sensibles pour l'ennemi.

L'amiral était impatient de reprendre au plus tôt la route de Tourane avec sa division navale, car les dépêches du ministre lui annonçaient un prochain envoi de matériel d'artillerie et de munitions de guerre, bien nécessaires pour parer aux éventualités qui se préparaient et qui pouvaient subitement prendre un grand caractère de gravité.

XLIX. — Le 8 mars, tout était prêt pour faire sauter la citadelle de Saigon.

Son armement avait été évacué. — Trente-deux fourneaux de mine furent mis en action, et bientôt les bastions et les courtines n'offrirent plus qu'un amas de ruines et de débris fumants. L'explosion fut si effroyable que la terre sembla tressaillir jusqu'au fond de ses entrailles. D'immenses blocs de pierre furent projetés au loin et s'enfoncèrent, en retombant profondément dans le sol, pour attester à jamais l'œuvre de destruction qui venait de s'accomplir. — Pendant plusieurs jours, les flammes se firent jour à travers les monceaux de pierres calcinées, achevant de dévorer ce que la mine avait épargné; l'incendie dura plusieurs mois.

Les bâtiments qui stationnaient devant la citadelle ont reçu l'ordre de descendre le fleuve et de se réunir à ceux qui se trouvent devant le fort du Sud. — C'est ce fort qui doit servir de point d'appui à la subdivision navale qui restera en rivière. — Malheureusement les travaux n'y avancent que lentement; car les matériaux de construction manquent et l'on ne peut s'en procurer qu'à grand'peine, tant est grande la terreur qu'inspirent, quoique absentes, les autorités anamites.

Peu de jours avant la destruction de la citadelle, l'amiral avait appris qu'un rassemblement de troupes s'était formé dans les environs du quartier chinois; on l'estimait à 1000 hommes environ. Aussitôt il donna ordre au lieutenant colonel Reybaud de se diriger sur ce point avec un détachement composé de troupes françaises et espagnoles, et de chasser ce gros d'ennemis des positions qu'il occupait. L'opération eut un plein succès; les Cochinchinois, débusqués d'une pagode qui formait leur principale défense, laissèrent sur le terrain un grand nombre de morts, et en notre pouvoir cinq pièces d'artillerie en bronze qui furent rapportées au fort et embarquées le lendemain.

Cette petite expédition fut signalée par un triste événement; un sergent espagnol et un soldat tagal qui s'étaient attardés au retour de la colonne, furent cernés et horriblement massacrés. Ce double meurtre méritait un châtiment. Le lendemain, le commandant Des Pallières à la tête d'un détachement franco-espagnol se rendit sur les lieux où ces meurtres avaient été commis; les maisons des assassins furent rasées, et quatre d'entre eux fusillés dans le village même.

L. — Les travaux du fort avancent. — L'amiral a déjà dirigé sur Tourane les bâtiments qui doivent y rentrer.

C'est d'abord *le Laplace* qui a rallié le pavillon de l'amiral à Saigon, après avoir conduit le baron Gros au Japon ; *la Saône*, *la Meurthe* et *l'Alarme* le suivront de près ; puis en dernier lieu *le Phlégéton*. — Les canonnières *l'Avalanche* et *la Dragonne* resteront devant Saigon avec la corvette *le Primauguet* et le transport *la Durance*. — Le capitaine de frégate Jauréguiberry, commandant *le Primauguet*, est investi du commandement supérieur de la subdivision stationnant dans la rivière de Saigon et celui du fort qui défend son mouillage. La garnison de ce fort, composée d'une compagnie d'infanterie française, d'une compagnie d'infanterie espagnole et d'un détachement de marins pour servir l'artillerie, est placée sous le commandement provisoire du chef de bataillon Breschin qui doit sous peu remplacer le commandant d'artillerie Maréchal appelé de Tourane.

LI. — Avant de quitter Saigon, l'amiral écrivait au Ministre de la marine :

« Il ne m'est point possible de dire aujourd'hui quand et comment se terminera la question de Cochinchine, et quelles éventualités amènera une solution. Mais si Tourane est une position militaire avantageuse, Saigon est appelé à devenir le centre d'un immense commerce, dès que son fleuve sera ouvert aux Européens ; le pays est magnifique, riche en produits de toute espèce, riz, coton, sucre, tabac, bois de construction, tout y abonde ; et comme le fleuve communique avec l'intérieur du pays par de nombreux cours d'eau, il y aurait là des ressources incalculables, au moins pour l'exportation.

« Si les forces mises à ma disposition eussent été moins exiguës, j'eusse occupé la citadelle et la ville ; mais cette occupation m'étant interdite, il m'a paru convenable de nous réserver les moyens de revenir facilement à Saigon et d'y fonder plus tard un établissement militaire en rapport avec l'importance de la position. Notre présence ici sera toujours d'ailleurs un avantage pour les négociations (1). »

Puis l'amiral R. de Genouilly appréciait ainsi les forces qui lui paraissaient nécessaires pour maintenir durant l'état de guerre une occupation sérieuse.

« Pour constituer à Saigon une occupation efficace ayant action sur le pays, j'estime que le corps d'occupation devrait se composer d'un bataillon d'infanterie de 500 hommes, d'une compagnie entière d'artillerie de marine et d'un détachement de 30 hommes du génie commandé par un officier.

« Ce devrait être à peu près aussi la force de la garnison à laisser à Tourane.

« Le contingent espagnol donnerait des renforts de 2 à 300 hommes sur chaque point, jusqu'à la conclusion de la paix.

« La garnison de Canton devra compter un bataillon d'infanterie, une demi-compagnie d'artillerie et un détachement du génie.

---

(1) *Dépêche du vice-amiral Rigault de Genouilly à S. Exc. le Ministre de la marine.* Saigon 14 mars 1859.

« J'ai déjà indiqué à Votre Excellence quel devrait être, suivant moi, le corps expéditionnaire à porter sur Hué.

« En résumé, il me paraîtrait nécessaire d'avoir dans ces parages 2500 hommes d'infanterie, 250 hommes d'artillerie et 150 hommes du génie pour faire face à toutes les éventualités.

« La force navale à laisser devant Saigon se composerait de deux corvettes de guerre, d'un transport (hôpital et dépôt) et de deux avisos.

« Une corvette de guerre et deux avisos occuperaient la rivière de Saigon.

« Quatre navires de guerre ou de transport occuperaient la baie de Tourane.

« Enfin, pour l'expédition sur Hué, cinq canonnières de première classe se trouvant déjà ici, il y aurait à ajouter au moins cinq canonnières de deuxième classe.

« J'ai dû soumettre à Votre Excellence ces appréciations que je crois exactes et en rapport avec les nécessités des occupations et des opérations à entreprendre. — La paix faite, et l'occupation de Canton prenant fin, les troupes pourraient être réduites à 1500 hommes de toutes armes, et la division navale à dix ou douze navires de guerre, la plupart de rang inférieur. »

Les vents contraires retinrent l'amiral plus longtemps qu'il ne le supposait. — Le *Phlégéton*, après une tentative infructueuse de sortie, fut contraint par le gros temps de rester pendant douze jours à l'embouchure de la rivière de Saigon. C'est le 13 avril seulement qu'il put quitter le mouillage du cap Saint-Jacques, et, le 18 du même mois, il entrait dans la baie de Tourane.

CHAPITRE III.

LII. — A son arrivée, l'amiral apprit avec une grande satisfaction que *le Duchayla*, commandé par le capitaine de frégate Tricault, lui apportait un renfort de marins et de munitions de guerre. — Le ministre y adjoignait les troupes destinées primitivement à tenir garnison à Canton.

Ces renforts, dans les circonstances toutes exceptionnelles où se trouvait le corps expéditionnaire notablement diminué par les maladies, étaient d'un grand secours, car les Cochinchinois se montraient de plus en plus offensifs dans les environs de Tourane; de fréquents engagements avaient lieu en rivière. L'ennemi entassait avec une infatigable activité ouvrages sur ouvrages pour couvrir la route de Hué, et se rapprochait de la baie et des forts dont nous nous étions emparés; l'amiral résolut donc, dès que les renforts qu'il attendait seraient arrivés, de marcher contre les Anamites, et de les contraindre à se tenir au large de nos positions.

Tous les efforts que l'ennemi déployait dans son appréhension, montraient de quelle importance serait une expédition sérieuse qui nous rendrait maîtres de la capitale ; mais jusqu'alors toutes les recherches avaient été vaines pour se procurer, soit à Canton, soit ailleurs, les navires à faible tirant d'eau que cette opération exigeait impérieusement.

Ce qu'il fallait surtout éviter, c'était un échec ; une tentative infructueuse pouvait également porter un coup fatal au prestige de nos armes dans ces parages ; cette conviction avait donc déterminé l'amiral à abandonner quant à présent son premier projet contre Hué et à se diriger sur Saigon.

LIII. — La valeur de ces considérations n'avait point échappé au gouvernement de l'Empereur, et le Ministre de la marine écrivait, en date du 24 février, au commandant en chef :

« Lorsque les renforts et les approvisionnements que je vous annonce et qui vous arriveront en même temps que la présente dépêche seront réunis à Tourane (1), vous aurez à examiner si vous êtes en mesure de donner suite au projet d'expédition sur Hué, dont l'Empereur

(1) Ce renfort se composait de 200 hommes (100 artilleurs, 50 soldats du génie et 50 marins) et de 942 hommes d'infanterie de marine. L'équipage de *la Didon*, qui doit servir de ponton, était affecté à combler une partie des vides survenus dans le personnel des bâtiments sous les ordres du vice-amiral R. de Genouilly.

ne se dissimule pas les difficultés. Aussi l'intention formelle de Sa Majesté est-elle que vous ne tentiez l'entreprise qu'avec des chances réelles de succès. Si vous ne jugez pas les moyens mis à votre disposition suffisants pour donner cours à l'expédition projetée, vous me ferez parvenir la note exacte de ce qui vous serait nécessaire en personnel, en matériel et en bâtiments, pour frapper un coup décisif sur la capitale de la Cochinchine. Vous me ferez connaître aussi la saison la plus favorable pour cette entreprise.

« L'Empereur jugera s'il y a lieu de vous envoyer ce que vous auriez demandé. »

LIV. — L'amiral répondit le 26 avril :

« Dans sa dépêche, en date du 24 février, Votre Excellence, après m'avoir recommandé, au nom de Sa Majesté l'Empereur, de ne rien tenter contre Hué qu'avec des chances de succès, m'ordonne de lui faire connaître quelle est la saison favorable pour cette entreprise et de lui exposer quels seraient les moyens nécessaires pour frapper un coup sur la capitale de la Cochinchine.

« La saison favorable est celle de la mousson du S. O., c'est-à-dire la période qui s'étend de mai à septembre. — Pendant toute la durée de la mousson du N. E. la rade de Hué n'est pas tenable, et la barre de la rivière rarement praticable. Il devra être tenu grand compte de cette circonstance sur laquelle les pilotes anamites sont tous d'accord, et qu'a signalée l'Anglais Crawfurd, lorsqu'il s'agira de l'occupation de Hué et des forts de l'entrée de la rivière, puisque les garnisons et les bâtiments en rivière seront, sauf dans les circonstances exceptionnelles de beau temps, coupés de toute communication avec l'extérieur.

« Le corps d'occupation devra être fortement constitué, solidement retranché, car l'occupation entière de la ville exigerait des forces considérables et largement approvisionnées. Quant aux moyens d'attaque, j'ai eu déjà l'honneur de faire connaître à Votre Excellence que le corps de troupes expéditionnaires ne devrait pas compter moins de 3000 hommes. Je maintiens ce chiffre comme un minimum. Le corps expéditionnaire, une fois les opérations terminées, formerait la garnison de Hué et des forts.

« D'après les renseignements que j'ai recueillis à Saigon sur la nature des terrains qui environnent Hué, renseignements qui sont venus confirmer ce que j'avais appris précédemment, ces terrains sont coupés d'arroyos, de marais, de nombreux cours d'eau et cultivés en rizières. Il n'y a point à songer à un siége par terre. C'est par eau que doivent arriver les batteries de brèche et sur l'eau qu'elles devront fonctionner : leurs éléments ne peuvent donc être fournis que par des canonnières de classe inférieure, de six à sept pieds de tirant d'eau ; car il paraît, d'après le dire des pilotes et des patrons de barques (et j'en ai trouvé un fort intelligent à Saigon), que les canonnières de premier rang seraient forcées, par le manque d'eau, de s'arrêter à deux milles au-dessous de la ville. Ces canonnières auraient à maintenir ouvertes les communications entre la place et la mer, et il serait bon que leur nombre fût porté à sept. Quant aux canonnières de rang inférieur, leur nombre dépendra de l'artillerie qu'elles pourraient porter et du pouvoir destructif de cette artillerie. D'après les documents que j'ai réunis sur les moyens défensifs de la place, documents que je vous ai transmis, je n'estime pas qu'il faille moins de seize à vingt pièces de canon pour les contre-battre et les réduire. »

LV. — Sur la rivière de Saigon, les Anamites ne restaient pas plus inactifs qu'aux abords de Tourane, et le capitaine de frégate Jauréguiberry, commandant supérieur des forces qui y stationnaient, dut se préoccuper sérieusement des préparatifs d'attaque, qui lui étaient signalés de plusieurs côtés.

« Les mandarins (écrit-il à l'amiral, en date du 23 avril 1859) commençaient à s'opposer efficacement à l'arrivée jusqu'à nous des vivres frais, ils construisaient dans la plaine, à l'ouest de Saigon, des forts reliés entre eux par de longues lignes de défense, et menaçaient par une série d'ouvrages semblables à ceux qu'ils ont employés à Tourane, d'atteindre la citadelle brûlée où ils veulent s'établir encore, et la pointe nord du bras conduisant au bazar chinois. »

Le bâtiment français *la Marne* venait de paraître en rivière, le commandant Jauréguiberry résolut de mettre à profit la présence des troupes venant de France à bord de ce navire, pour attaquer l'armée ennemie et raffermir ainsi, auprès des populations environnantes, son influence ébranlée par les menées secrètes des autorités cochinchinoises.

LVI. — Le 21 avril, à trois heures du matin, un petit corps de troupes, composé de 350 hommes d'infanterie de marine, de 90 hommes de la garnison, et de 154 marins, s'embarque sur les canots des bâtiments et sur des bateaux du pays conduits par des chrétiens indigènes. — Le lieutenant de vaisseau Trébuchet dirige le convoi.

A quatre heures et demie, l'expédition arrive au bazar chinois, et à cinq heures elle se met en marche pour aller à la rencontre de l'ennemi. Une grande pagode située sur un monticule au N. O du quartier chinois est occupée sans coup férir par le commandant de *la Marne*, et les colonnes d'attaque, privées par le mauvais état des routes de quelques pièces d'artillerie qu'elles avaient amenées avec elles, s'avancent dans une plaine semée de tombeaux, de broussailles épaisses et de nombreux accidents de terrain.

Pendant qu'une fraction, sous les ordres du chef de bataillon Delavau, appuie sur la gauche, pour attaquer à revers les ouvrages ennemis, l'autre, commandée par le capitaine de vaisseau de Freycinet, prend rapidement les devants. — Après une assez longue marche, M. de Freycinet se trouve avec les compagnies qu'il commande, à dix-huit cents mètres environ de ces ouvrages. Une armée nombreuse, rangée en bataille, attend de pied ferme ; les troupes avancent toujours, et lorsqu'elles ne sont plus qu'à une distance de cent mètres, le commandant Jauréguiberry donne l'ordre de commencer le feu. L'ennemi répond vigoureusement pendant quelques instants, mais, bientôt chargé à la baïonnette et menacé d'être acculé sur le revers même de ses lignes, il se débande, pour se reformer toutefois plus loin sur la gauche. —Serré de près, il est contraint de prendre la fuite, l'avant-garde se lance résolûment à l'assaut du fort, qui s'élève sur l'extrême droite, et s'en empare, non sans résistance.

LVII. — C'est dans le fort du centre, que les Anamite paraissent avoir surtout concentré leur résistance. Les troupes alliées arrivent devant cet ouvrage, dont les glacis, les fossés et le couronnement des parapets sont hérissés d'une quantité considérable de chevaux de frise et de bois épineux entassés en saillie au sommet de la crête extérieure.

De l'intérieur du fort part un feu serré de mousqueterie, d'artillerie et de fusées ; c'est sous ce feu devenu très-violent, que les assaillants s'élancent en avant, le commandant Delavau fait enfoncer à coups de crosses et de baïonnettes une porte, près de laquelle il est parvenu. Le commandant Jauréguiberry fait de même sur une autre face, mais tout à coup les compagnies qui se sont jetées les premières dans l'enceinte, sont arrêtée par un ouvrage intérieur élevé à trois mètres de la porte. L'ennemi fait pleuvoir une grêle de pots à feu et d'artifices qui plongent bientôt les assaillants dans un chaos de flammes et de fumée.

Rester plus longtemps dans une semblable situation eût été exposer les troupes à des pertes très-sérieuses. — Le commandant Jauréguiberry change aussitôt son plan d'attaque : il évacue le fort, et, sous la protection de tirailleurs abrités à l'angle des embarcations, il fait entasser des monceaux de paille, auxquels on met le feu. Bientôt l'incendie se déclare avec intensité, et l'ennemi, frappé à mort par les balles des tirailleurs, essaye en vain de l'éteindre.

Le petit corps expéditionnaire s'est retiré vers le fort de l'extrême droite, car la chaleur est accablante et les hommes sont épuisés de fatigue. Deux heures se sont écoulées, et l'incendie a pratiqué dans le fort du centre deux larges brèches qui offrent un passage facile. Mais le commandant, satisfait des résultats obtenus, ne veut pas exposer en rase campagne, aux ardeurs étouffantes d'un soleil de feu, ses troupes assez éloignées encore du lieu de rembarquement.

LVIII. — Neuf canons, trop lourds pour être emportés, sont encloués ou brisés. « Les fusils (écrit le commandant Jauréguiberry au vice-amiral Rigault de Genouilly) les lances, les ustensiles de guerre, le fort, les cases voisines servant de magasins à riz ont été incendiés et ma petite armée s'est dirigée sur la pagode, traînant avec elle dix pierriers enlevés à l'ennemi. »

Quelques détachements ennemis se montrèrent plusieurs fois dans la plaine, mais les tirailleurs les maintinrent constamment à distance.

Les Anamites, d'après les renseignements recueillis et énoncés dans le rapport du commandant supérieur, perdirent dans cette journée un grand mandarin (Ho-Doo), qui commandait le fort de droite, quarante mandarins subalternes et cinq cents soldats environ.

Ce coup de main vigoureusement mené imprimait une salutaire terreur à l'ennemi, qui se croyait invulnérable loin des canons de nos navires. — Malheureusement ce nouveau succès nous coûtait quarante-cinq hommes hors de combat, parmi lesquels quatorze tués.

Dans ce nombre étaient le sous-commissaire de Beaulieu, mortellement blessé par un biscaïen, ainsi que le sous-lieutenant Vannague.

Le sergent Martin Des Pallières, qui s'était si souvent distingué, depuis le commencement de la campagne, par son intrépidité, avait été frappé presqu'à bout portant par un boulet, qui lui avait brisé l'épaule et labouré la poitrine.

LIX. — Près de Tourane, les Cochinchinois poursuivaient les travaux commencés pendant l'absence du corps expéditionnaire dirigé sur Saigon. Au moyen de réquisitions frappées sur les populations, les mandarins avaient fait d'énormes mouvements de terre et nous enserraient chaque jour davantage dans le cercle de leurs défenses. — Ils menaçaient ainsi sérieusement la flottille que nous entretenions en rivière et celle du fort de l'Est. — La possession de ce fort, jointe à l'accessibilité constante de la rivière, intéressait en effet grandement la sécurité de nos avant-postes ; car, par le fort de l'Est, nous étions en mesure de tourner tous les assaillants qui se présenteraient devant les ouvrages de défense de la presqu'île, base et centre de notre occupation.

Une semblable situation ne pouvait se prolonger sans danger ; aussi l'amiral n'attendait, pour la faire cesser, que la venue des troupes annoncées par la dépêche du ministre.—Dès qu'elles furent arrivées, il se mit en mesure d'exécuter, sans plus tarder, son projet d'attaque générale contre les nouvelles positions de l'ennemi.

Les ruines du fort de l'Ouest furent d'abord occupées, et une batterie de cinq pièces de trente y fut établie.

C'est le 7 et le 8 mai que les opérations auront lieu.

LX. — Le 7, enlèvement de quelques batteries gênant, du côté du fort de l'Est, l'ensemble des mouvements du corps expéditionnaire ; — le 8, attaque générale contre toutes les lignes défensives construites par l'ennemi du côté de l'Ouest, et contre un camp retranché signalé par un grand mirador (1) élevé en arrière de ce camp.

Le terrain sur lequel l'action doit s'engager est une

---

(1) *Un mirador* est un observatoire construit avec des bambous liés les uns aux autres ; à son sommet se tient dans une cabane un guetteur. — Du haut de ce mirador, qui s'élevait à 40 ou cinquante pieds du sol, l'ennemi dominait une grande étendue de pays et pouvait ainsi surveiller tous les mouvements de nos troupes dans la rivière et autour des forts.

vaste plaine sablonneuse, coupée çà et là par des marais où croissent en abondance de longues herbes ; quelques massifs d'arbres s'échelonnent de distance en distance. On n'aperçoit aucune habitation, si ce n'est sur l'extrême droite de petits villages très-éloignés. Les ouvrages ennemis établis avec un art et une prévoyance auxquels on ne pouvait pas s'attendre, se composaient de coffres en fortes claies de bambous soutenus par de nombreux piquets et remplis de sable amoncelé ; l'épaisseur de ce sable était telle qu'elle mettait les ouvrages à l'abri du boulet et de l'obus. — D'intervalles à intervalles, des embrasures avaient été pratiquées pour le tir des pièces d'artillerie, ainsi que de nombreuses meurtrières pour les pierriers destinés à lancer de la mitraille sur les assaillants.

Les travaux de la rive gauche de la rivière (droite des alliés) étaient les plus importants et embrassaient un espace de trois kilomètres ; ceux de la rive droite, beaucoup moins considérables, n'occupaient qu'une étendue de trois à quatre cent mètres et se composaient de tranchées défendues par des fortifications du même genre.

A trente ou quarante mètres des défenses, le sol était hérissé d'obstacles de toute nature. — A chaque angle des lignes, des bastions armés de canons de 18 à 24 étaient reliés entre eux par des courtines.

LXI. — L'amiral a arrêté son plan d'attaque générale, en ce qui concerne le mouvement des **troupes** et la direction des feux d'artillerie.

« La direction de ces feux se partage en deux périodes.

« La première a pour but d'éteindre les premiers ouvrages cochinchinois pour permettre la marche des colonnes. — Dans la seconde, le tir sera dirigé sur le camp du grand Mirador.

« Dans cette période, il est important de ne pas inquiéter la marche de nos colonnes; aussi la plus grande surveillance est recommandée. Les colonnes, de leur côté, ont ordre de signaler le progrès de leur marche par de petits pavillons arborés successivement sur les ouvrages dont elles s'empareront. Le commandement de la flottille est confié au chef d'état-major Reynaud ; dès qu'il sera prêt à ouvrir le feu avec les bâtiments placés sous ses ordres (1), il le signalera en hissant un pavillon jaune. Lorsque l'amiral qui se tient au fort de l'Ouest aura répondu à ce signal, en faisant hisser également le pavillon jaune aux mâts de l'Est et de l'Ouest, tous les navires arboreront aussitôt le même signal à leur grand mât, et le tir des forts et de la flottille commencera ; il continuera jusqu'au moment où le commandant Reynaud, jugeant les feux de l'ennemi éteints de son côté, le signalera en arborant de nouveau le pavillon jaune au mât de misaine de son bâtiment *le Phlégéton*. Si à ce moment les batteries de la rivière

---

(1) *Fusée*, capitaine Gabrielli de Carpégna.
Alarme, capitaine Sauze.
Mitraille, capitaine Sergent.
Phlégéton, capitaine Bailly.
Laplace, commandant Monjaret-Kerjégu.
Avalanche, capitaine d'Osery.

sont également réduites, l'amiral fera amener le pavillon jaune du fort de l'Ouest, où il se tiendra, et ce signal sera imité par le fort de l'Est. — C'est alors que les troupes devront être débarquées de la flottille, ou sortir des forts, et que le mouvement en avant des colonnes commencera sur toute la ligne, c'est alors aussi que les feux suivront les instructions indiquées dans la deuxième période.

LXII. — « Les troupes d'attaque seront divisées en trois colonnes.

« Le commandant Reynaud a le commandement de la colonne de droite. Le capitaine Tricault lui est adjoint. Le lieutenant de vaisseau Barry est chargé du débarquement (1).

---

(1) COMPOSITION DE LA COLONNE DE DROITE.

Commandant : Des Pallières (infanterie de marine).
Chirurgien : M. Décugis.

Cinquième compagnie..................	64 hommes.
Septième —	67 —
Trente-sixième compagnie..............	75 —
	206 —

Compagnies de débarquement.

Commandant : Liscoat.
Chirurgien : M. Vidal.

Némésis...........................	100 hommes.
Phlégéton.........................	50 —
Laplace...........................	50 —
Duchayla..........................	50 —
	250 —

LIVRE IV, CHAPITRE III.

« La colonne de gauche est sous les ordres du commandant Faucon (1).

Corps espagnol.

Commandant : Canovas.
Un chirurgien.
Dix civières.

Chasseurs du capitaine Fajardo...........	120 hommes.
Chasseurs du capitaine Lorho...........	112 —
	232 —
Détachement du génie avec haches, capitaine Gallimard.....................	25 hommes.
Marins encloueurs (fournis par *la Némésis*)...........................	20 —
Artilleurs de la marine.................	20 —
	65 —

Une section de la treizième compagnie restera à la plage avec une partie des compagnies de débarquement des canonnières pour protéger les mouvements de la colonne comptant ainsi en totalité 753 hommes.

(1   COMPOSITION DE LA COLONNE DE GAUCHE.

Commandant : Valière.
Chirurgien-major : de la Grandière.
Chirurgien de troisième classe : Leguen.

Vingt-sixième compagnie................	70 hommes.
Seizième compagnie...................	70 —
Dix-neuvième compagnie...............	60 —
	200 —

Corps espagnol.

Commandant : Morhoat.
Un chirurgien.

Compagnie Manuel Arce................	80 hommes.
Compagnie des chasseurs Morhoat.......	125 —
	205 —
Encloueurs pris dans la flottille..........	20 hommes.

La colonne de gauche comptait donc un effectif de 425 hommes

« La colonne du centre (1) doit former la réserve sous le commandement du colonel espagnol Luiz de Lanzarote. Elle aura une avant-garde conduite par le commandant du génie Dupré-Deroulède. Cette avant-garde sera composée d'une compagnie du génie et d'une compagnie d'infanterie, et de deux obusiers de montagne traînés à bras sous les ordres du lieutenant Carré. — Les troupes de cette réserve sont partagées en deux colonnes, commandées par le lieutenant-colonel Reybaud et par les chefs de bataillon Gonzalès et Delavau.

« Le commandement du fort de l'Ouest sera exercé, pendant les opérations, par le capitaine de frégate de Freycinet ; la garnison se compose de cent cinquante-trois hommes.

« Les troupes du fort de l'Est, sous les ordres du lieutenant de vaisseau Collas, comptent cent vingt-quatre hommes. »

Telles étaient les dispositions générales prises par l'amiral et qui devaient obtenir un succès complet.

LXIII. — Dans la matinée du 7, une colonne francoespagnole, forte de quatre cents hommes, placée sous les

---

(1) *Composition de la colonne du centre, réserve en même temps.*

Première colonne. — Lieutenant-colonel, Reybaud.
  Commandant : Gonzalez.
  Trois compagnies espagnoles.
  Vingt et unième compagnie.
  Demi-compagnie Domange.
Deuxième colonne. — Commandant, Delavau.
  Vingt-quatrième compagnie.
  Grenadiers espagnols Chevarri.

ordres du commandant Faucon, aborda résolûment quelques batteries ennemies de la rive Est et les enleva d'assaut avec un entrain irrésistible. La possession de ces batteries qui furent rasées et leur artillerie mise hors de combat dégagea cette rive et assura la liberté de mouvement de la colonne de gauche qui devait opérer le lendemain.

Dès la veille au soir, les troupes qui forment la colonne de droite avaient été embarquées à bord des bâtiments, prêtes à être jetées à terre au point indiqué sur la côte. — Ce point est en face d'une batterie élevée par les Cochinchinois pour empêcher les navires d'approcher.

La colonne de gauche doit s'embarquer au fort de l'Est, remonter la rivière et aller débarquer au pied d'une batterie ennemie élevée sur le bord du fleuve ; les feux de cette batterie auront été préalablement éteints par le fort de l'Est et par la flottille.

La colonne du centre partira directement du fort de l'Ouest pour donner l'assaut aux premiers ouvrages anamites.

A trois heures du matin, le branle-bas de combat est fait sur tous les bâtiments ; les feux s'allument, les embarcations sont rangées le long des navires. — Le chef d'état-major commandant Reynaud, commandant la colonne de droite, est à bord du *Phlégéton*.

LXIV. — Au signal d'appareiller, les bâtiments d'attaque viennent mouiller successivement sur une ligne parallèle à la côte, les canonnières à quatre cents mètres, les corvettes en échelon à huit cents. — *La Fusée*, *l'Alarme* et *la Mitraille*, qui sont en tête, viennent s'embosser le plus près possible du banc, aux accores duquel on a placé des bambous indicateurs. A une distance de quatre encablures mouillent *le Phlégéton* et *le Laplace*; — A l'extrême droite est *l'Avalanche*, qui doit diriger son feu sur une grande pagode, autour de laquelle doit converger la colonne de droite et qui s'élève, elle aussi, un peu en avant de l'extrême droite des lignes ennemies. Plus en arrière sont *le Lily*, *le Prégent* et *le Norzagaray*, qui, affectés au transport des troupes, ne doivent pas prendre part au bombardement. Un officier est placé sur les barres de chaque bâtiment avec mission de rectifier le tir et de faire connaître les mouvements de l'ennemi.

L'amiral donne le signal de commencer le feu.

Aussitôt les deux forts, la batterie d'obusiers du capitaine Lacour placée derrière un épaulement près du fort de l'Ouest et les bâtiments engagent simultanément l'action en couvrant de boulets et d'obus les nombreux ouvrages et les camps retranchés anamites.

L'ennemi répond avec énergie. Ses coups sont dirigés avec une grande justesse.

Lorsque l'amiral, par les signaux échangés, juge que la canonnade a produit sur les ouvrages cochinchinois les plus rapprochés l'effet qu'il en espérait, et que les portions de terrain favorables à des embuscades ont été suffisamment fouillées, il donne l'ordre de l'attaque.

Aussitôt les embarcations, par un mouvement rapide et simultané, jettent à terre, à l'extrême droite et à l'extrême gauche, les compagnies de débarquement sur les points indiqués. — La colonne de droite se forme à l'abri des dunes de sable qui bordent la côte, et la colonne de gauche près de la *batterie des Rosiers*, qu'elle se dispose à enlever à la baïonnette. — La colonne du centre, entassée derrière les ruines du fort de l'Ouest, est prête à s'élancer sur le *fort du barrage*, élevé presque sur la rive, et qui forme de ce côté l'angle le plus avancé des ouvrages ennemis.

LXV. — Il est six heures du matin et pourtant la chaleur est ardente ; pas un nuage ne vient tempérer les rayons étouffants d'un soleil de feu ; il faut marcher pendant de longs espaces sur des sables brûlants. C'est à la fois un spectacle triste et beau de voir ces braves marins et soldats, la plupart aux visages pâles, creusés et blêmis par les cruelles maladies auxquelles ils viennent à peine d'échapper, retrouver leur énergie au moment de combattre et oublier la fatigue qui brise leurs membres épuisés pour courir à l'ennemi. Parfois les forces trahissent tout à coup ces nobles courages et ces grands dévouements ; des officiers et des soldats frappés d'insolation tombent foudroyés sur un sol qui les brûle.

Déjà les principaux ouvrages ennemis qui se développent dans cette large plaine sont abordés à la baïonnette. Les Anamites, avec un sentiment de défense très-intelligent, ont, nous l'avons dit, accumulé les obstacles ;

un grand nombre de ces ouvrages présentent un relief considérable, et les épaulements fort épais ont résisté à peu près partout aux boulets du plus gros calibre. Tous sont entourés de fossés profonds, quelquefois doubles. Les revers et les fonds de ces fossés sont semés de piquants de bambous profondément fichés en terre. Des piquants pareils garnissent à grande distance les glacis des ouvrages dont les approches sont encore entourées de trous de loup ; enfin les parapets sont défendus par d'innombrables chevaux de frise armés de pointes aiguës. — Aussi les Anamites, pleins de confiance, attendent les troupes alliées de pied ferme et combattent sur plusieurs points avec une ténacité sans égale ; il faut pour les expulser déployer les plus énergiques efforts.

A droite, le capitaine de vaisseau Reynaud avec sa colonne a dépassé la grande pagode, puis chassant l'ennemi de plusieurs points que l'artillerie ne défendait pas, il aborde résolûment les batteries qui sont échelonnées sur la ligne de défense, pendant qu'un détachement appuyant sur la gauche, en arrière, s'empare d'une batterie armée de 4 pièces qui s'élève sur un terrain montueux, protégée par une tranchée à angle aigu, à une distance de 400 mètres de la ligne principale.

LXVI. — C'est sur le grand camp retranché dit *du Mirador*, que se dirige le gros de la colonne. — Là, elle doit rallier la colonne de gauche pour pénétrer dans ce camp sur lequel converge l'ensemble des forces alliées, refoulant l'armée anamite que l'artillerie des bâtiments poursuit dans sa retraite.

Cette colonne de gauche commandée par le capitaine de frégate Faucon, après avoir traversé la rivière sur les embarcations de la flottille et de la rade avait selon ses instructions pris terre près de la *batterie des Rosiers*; après avoir enlevé cette batterie, elle se dirigeait en droite ligne à travers la plaine, vers le camp du Mirador, afin d'opérer sa jonction avec la colonne de droite.

L'amiral marchait avec la colonne du centre, commandée par le colonel Luiz de Lanzarote; elle cheminait entre les deux autres, pour pouvoir se jeter soit à droite, soit à gauche, en masse ou par fractions, suivant les circonstances; elle eut l'honneur des premiers coups de feu, en enlevant les forts dits *du Barrage* et du *magasin au riz*, ainsi qu'un premier camp retranché qui reliait ces deux ouvrages. — Elle vint ensuite se masser dans la plaine, prête à soutenir l'attaque sur le Mirador.

A 10 heures, l'ennemi était chassé de toutes les positions dont on avait résolu de le déloger.

Les ouvrages, dont les alliés s'étaient si rapidement emparés, étaient au nombre de vingt, et comptaient un armement de cinquante-quatre bouches à feu.

LXVII. — « Ce résultat (écrit le commandant en chef) est dû à la vigueur et à l'habileté qu'ont montrées les chefs de colonne, le colonel Lanzarote, le capitaine de vaisseau Reynaud et le capitaine de frégate Faucon, parfaitement secondés par les officiers supérieurs des deux nations, placés sous leurs ordres.

« Je mentionnerai spécialement parmi les officiers supérieurs le chef de bataillon Dupré-Deroulède, qui a été le premier à arborer le drapeau français sur les lignes ennemies, dans un ouvrage voisin du fort de l'Ouest, en même temps que le commandant Gonzalès escaladait ces mêmes lignes sur un autre point.

« Comme en toutes circonstances, le chef de bataillon Martin Des Pallières, s'est montré habile et vaillant militaire, et le commandant Reynaud se loue éminemment du concours qu'il lui a prêté. Le colonel Lanzarote cite particulièrement le commandant Ribera, son chef d'état-major, qui a enlevé les troupes lors de l'attaque du fort dit : des *Magasins au riz*, dans lequel l'ennemi a fait une courageuse résistance; l'artillerie des ouvrages enlevés par les trois colonnes a été détruite, à l'exception de celle qui armait les batteries avoisinant la mer ; celle-là a été embarquée.

« A 10 heures, je faisais rentrer toutes les troupes dans un camp retranché construit par les Anamites dans le voisinage du fort de l'Ouest et dont le commandant du génie s'était occupé sur-le-champ de retourner contre eux les défenses principales. »

LXVIII. — Ainsi le soir du 8 mai, nous campions dans les ouvrages mêmes de l'ennemi. Les Cochinchinois s'étaient défendus avec une opiniâtreté, qui puisait évidemment sa source dans la puissance et le nombre de leurs travaux défensifs. Le corps expéditionnaire français comptait quarante-cinq hommes hors de combat, et nos alliés trente-trois. — Parmi les blessés était le sous-lieutenant Garcia atteint de deux coups de feu ; le brave capitaine Morhoat était tombé frappé à mort d'un biscaïen en pleine poitrine.

D'après les rapports des espions, les forces anamites comptaient dix mille hommes ; sept cents environ avaient été mis hors de combat.

La journée du 8 mai portait avec elle de graves enseignements. L'examen, dans leur ensemble, des travaux exécutés par les Anamites démontrait une intelligence de la guerre, qui toute inférieure qu'elle était à celle des nations européennes, pouvait néanmoins créer de sérieuses difficultés ; il était évident que l'ennemi faisant appel à toutes ses forces vives, disposait de ressources considérables pour arrêter notre marche dans l'intérieur du royaume et défendre par d'énergiques efforts l'entrée de la capitale.

D'après les obstacles accumulés près de la rivière de Tourane, on pouvait aisément se faire une idée de ceux qui devaient couvrir les abords de Hué et de la rivière qui y conduit.

Cet accroissement perpétuel de défenses et la facilité de recrutement que l'armée anamite trouvait dans les milices, amenaient la nécessité d'un déploiement de forces plus important, que rendaient impraticables l'effectif si restreint du corps expéditionnaire et l'impossibilité de se procurer les moyens matériels d'exécution.

Une semblable situation était grave ; car toutes les entreprises qui eussent pu exercer une pression immédiate étaient paralysées.

LXIX. — Les événements prouvaient chaque jour plus clairement à l'amiral Rigault de Genouilly combien les renseignements donnés au gouvernement de l'Empereur sur l'état de la Cochinchine avaient été erronés ; ils démontraient surtout qu'il ne fallait tenir aucun compte de ces auxiliaires puissants que l'on comptait trouver dans les populations chrétiennes, et même, avait-on dit, dans les populations païennes de ces contrées.—Courbées toutes deux sous le joug des mandarins, elles n'avaient tenté aucun soulèvement; nous restions isolés, et les réalités venaient démentir les suppositions qui avaient présidé à l'envoi des troupes en Cochinchine. Certes, si un soulèvement énergique se fût manifesté à notre approche, il eût jeté une grande perturbation sur plusieurs points du royaume. Mais les populations depuis longtemps écrasées par des persécutions tyranniques osent rarement lever la tête, dans la crainte, si la victoire n'accompagne pas leurs libérateurs, de retomber plus cruellement encore sous un joug impitoyable.

« A mesure que l'on pénètre dans la situation de l'empire anamite (écrivait l'amiral Rigault de Genouilly au Ministre de la marine, en date du 16 mai 1859), à mesure que les voiles se lèvent, que les assertions inexactes disparaissent, il est impossible de ne pas reconnaître qu'une guerre contre ce pays est plus difficile qu'une guerre contre le Céleste-Empire. — Par ses immenses et profonds cours d'eau le Céleste-Empire est vulnérable sur beaucoup de points; livré à l'anarchie, une partie de ses forces est employée à contenir la rébellion qui détend tous les ressorts de l'administration intérieure.

« En Cochinchine, l'organisation générale est très-forte et l'organisation militaire efficace. Je crois donc mon opinion sur les difficultés de cette entreprise très-vraie, en tout cas elle est sincère. »

LXX. — Mais au moment où l'amiral commandant en chef écrivait ainsi au ministre, la France était livrée à des préoccupations d'un ordre bien supérieur; elle avait déclaré la guerre à l'Autriche, et par un prodige d'énergie et d'efforts surhumains, qui restera comme le plus glorieux souvenir de notre organisation maritime et militaire, elle jetait, en quinze jours à peine, près de cent mille hommes sur la terre d'Italie, tant de fois arrosée déjà du sang des batailles et dont une nouvelle guerre de l'indépendance allait encore rougir le sol (1). Le drapeau de la France était déployé : une lutte gigantesque allait s'ouvrir, et l'empereur Napoléon III quittait Paris le 10 mai 1859, pour aller prendre en chef le commandement de son armée et de celle du roi de Sardaigne.

Combien devant ces grands préparatifs de guerre qui tenaient en suspens l'attention de l'Europe entière émue

(1) Voir la *Campagne d'Italie* par le même auteur. 2 vol. in-8. Amyot, éditeur.

et inquiète, disparaisaient les intérêts de cette petite expédition, jetée sur les côtes de la Cochinchine! — Comment la voix de cet enfant perdu au delà des mers eût-elle pu se faire entendre au milieu du fracas des batailles qui assourdissait la France et jetait chaque jour aux échos enthousiastes des bulletins de victoire et de triomphe.

Mais la responsabilité qui pesait sur le commandant en chef de cette expédition lointaine n'en était pas moins grande ; chaque jour il voyait s'accroître les embarras de la situation ; des maladies fatales, le choléra et la dyssenterie faisaient dans le corps expéditionnaire de cruels ravages, contre lesquels la science et le dévouement des officiers de santé de la marine restaient impuissants. Chaque mois enlevait près de cent combattants, et le moment peut-être n'était pas loin où ce petit corps, si notablement affaibli, se verrait réduit à l'impuissance et à l'immobilité.

LXXI. — « J'ai signalé à Votre Excellence les pertes considérables que le corps expéditionnaire a faites (écrivait alors l'amiral au ministre de la marine) (1). Le chiffre des décès baisse depuis quelques jours, mais le nombre des invalides va sans cesse en croissant. Quatre officiers viennent encore d'être évacués sur Macao. — M. l'abbé Lepeltier, aumônier de *la Saône*, le capitaine d'infanterie Loubière et l'aspirant Cyrennes sont au nombre des victimes qui ont succombé. Les compagnies

(1) *Dépêche du* 15 *juillet* 1859.

d'infanterie qui ont le moins souffert comptent de trente à trente-cinq soldats en état de faire le service. Le bataillon d'infanterie récemment arrivé sur *la Marne* et *la Didon*, et la compagnie d'artillerie apportée par *le Duchayla* sont les corps qui ont fait les pertes les plus grandes. La compagnie d'artillerie ne compte pas vingt soldats valides.

« Les équipages n'ont guère été moins maltraités que les soldats, et sans les auxiliaires tagals que M. le capitaine général des Philippines peut rappeler d'un moment à l'autre, les bâtiments seraient désarmés.

« Vous voyez, monsieur le Ministre, que tout ici tend à la ruine, hommes et choses; car vous savez déjà depuis longtemps dans quel état se trouvent les appareils de la plupart des navires à vapeur, dont je vous avais demandé le remplacement. »

LXXII. — En réponse à cette dépêche, le ministre faisait savoir à l'amiral qu'il lui était impossible de satisfaire à ses demandes et il l'engageait à tenter des négociations conciliatrices avec les Anamites, dans le but de conclure un traité sur les bases du projet du 25 novembre 1857. — Le ministre laissait aussi à l'appréciation du commandant en chef la question d'une évacuation complète de la Cochinchine.

« Dans l'état actuel des choses, la tentative d'un traité de paix rencontrera (écrivait l'amiral) de très-grandes difficultés, car il a été répandu dans le pays que nous n'entendrions à aucun arrangement avant que la dynastie actuelle fût renversée et remplacée sur le trône. — De là, les efforts inouïs que l'empereur anamite a faits et fera pour la résistance; de là, son silence absolu vis-à-vis de nous et l'absence de toute communication. »

Toutefois ces difficultés n'excluaient pas des tentatives de conciliation, dussent-elles rester sans effet, et l'amiral s'apprêta à nouer dans ce sens des relations avec les autorités cochinchinoises.

Restait la question de l'évacuation complète.

S'appuyant sur la nécessité de conserver l'influence française dans l'extrême Orient, à laquelle une retraite de la Cochinchine porterait le coup le plus fatal, l'amiral déclinait la responsabilité de toute initiative à cet égard. Dans son appréciation, cette question, subordonnée aux conséquences de la guerre engagée en Europe, ne pouvait être décidée que par le gouvernement Il attendrait donc, disait-il, de nouveaux ordres du ministre avant de quitter la Cochinchine, et s'y maintiendrait tant que le commandement en chef lui serait conservé. En effet, à la fin de cette dépêche, l'amiral, après avoir exprimé au ministre son profond regret de l'impuissance où il était d'agir contre Hué, lui renouvelait sa demande d'être remplacé dans son commandement. Cette demande, il l'avait présentée déjà depuis quelque temps; car sa santé délabrée, qui s'affaissait chaque jour davantage sous l'influence du climat et des fatigues excessives, lui faisait craindre, dans son profond sentiment du devoir, de ne pouvoir remplir les graves obligations qu'imposait le commandement en chef dans ces lointains parages.

LXXIII. — Après beaucoup de difficultés, des rapports s'étaient ouverts avec le mandarin commandant en chef les armées cochinchinoises. Il fut décidé qu'une conférence aurait lieu avec des délégués de ce mandarin.

Le capitaine Lafont, aide de camp de l'amiral, fut chargé de se rendre auprès de ces délégués. Les instructions de son chef étaient précises sur les bases générales du traité de paix à conlure, bases semblables à celles du traité conclu avec la Chine : — Nomination d'un plénipotentiaire, — liberté religieuse pour les missionnaires et les chrétiens anamites, — liberté commerciale, — cession d'un point territorial comme garantie.

Le 22 juin fut le jour fixé pour la première entrevue. Les Cochinchinois devaient bâtir à mi-chemin, entre leurs positions et les nôtres, une grande hutte en paille dans laquelle la conférence aurait lieu.

Les délégués seraient accompagnés par vingt soldats sans armes, et le capitaine Lafont par le même nombre d'hommes d'escorte. — Il avait en outre été stipulé qu'il y aurait armistice pendant le temps des conférences, et qu'un pavillon blanc serait arboré sur le lieu où elles se tiendraient.

Le 22 juin, à sept heures du matin, le capitaine Lafont, accompagné de deux missionnaires comme interprètes, quittait à cheval le quartier général avec son escorte et traversait la plaine qui le séparait du lieu du rendez-vous. C'était par une de ces splendides journées, pendant lesquelles le soleil jetait à profusion ses rayons les plus étincelants.

Lorsque l'envoyé de l'amiral parut en vue de la cabane élevée pour les conférences, les délégués anamites, au nombre de deux, étaient arrivés déjà. Ils se tenaient sur le seuil de la porte; leur escorte, qu'à la chemise rouge on reconnaissait comme faisant partie de la garde impériale, était rangée sur les côtés, et deux soldats tenaient chacun un parasol au-dessus de la tête des mandarins. — Ceux-ci étaient vêtus de longues robes en damas de soie bleue broché tombant jusqu'à terre; ils portaient des souliers de satin et avaient un turban bleu enroulé autour de la tête. Leurs physionomies étaient très-intelligentes et leurs manières pleines de distinction.

LXXIV. — A son arrivée, le capitaine Lafont fut reçu avec de grandes démonstrations de déférence; les délégués anamites le firent asseoir devant une table chargée de fruits, de confitures et de sucreries de toutes sortes; on servit du thé, et l'envoyé français dut accepter cette collation avant d'expliquer aux mandarins l'objet de sa mission.

Après ces préliminaires, qui sont chez les Anamites, aussi bien que chez les Chinois, des témoignages de haute considération, l'envoyé français fit exposer de vive voix par les missionnaires le but de cette conférence et les demandes adressées par le commandant en chef au gouvernement anamite. — Les délégués cochinchinois, après avoir silencieusement écouté, lui donnèrent l'assurance que les propositions de paix dont il était porteur, et qui avaient été écrites en chinois, seraient remises au mandarin militaire commandant en chef de l'armée qui avait, disaient-ils, reçu de sa cour les pouvoirs nécessaires pour traiter.

A dix heures du matin, le capitaine Lafont était rentré au camp de Tourane.

Les mandarins s'étaient abstenus de toute discussion à laquelle ils n'étaient point autorisés ; aussi, rien ne faisait présager que ces propositions seraient acceptées, ni même qu'elles dussent amener dans le sens de la paix de sérieuses négociations. — Le peuple, d'après le rapport des espions, était très-misérable ; écrasé de corvées et de travaux, en proie au choléra et à la famine, il désirait vivement la paix. Mais ce désir devait-il être écouté ou partagé par les mandarins ? Les défiances profondes qu'avait causées le bruit mensonger de nos projets de conquête et de renversement de dynastie n'empêcheraient-elles pas les hautes autorités de ce pays, si soupçonneuses et si crédules à la trahison, d'avoir foi dans la sincérité de nos propositions de paix ?

Sur ces différents points, les investigations et les recherches restaient sans résultat. Le plus grand secret était gardé sur les intentions du gouvernement anamite.

Les semaines s'écoulaient et les pourparlers se traînaient à travers d'interminables longueurs. Diverses entrevues avaient eu lieu ; tantôt les délégués annonçaient que leur gouvernement était tout disposé à accepter les propositions de la France; tantôt, au contraire, ils élevaient des difficultés imprévues pour atténuer l'effet des paroles conciliatrices prononcées dans les précédentes conférences.

LXXV. — Évidemment, il serait impossible d'obtenir une solution catégorique, bien qu'un armistice d'un mois eût été accordé sur toute la côte, et que les mandarins délégués eussent paru considérer cet acte tout pacifique comme très-important pour décider leur cour à accepter nos demandes.

« Probablement (écrit l'amiral en date du 15 juillet) le gouvernement anamite aura su par ses agents de Hong-kong et de Singapour la guerre qui existe en Europe, et ils lui auront communiqué la nouvelle donnée par les journaux de ces localités que le gouvernement français abandonnait l'expédition de la Cochinchine. — Ils veulent donc gagner du temps. D'ailleurs, comme ils n'ont jamais conclu de traité avec aucune nation européenne, tout leur est suspect, aussi bien la forme que le fonds; en toutes choses, ils voient des piéges. »

Cependant le mandarin de Saigon avait fait, de son côté, des ouvertures de paix au commandant Jauréguiberry. Mais un événement imprévu devait venir encore aggraver les embarras d'une situation déjà si tendue et entraver les préliminaires bien fragiles des négociations entamées.

Les armes de la France et de l'Angleterre, imprudemment engagées à l'embouchure du Peï-ho, venaient de recevoir un outrage sanglant. Ce fleuve, évacué par les forces alliées après la paix signée en juin 1858, avait été fortifié à nouveau par les Chinois.

LXXVI. — Suivant une clause convenue, les ambassadeurs, porteurs de la ratification des traités, devaient se rendre à Pé-king. — Ils se présentèrent dans ce but à l'entrée du Peï-ho, qu'ils trouvèrent obstruée par des barrages. Sans avoir pu communiquer avec de hautes autorités, ils reçurent, par l'entremise d'un mandarin de rang inférieur, un message qui leur intimait de se rendre à l'embouchure d'un autre fleuve. Là, les ambassadeurs devaient quitter leurs bâtiments, pour être conduits à Pé-king par les autorités chinoises, ainsi que l'avait été le ministre américain M. Reed.

L'amiral anglais Hope, après s'être concerté avec les ambassadeurs, ne crut pas devoir obéir à cette injonction, et quoiqu'il n'eût à sa disposition que des forces insuffisantes, il se mit en mesure de forcer l'entrée. A peine engagé dans la passe, il fut reçu par une vive canonnade, et malgré les efforts héroïques des équipages et des troupes de débarquement, auxquels l'amiral anglais et le commandant Tricault donnèrent le plus noble exemple, il fut contraint de se retirer, après avoir essuyé des pertes sensibles (1).

(1) Dans la seconde partie de ce travail, qui comprend la seconde expédition de Chine, nous entrerons dans tous les détails de ce grave événement qui ralluma les hostilités à peine éteintes et amena la glorieuse prise de Pé-king par les armes alliées.

La malheureuse issue de cette affaire entraînait après elle, en dehors des résultats matériels du fait lui-même, les plus graves conséquences. — C'était un échec, et cet échec détruisait en un jour, en une heure, le prestige glorieux des armes alliées sur ces côtes lointaines, et l'influence morale dont ce prestige était la base première. — Cet échec enfin effaçait tous les succès passés et déchirait le traité de Tien-tsin si glorieusement obtenu, en même temps qu'il était une insulte aux pavillons et aux ambassadeurs de la France et de l'Angleterre. Habilement exploité, un semblable fait ne pouvait manquer de prendre les proportions considérables d'une grande victoire, et compromettre à Canton la position du petit corps expéditionnaire qui y tenait garnison.

Il ne fallait pas se le dissimuler, c'était une nouvelle guerre à recommencer de concert avec l'Angleterre, une guerre dans laquelle des moyens d'action beaucoup plus énergiques devront être mis en œuvre.

LXXVII. — Il est facile de comprendre quelle influence cette nouvelle, en arrivant à Tourane, exerça sur les déterminations du commandant en chef des forces navales dans les mers de Chine.

A cette époque, l'amiral Rigault de Genouilly ignorait que la paix était conclue avec l'empereur d'Autriche.

Le ministre de la marine lui avait écrit qu'il ne devait plus compter sur des renforts. — Dans cette occurrence, il comprit qu'en dehors de toute autre préoccupation, il fallait, avant tout, préserver Canton, dont les An-

glais avaient beaucoup diminué la garnison, et où nous-mêmes nous n'avions plus qu'un faible corps de troupes.
— Aux yeux de l'amiral, les intérêts qui nous retenaient en Cochinchine devaient s'effacer devant les intérêts bien plus graves de notre position en Chine.

Aussi, cette responsabilité qu'il repoussait deux mois auparavant, il n'hésitait plus à l'accepter entière, et il annonçait au ministre que, resserrant l'occupation de Tourane, il dirigerait successivement sur Canton les forces qui deviendraient disponibles par suite de cet abandon d'une partie des positions que nous occupions en Cochinchine ; il arriverait même à une évacuation complète, si les circonstances l'exigeaient.

Les nouvelles reçues de Canton étaient en effet très-inquiétantes et pleines de menaces pour l'avenir. — La révolte et la trahison veillaient autour du petit corps d'occupation. — Des bruits sinistres couraient de tous côtés, semblables à ces grondements de tonnerre, précurseurs certains de l'orage ; les assassinats partiels se multipliaient malgré la surveillance la plus active.

Le capitaine de vaisseau d'Aboville, commandant supérieur à Canton, avait appris que les levées des *braves de la campagne* s'organisaient, et que les mandarins faisaient fabriquer des armes et des canons. Des rapports secrets l'avaient même instruit que le gouverneur de Canton, Laô, avait ouvert des relations avec des chefs de bandes rebelles, pour les engager à entrer au service de l'Empereur et à se joindre à ses troupes pour exterminer les barbares étrangers ; d'un autre côté les négociants chinois se hâtaient de conclure les affaires engagées avec les Européens et refusaient d'en entreprendre d'autres.

LXXVIII. — Toutes ces nouvelles, venues de différentes sources à la fois, étaient les symptômes d'un grand mouvement qui s'ourdissait dans l'ombre. Ce mouvement devait-il rester inachevé, ou éclater tout à coup sur la faible garnison de Canton ? — Nul ne pouvait le savoir, tant la politique chinoise versatile et tortueuse change souvent de faces et a des revirements inattendus. — Toutefois, il fallait se tenir sur ses gardes.

De nouveaux renforts sont envoyés à Canton, et le capitaine du génie Gallimard est parti pour cette destination, afin de compléter certaines parties de nos lignes de défenses, qui paraissent défectueuses au commandant d'Aboville. Si les événements qui se passeront en Chine l'exigent, c'est Tourane qui sera évacué ; car, entre les deux points que nous occupons sur les côtes de l'empire anamite, — Tourane et Saigon, — l'amiral Rigault de Genouilly ne croit pas qu'il y ait à hésiter.

A ses yeux, Saigon doit être conservé. Cette position pourrait devenir plus tard très-difficile à reprendre, si le gouvernement français se décidait à recommencer une expédition contre la Cochinchine. — Tourane peut au contraire toujours être repris sans grandes difficultés, et son évacuation serait d'ailleurs commandée par l'insalubrité de ses parages et la mortalité qui n'a cessé de frapper les troupes qui y stationnent, mortalité en dehors de toute proportion par ses cruels ravages (1). — Saigon, au contraire, présente des conditions de salubrité assez satisfaisantes.

Telle était l'appréciation personnelle de l'amiral.

LXXIX. — Les négociations entamées avec les autorités anamites n'aboutissaient pas. — Pour mettre un terme à ces éternels atermoiements et aux fourberies des mandarins, un ultimatum fut posé dix jours avant l'expiration de l'armistice. — Si le 7 septembre, dernier jour de l'armistice, nos propositions n'étaient pas définitivement acceptées, toute négociation pacifique était rompue et l'action militaire reprenait tous ses droits.

Mais plus on approche du terme de l'armistice, plus on voit s'évanouir l'espoir de conclure un traité de paix. Les répugnances jusque-là voilées se montrent plus nettement. — Les chefs du gouvernement anamite, instruits de l'événement survenu à l'embouchure du Peï-ho, et sans apprécier, dans leur ignorance de la guerre, les circonstances qui l'ont amené, y puisent une confiance

(1) *Dépêche du 4 août 1859.*

« La mortalité continue ; le nombre des malades est toujours considérable. Parmi les victimes récemment enlevées, nous avons la douleur de perdre M. Gascon-Cadaubon, capitaine d'infanterie de marine ; M. Theil, enseigne de vaisseau, et M. l'aspirant de Lapelin, attaché à l'état-major général. La mort de M. de Lapelin, jeune homme remarquable par toutes les qualités du cœur et de l'intelligence, a été l'objet d'un deuil général, et a ajouté un nouveau chagrin à tous ceux que j'ai eu à souffrir pendant cette campagne. »

sans bornes pour le succès futur de leurs armes; ils ont la conviction que nous serons obligés de porter très-prochainement toutes nos forces en Chine, et, par conséquent, d'abandonner nos projets contre la Cochinchine. — Du reste, d'après de récents rapports, tout a déjà été préparé pour permettre à leur souverain de se retirer avec son trésor et les archives du gouvernement dans une place de l'intérieur, si Hué, capitale du royaume, tombait en notre pouvoir.

Les prévisions de l'amiral sur la fin des négociations avec les Anamites ne tardèrent pas à se réaliser. Le 7 septembre, elles furent rompues. — Loin d'avancer, la question avait reculé; le gouvernement anamite était moins disposé que jamais à accepter aucune des bases du traité de paix qui lui était offert, et, chose étrange, les clauses relatives à la liberté religieuse qui avaient paru concédées dès les premières entrevues, répugnaient tellement aux Cochinchinois, qu'ils n'osaient même pas, disaient-ils hautement, les transmettre à leur gouvernement. — « Ce sont, ajoutaient-ils, des conspirations perpétuelles pour le renversement de la dynastie, cachées sous le voile de la religion, et nous ne comprenons pas pourquoi on voudrait obliger les autorités cochinchinoises à protéger une propagande religieuse étrangère au pays (1). »

---

(1) Entrevue du commandant Jauréguiberry avec les mandarins.

Dépêche de l'amiral R. de Genouilly à Son Excellence le Ministre de la marine. — Camp de la rivière de Tourane, 21 septembre 1859.

LXXX. — La rupture des négociations rendait à l'amiral sa liberté d'action. Il résolut donc d'attaquer de nouveau les lignes cochinchinoises dans lesquelles l'ennemi s'était retiré depuis le 8 mai, et de détruire son artillerie. — Cette opération militaire atteignait à la fois plusieurs buts; elle frappait les Anamites au moment où ils venaient de se jouer de notre bonne foi par des promesses perfidement éludées et leur faisait sentir, pour qu'ils ne l'oubliassent pas, tout le poids des armes de la France. Elle assurait, en outre, la tranquillité des positions que nous occupions en rivière, et plus tard les mouvements de retraite projetés.

Le commandant du génie Dupré-Deroulède, qui donnait chaque jour les preuves de son infatigable énergie, fut chargé de diriger des reconnaissances, et il le fit avec ce soin consciencieux et cette habileté qui, dès son arrivée en Cochinchine, avaient attiré sur lui l'attention et l'estime toute spéciale du commandant en chef.

Avant que la nuit eût perdu toute son obscurité, il partait avec une centaine d'hommes divisés en petits pelotons. Une arrière-garde composée de deux cents hommes environ était prête à lui venir en aide, si l'ennemi tentait une sortie avec des forces très-supérieures. — Dans une de ces explorations, le hardi commandant put approcher les ouvrages ennemis à une cinquantaine de mètres; ces ouvrages bien gardés ouvrirent sur le petit détachement qu'il commandait un violent feu de mitraille et de mousqueterie, mais le but avait été atteint. Le commandant Deroulède avait pu apprécier l'état des défenses ennemies et reconnaître les points les plus favorables pour donner l'assaut.

Ces lignes présentaient un front de quinze cents mètres environ et se composaient de bastions fortement armés et reliés entre eux par des courtines ; — les nouveaux ouvrages, plus achevés et mieux combinés que les anciens, étaient aussi précédés, à une cinquantaine de mètres en avant, de fossés profonds et de pointes de bambous fichées en terre, obstacles matériels qui devaient offrir à l'attaque des difficultés sérieuses, car ils entravaient la marche des troupes sous le feu des défenses tiré à très-petite portée.

Les forts étaient tous armés de canons d'un fort calibre, et les courtines étaient couronnées d'un grand nombre de pierriers.

LXXXI. — Une fois les positions de l'ennemi bien connues et bien déterminées, l'amiral arrêta son plan d'attaque. L'extrême gauche des lignes s'appuyait sur un village où les Anamites construisaient un fort très-important. — Leur extrême droite était appuyée à la rivière.

L'attaque doit avoir lieu sur trois colonnes. — La colonne de droite est sous les ordres du colonel Reybaud, ayant avec lui le commandant Des Pallières. — La colonne du centre est commandée par le colonel espagnol Lanzarote. — La colonne de gauche par le capitaine de vaisseau Reynaud, ayant sous son commandement le commandant Vallière.

Indépendamment des trois colonnes, un corps de réserve est mis sous les ordres du commandant Breschin; ce corps doit se mettre en mouvement, seulement après le départ des trois colonnes, marcher derrière celle du centre et être prêt à se porter partout où besoin serait.

Le capitaine de frégate Liscoat est chargé d'intercepter avec la flottille les communications entre les deux rives du fleuve (1).

(1) ORDRE GÉNÉRAL DES ATTAQUES.

L'attaque des lignes ennemies aura lieu sur trois colonnes.

La colonne de droite, commandée par M. le colonel Reybaud ayant sous ses ordres M. le chef de bataillon Des Pallières, se composera des 24e, 26e, 35e, 1re, 14e, 6e, 36e compagnies d'infanterie, d'un détachement des sapeurs du génie, sous les ordres de M. Borreau, et d'un détachement d'artilleurs de la marine, sous les ordres de M. Hedon. Trente tagals, sous les ordres de M. l'enseigne de vaisseau Olivier, suivront cette colonne avec des civières. Elle se formera avant le départ sur le plateau supérieur de l'ouvrage neuf et suivra l'itinéraire indiqué au pointillé noir sur le plan. Afin que les colonnes arrivent en même temps sur les ouvrages, elle attendra à la Pagode de l'extrémité des ouvrages du 8 mai, la tête de la colonne du centre, formée par les troupes espagnoles. La colonne de droite doit enlever l'ouvrage C de l'extrême gauche de l'ennemi, garder cet ouvrage comme point d'appui en détruisant l'artillerie, et se former sur le plateau attenant à cet ouvrage pour repousser les attaques qui pourraient venir de la route de Hué ou de Camlé.

La colonne du centre, aux ordres de M. le colonel Lanzarote, partira du camp espagnol en tournant le fort de l'Ouest et suivra le tracé marqué en rouge sur le plan. Cette colonne doit, pour l'attaque, se séparer en deux détachements pour enlever à la fois les bastions 4 et 5 du plan. Le détachement qui enlèvera le bastion 5, se portera sur la droite à l'appui de la colonne de droite. Le détachement qui enlèvera le bastion 4, se tiendra prêt à se porter au secours de la colonne de gauche. Ces deux détachements se garderont contre tout retour offensif de l'ennemi.

La colonne de gauche, commandée par M. le capitaine de vaisseau

En outre du plan d'attaque général, chaque chef de colonne a reçu des instructions particulières très-précises ; sa route est minutieusement détaillée sur un plan où sont indiqués et tracés au pointillé les différents points qui devront être enlevés.

Les troupes quitteront le camp à quatre heures du matin pour profiter, pendant leur marche, des dernières obscurités de la nuit, et aborder les ouvrages ennemis à la petite pointe du jour.

Le départ se fait en silence, et chaque colonne, précédée d'une avant-garde et d'une ligne de tirailleurs, s'avance dans la direction qui lui a été désignée. La co-

Reynaud, ayant sous ses ordres M. le commandant Vallière, composée des compagnies de débarquement françaises et de la compagnie de débarquement du Jorge-Juan, d'un détachement de sapeurs du génie, aux ordres de M. le capitaine Pluvier, d'un détachement d'artillerie de la marine, aux ordres de M. le capitaine Lacour, et de la 7ᵉ compagnie d'infanterie de marine, se formera au camp des marins, débouchera par les barrières du bord de la mer, et suivra l'itinéraire pointillé en bleu sur le plan. — Quarante tagals, commandés par M. Bories, portant des civières et des échelles, suivront cette colonne. Le point d'attaque est la partie gauche du bastion 3. Le premier mouvement de cette colonne a pour but d'enlever l'ouvrage B qui devra être occupé pendant qu'on détruira l'artillerie des ouvrages 1, 2 et 3.

Les trois colonnes détruiront les ouvrages tombés en leur pouvoir, en mettant le feu aux embrasures.

Indépendamment des trois colonnes, il sera formé, sous les ordres de M. le commandant Breschin, une réserve composée des 7ᵉ, 21ᵉ et 26ᵉ compagnies d'infanterie et d'un détachement d'artillerie commandé par M. Chevrillon. Elle se formera en arrière de la colonne de droite, dans l'ouvrage neuf, et suivra l'itinéraire tracé en jaune sur le plan. Elle ne se mettra en mouvement qu'après le départ des autres colonnes et se tiendra prête à se porter partout où besoin serait.

La flottille, aux ordres de M. le commandant Liscoat, sera chargée d'intercepter les communications entre les deux rives du fleuve.

L'ambulance, signalée par un guidon jaune et dirigée par le chi-

lonne de droite se dirige sur l'ouvrage qui forme l'extrême gauche des lignes ennemies, et la colonne du centre, après avoir contourné le fort de l'Ouest, sur les deux bastions qui occupent le centre de ces lignes.

La colonne de gauche a débouché par les barrières du bord de la mer, en traversant des terrains couverts de massifs d'arbres ; elle a pour mission d'attaquer le fort et la partie des lignes anamites qui s'appuie à la rivière.

LXXXII. — Les premières lueurs du jour apparaissent à peine, et les trois colonnes, arrivées en même temps à deux cents mètres environ des ouvrages, s'élancent à la

---

rurgien principal de Corneyros, sera établie au gourbis des conférences et gardée par les fusiliers de la flottille alliée, commandés par M. Hennecart, enseigne de vaisseau. Les embarcations aux ordres de M. l'enseigne de vaisseau Bonnet se tiendront prêtes à enlever les blessés et à les transporter au fort de l'Ouest.

M. le capitaine de frégate de Freycinet exercera le commandement supérieur du fort de l'Ouest et de l'ouvrage neuf, et sera chargé de la défense de ces ouvrages, avec des détachements de troupes françaises et espagnoles. M. le lieutenant de vaisseau Collos gardera le fort de l'Est.

Autant que possible les colonnes d'attaque aborderont les ouvrages à la baïonnette en réservant leurs feux pour le moment où elles auront pénétré dans l'intérieur des ouvrages.

Les chefs de colonne maintiendront leurs troupes de pied ferme aux postes qui leur auront été assignés, et empêcheront tout éparpillement et toute marche à l'aventure.

L'opération terminée, et lorsque l'amiral donnera l'ordre de la retraite, les colonnes se retireront par les brèches que les sapeurs du génie pratiqueront dans les courtines 3, 4, 5 et 6, la réserve formant l'arrière-garde.

fois à l'escalade aux cris de : vive l'Empereur ! — L'ordre a été donné aux troupes d'aborder les ouvrages à la baïonnette.

Un feu très-violent d'artillerie, de gingalls et de mousqueterie accueille les assaillants, car l'ennemi est plein de confiance dans les obstacles qu'il a accumulés et qui doivent forcément entraver la marche des troupes lancées à l'assaut. — Aussi la résistance est-elle opiniâtre ; mais bientôt tous ces obstacles sont brisés, franchis ou renversés ; les lignes ennemies sont envahies de toutes parts avec une énergie et un entrain irrésistibles, et tout ce qui n'a pas cherché son salut dans la fuite, tombe sous la baïonnette ou sous les balles des carabines. Sur quelques points, les Cochinchinois défendent pied à pied le terrain. Efforts impuissants ! espérances stériles ! ils sont forcés d'abandonner ces positions, derrière lesquelles ils se croyaient si puissamment garantis contre nos attaques.

Pendant que le lieutenant-colonel Reybaud s'emparait avec la colonne de droite des ouvrages de l'extrême gauche, il aperçut un corps de deux à trois mille Anamites qui manœuvrait en dehors des lignes ; il dut s'en préoccuper sérieusement et détacha aussitôt trois compagnies pour contenir ce corps, et l'empêcher soit d'approcher des lignes, soit de nous tourner en nous prenant à revers. Les tirailleurs engagèrent bientôt une vive fusillade avec l'avant-garde ennemie ; cette fusillade prit une telle intensité que l'amiral lança en soutien la réserve. — Le commandant Breschin, qui la commandait, arriva au pas de course et joignit ses compagnies aux deux compagnies combattantes.

LXXXIII. — L'action s'engageait dans une plaine semée de bouquets de bois épais et entrecoupée de marais, sur lesquels étaient pratiquées des chaussées assez larges pour donner passage à cinq ou six hommes de front.

En arrière, près d'une grande route que l'on supposait être celle de Hué à Fai-Foh, s'étendaient des bois immenses qui devaient, en cas d'échec, servir de refuge à l'ennemi et dérober sa retraite.

Le corps anamite, composé d'environ trois mille hommes, avait avec lui dix éléphants de guerre ; il s'était déployé sur une longue ligne de bataille, ayant de distance en distance des éléphants comme soutien. Ces animaux d'une taille colossale portaient chacun une petite tour sur laquelle étaient deux pierriers et six hommes armés de fusils. — Du haut de cette tour partaient des décharges de mitraille et de mousqueterie.

Deux compagnies espagnoles sont aussi accourues par ordre de l'amiral et se sont jointes à la réserve du commandant Breschin. — Cette colonne a déployé ses tirailleurs ; elle approche l'ennemi à une distance de trois cents mètres ; celui-ci reste immobile, continuant un feu très-vif auquel on riposte vigoureusement. — Notre fusillade, très-nourrie et bien dirigée, fait bientôt de nombreuses trouées dans les rangs anamites. L'ennemi se replie vivement en arrière, puis s'arrête encore pour recommencer le feu, mais cette fois à plus longue distance.

En vain les troupes alliées, bravant les chaleurs étouffantes d'un soleil de feu, s'élancent plusieurs fois dans l'espoir d'aborder les Cochinchinois à la baïonnette ; ceux-ci évitent avec soin toute rencontre corps à corps, et refoulés ainsi jusqu'à la route, disparaissent bientôt dans les bois avec leurs éléphants.

Nos hommes harassés de fatigue ne peuvent continuer à les poursuivre. Plusieurs tombent foudroyés par la chaleur pour ne plus se relever.

Des sentinelles sont placées pour garder la route.

LXXXIV. — Pendant que les colonnes d'attaque envahissaient si vigoureusement la longue ligne des défenses ennemies, la flottille franco-espagnole, sous les ordres du commandant Liscoat, attaquait avec les embarcations tous les ouvrages de la rive droite qui pouvaient nous contre-battre et gêner nos mouvements ; elle détruisait aussi la batterie de l'îlot situé au milieu de la rivière.

De son côté *le Laplace*, commandant Kerjégu, placé à bonne portée, balayait de ses feux la route dite de Hué et ses abords. — Il est à remarquer que dans cette journée de combat l'artillerie du *Laplace* fut la seule qui pût être mise en jeu, les difficultés des terrains à traverser et le manque d'attelages n'avaient point permis d'amener avec les colonnes d'attaque un seul obusier de montagne.

Il était neuf heures du matin, nous étions maîtres de toutes les positions, et les Anamites réfugiés dans les bois ou dispersés dans la campagne purent voir flotter les drapeaux alliés sur leurs forts et sur leurs bastions.

Il était impossible de songer à transporter au camp l'artillerie ennemie. — Aussi le capitaine Lacour a reçu l'ordre de la détruire ; un certain nombre de canons de gros calibre fondus à Hué et récemment arrivés de cette capitale étaient remarquables par la bonne exécution et le fini du travail. — Quarante bouches à feu chargées à outrance avec des éclisses sont brisées en éclats, et l'incendie allumé à la fois sur tous les points des lignes anamites dévore ces ouvrages de défense si laborieusement accumulés. — Les flammes s'élèvent de toutes parts en tourbillonnant ; de toutes parts les explosions des magasins à poudre se font entendre, et les murs s'effondrent avec un fracas sinistre, aux acclamations des troupes alliées qui assistent à cette œuvre de destruction.

LXXXV. — « A une heure (écrit l'amiral), les troupes rentraient dans leur camp excédées de fatigue, bien qu'elles n'eussent pas fait plus de deux à trois lieues de marche et sans sacs. — Le lendemain, les ambulances étaient remplies de fiévreux. »

Fatal climat qui venait ainsi frapper sans relâche ceux que le combat avait épargnés.

La journée du 15 septembre nous coûtait dix morts et quarante blessés ; au nombre des morts est le lieutenant d'infanterie Giorgi, qui, lancé à la poursuite de l'ennemi, est tombé pour ne plus se relever, frappé d'une insolation.

Cette attaque si vigoureuse et si rapidement couronnée de succès devait être le dernier acte militaire du commandant en chef. — Un mois après environ (19 octobre), le vice-amiral Page arrivait à Tourane, pour prendre le commandement de la flotte, en remplacement du contre-amiral Rigault de Genouilly, qui sur sa demande rentrait en France, après avoir exercé le commandement en chef dans les mers de Chine pendant l'espace de deux ans et demi (du 4 février 1857 au 20 octobre 1859).

L'amiral a reçu la nouvelle de la paix signée avec l'empereur d'Autriche. — Cet événement important allait évidemment changer la situation du corps expéditionnaire, et rendre possible l'envoi des renforts si vainement demandés par le commandant en chef de la station navale; le ministre de la marine révoque en effet les instructions comprises dans ses dépêches du 3 mai et du 23 juin. Ces opérations militaires en Cochinchine allaient entrer dans une nouvelle phase, en se subordonnant aux nouvelles décisions des armes alliées en Chine, mais elle y puisait des ressources précieuses pour réparer les pertes de ses états-major et de ses équipages.

LXXXVI. — Cette première expédition en Cochinchine n'avait enregistré que des succès; conduite avec énergie, mais aussi avec une sage prudence par son chef, elle avait toujours et partout montré les drapeaux alliés victorieux; mais elle avait apporté un grave et utile enseignement pour l'avenir des actions militaires, qui seraient dirigées vers ces contrées lointaines et inconnues. Elle avait prouvé combien étaient incomplets et erronés les renseignements sur la foi desquels on avait lancé vers la Cochinchine des bâtiments de guerre, et quels moyens considérables en troupes et en navires appropriés à la navigation des fleuves peu profonds il faudrait employer pour arriver à des résultats sérieux. — La réalité, cette limite aride et inexorable des rêves trompeurs et des espérances fugitives, était venue se dévoiler peu à peu sous le sillage de nos bâtiments et sous les pas de nos soldats.

Le gouvernement anamite, plein de force et de vitalité, malgré les tableaux désastreux que l'on avait faits de sa décadence morale et administrative, possédait des ressources considérables; nation compacte, pliée à l'obéissance et bien plus guerrière que celle de la Chine, elle avait au milieu des sauvages et vieilles traditions du passé, des notions sur l'art de la guerre, qu'elle tenait de son frottement avec les Européens pendant le siècle dernier. — Les discordes civiles ne minaient pas le royaume au dedans, pendant que ses ennemis l'attaquaient au dehors. — Enfin les défaites successives qu'avait essuyées l'armée anamite semblaient plutôt l'instruire que la terrifier; se rejetant dans l'intérieur des terres, après chaque revers, elle pouvait fatiguer les vainqueurs à la poursuite des vaincus, et compter parmi ses auxiliaires les plus redoutables, son climat si fatal aux Européens.

Certes toutes ces difficultés seraient surmontées par la résolution et l'élan de nos troupes, mais elles exigeaient un déploiement de forces, un renouvellement d'effectifs et de matériel et une constitution nouvelle du corps expéditionnaire.

Toutes ces considérations, le vice-amiral Rigault de Genouilly les avait mûrement approfondies, et il rapportait en France l'expérience si utile de cette première campagne, qui devait servir de base et de point de départ à celle que la France allait envoyer bientôt dans ces mêmes parages.

FIN DE LA PREMIÈRE PARTIE.

PIÈCES JUSTIFICATIVES

PIÈCES JUSTIFICATIVES.

I

Mémoire supplémentaire, détaillant les particularités relatives à la réception des envoyés barbares de différentes nations, présenté en 1845 à l'empereur Tao-kouang, par Ky-ing, vice-roi de Canton.

« Votre esclave Ky-ing, humblement agenouillé, dépose ce mémoire supplémentaire aux pieds de Votre Majesté.

« Les détails de l'administration dont votre esclave a été chargé, pour traiter les affaires avec les nations barbares, et les rapports qu'il a eus avec leurs envoyés, lors de leur réception dans ce pays, ont été l'objet de plusieurs mémoires rédigés par votre esclave; mais ayant rédigé aussi, avec les barbares, des conditions supplémentaires de commerce, il a eu l'honneur de mettre les articles qui les contiennent sous les yeux sacrés de Votre Majesté, qui a chargé le comité des finances d'examiner ces articles et de lui en faire un rapport.

« Il a l'honneur, toutefois, de faire remarquer à Votre Majesté que c'est dans la 27ᵉ lune de la 22ᵉ année (août 1842) que les barbares Anglais ont été pacifiés. Les Américains et les Français sont venus successivement pendant l'été et pendant l'automne de cette année (1845), et durant cette période de trois années, la situation, vis-à-vis des barbares, a bien changé de face; à mesure que le caractère de cette situation a varié, il est devenu nécessaire de modifier notre conduite envers eux, ainsi que les moyens à employer pour les maintenir en paix et les tenir en respect.

« Bien qu'il puisse être utile sans doute d'agir envers eux en employant de bons procédés, il est beaucoup plus prudent de les mener par la ruse. Dans quelques occasions il faut leur faire connaître les motifs qui dirigent notre conduite; dans d'autres, au contraire, leur susceptibilité ne peut être adoucie que par des démonstrations de nature à faire évanouir leurs soupçons.

« Quelquefois, il est bon de chercher à leur plaire et à exciter leur reconnaissance, en les traitant sur le pied d'une égalité parfaite, et dans quelques cas, avant d'arriver aux résultats qu'il est possible d'obtenir, il faut faire semblant de ne pas apercevoir leur fourberie, et il est utile de ne pas pousser trop loin la juste appréciation de leurs actes.

« Nés et élevés dans les limites de leurs contrées lointaines, il y a beaucoup de choses dans les mœurs et dans les coutumes du Céleste-Empire que les barbares ne peuvent pas comprendre parfaitement, et ils font de continuelles observations sur des choses dont il est difficile de leur expliquer la véritable portée. Ainsi, par exemple, c'est aux membres du grand conseil qu'il appartient de rendre des décrets.

« Eh bien! ils respectent ces décrets comme s'ils émanaient de la main même de l'Empereur; et si on leur donne à entendre que ces décrets ne sont pas l'œuvre de Votre Majesté, alors, au lieu de les respecter, ils n'y attachent plus la moindre importance.

« Le repas que les barbares font en commun s'appelle le *ta-tsan*, le dîner. Ils aiment, à ce moment-là, à se réunir en grand nombre, pour manger et boire ensemble.

« Lorsque votre esclave leur a fait l'honneur de les inviter au Bogue ou à Macao, leurs chefs et les notables parmi eux sont venus, au nombre de dix, de vingt ou de trente. Et, plus tard, votre esclave a eu l'occasion d'aller dans leurs résidences et sur leurs navires, les barbares se sont assis autour de lui, et c'était à qui lui offrirait le premier des viandes et des vins. Pour gagner leurs bonnes grâces, votre esclave n'a pu faire autrement que de se servir avec eux de leurs verres et de leurs cuillers.

« Autre chose! C'est l'usage, chez les barbares, d'être fiers de leurs femmes. Si la personne qui leur fait une visite appartient aux classes élevées de la société, la femme de celui qui reçoit cette visite ne manque jamais de venir au-devant de celui qui la fait. Lorsque le barbare Américain Parker et le barbare Français Lagrenée étaient ici, par exemple, ils avaient amené leurs femmes avec eux ; et lorsque votre esclave s'est rendu dans leur demeure pour y traiter des affaires, les femmes étrangères ont soudainement apparu et l'ont salué. Votre esclave en a été confondu, et s'est senti assurément bien mal à l'aise, tandis qu'elles, au contraire, étaient charmées de l'honneur que votre esclave leur faisait.

« Tous ces faits prouvent, en vérité, qu'il n'est pas possible de régler les coutumes des nations occidentales d'après les usages de la Chine; et, si l'on voulait contraindre les barbares à s'y soumettre, on n'y gagnerait rien pour leur instruction, et on courrait grand risque, au contraire, d'éveiller leurs soupçons et de faire naître leur mauvais vouloir.

« Dans le temps où des relations amicales existaient entre les étrangers et la Chine, plusieurs barbares ont été reçus par nous et sur le pied d'une certaine égalité ; mais, du moment où ces rapports ont cessé d'exister, c'est plus que jamais un devoir pour nous de repousser les barbares et de les tenir éloignés. Dans cette intention, toutes les fois que votre esclave a eu un traité à négocier avec un État barbare, il a envoyé Knang-xang-tung, le commissaire des finances, pour prévenir l'envoyé barbare qu'un haut dignitaire chinois, chargé de l'administration des relations extérieures, n'était jamais libre de rien recevoir pour son compte particulier, et que, si on lui offrait des présents, il serait forcé de les refuser péremptoirement; que d'ailleurs, s'il en acceptait secrètement, les ordonnances de la céleste dynastie à ce sujet étaient fort sévères; et que, sans parler de l'affront que subirait la dignité du fonctionnaire qui en agirait ainsi, le coupable ne pourrait pas échapper aux peines prononcées par la loi. Les envoyés barbares ont eu le bon esprit de se conformer à cet usage; mais, dans leurs entrevues avec votre esclave, ils lui ont souvent offert des riens étrangers, des parfumeries et autres objets du même genre et de peu de valeur. Que leurs intentions fussent bonnes ou mauvaises en agissant ainsi, votre esclave n'a pu, en face d'eux, rejeter leurs présents, et il s'est borné à leur donner, en échange, des tabatières, des bourses parfumées, et de ces petits objets que l'on porte sur soi, mettant toujours en pratique le principe chinois, qui veut que l'on donne beaucoup et que l'on ne reçoive que peu de chose. En outre, en ce qui concerne les Italiens (les Portugais), les Anglais, les Américains et les Français, votre esclave leur a offert une copie de son insignifiant portrait.

« Quant à leur gouvernement, ils ont à leur tête tantôt des hommes, tantôt des femmes, qui conservent le pouvoir, les uns pendant leur vie, les autres pendant un temps déterminé. Chez les barbares Anglais, par exemple, le souverain est une femme; chez les Français et les Américains, c'est un homme; chez les Anglais et les Français, le chef d'État est à vie. Chez les Américains, il est élu par ses concitoyens, et seulement pour quatre années, à l'expiration desquelles il descend du trône et redevient un simple citoyen (dans les classes non officielles). Chacune de ces nations a une manière différente de désigner ses chefs. En général, ils empruntent (littéralement, ils volent) des dénominations chinoises. Ils affectent avec orgueil d'employer un style qu'ils n'ont aucun droit de parler, et semblent vouloir se donner des airs de grande puissance.

« Qu'en cela ils cherchent à honorer leurs propres chefs, nous n'avons rien à y voir. Mais je crois que, si l'on exigeait d'eux de se soumettre aux règles observées par les pays tributaires de la Chine, ils refuseraient certainement d'obéir, car ils n'ont même pas adopté la manière dont nous comptons le temps, et ils ne veulent pas reconnaître l'investiture royale que Votre Majesté leur a donnée, pour les placer au même rang que les Liou-Tchou et la Cochinchine.

« Avec des gens aussi peu civilisés qu'ils le sont, aussi stupides et inintelligents dans leur style et dans leur langage, et assez obstinément attachés à leurs formules, dans leur correspondance officielle, pour placer le supérieur au-dessus, et l'inférieur au-dessous, ce qu'il y a de mieux à faire, c'est de ne donner aucune attention à leurs usages, de ne pas s'apercevoir de tout cela (littéralement de se fendre la langue, et de se cautériser les lèvres), car alors non-seulement tout rapport personnel cesserait, mais toute relation officielle devrait cesser, au grand détriment de l'importante question de la paix. Au lieu donc de discuter sur l'emploi des termes qui, au fond, n'ont aucune valeur pratique, nous avons préféré négliger d'insignifiants détails pour suivre une grande et utile politique.

« Tels sont les expédients qu'après une sérieuse attention donnée aux affaires des barbares, après un mûr examen des exigences du moment, et de la gravité de la question, soit qu'il faille en ajourner la solution ou la résoudre, il nous a paru indispensable d'adopter.

« Votre esclave n'a point voulu soumettre ces détails, les uns après les autres, à la divine appréciation de Votre Majesté, d'abord parce qu'ils n'ont en eux-mêmes aucune importance, et qu'ensuite le temps a manqué. Nos affaires avec les barbares étant aujourd'hui complétement terminées, votre esclave a consigné tous ces renseignements dans une dépêche détaillée qu'il présente respectueusement avec celle-ci à Votre Majesté. »

II

Instructions du baron Gros, 9 mai 1857[1].

Monsieur le baron,

L'Empereur ayant décidé que vous vous rendriez en Chine comme commissaire extraordinaire et plénipotentiaire afin d'y régler, en vous concertant avec lord Elgin, chargé d'une mission semblable par le gouvernement de Sa Majesté Britannique, les questions actuellement pendantes et d'y établir, sur un pied plus satisfaisant, nos relations avec le Céleste-Empire, j'ai l'honneur de vous adresser les instructions dont vous devrez vous inspirer pour répondre aux intentions de Sa Majesté Britannique.

Sa Majesté, convaincue de votre zèle pour son service et plaçant une pleine confiance dans votre jugement et dans votre expérience, remet complétement entre vos mains la conduite des affaires en Chine. C'est par suite à vous seul qu'il appartiendra de décider des opérations navales et militaires, qu'il y aura nécessité d'entreprendre. Vous vous mettrez donc en rapport, aussitôt que possible, avec le commandant en chef de nos forces navales dans ces parages, et il importera que dans les communications qui s'échangeront entre vous au sujet des opérations que vous jugerez opportunes, les éclaircissements fournis de part et d'autre établissent la plus parfaite entente qu'il y aura

---

1. *Archives diplomatiques* 1861, t. IV, p. 295.

lieu de faire. C'est uniquement d'après vos appréciations, que vous déterminerez le lieu où les négociations devront s'entamer, la durée qu'elles pourront avoir, et, si elles n'amèneraient point de résultat, le moment où il conviendra de les rompre. Dans ce dernier cas, et lorsqu'il vous sera démontré qu'il est indispensable de recourir à la force pour obtenir l'adhésion du Gouvernement chinois, aux demandes que vous lui aurez adressées, vous devrez en faire part à monsieur l'amiral, à qui reviendra le soin de déterminer, dès lors, sur quel point et de quelle manière seront employées les forces placées sous ses ordres.

Je vais actuellement vous indiquer la marche que vous aurez à suivre dans l'importante mission qui vous est confiée. Aussitôt arrivé en Chine, vous vous mettrez en relations avec lord Elgin, afin de concerter, dès le principe, avec le haut-commissaire de Sa Majesté Britannique, l'attitude que vous aurez à prendre. Vous établirez en même temps vos rapports avec le ministre de l'Empereur et avec le commandant en chef de nos forces navales en Chine, et vous réclamerez d'eux toutes les informations propres à vous fixer sur l'état des choses. Vous entrerez également en rapport avec le représentant diplomatique des États-Unis, et, selon les circonstances, avec les commandants des forces navales anglaises et américaines. Les amiraux français et anglais sont, au reste, personnellement invités à se concerter autant que possible dans les opérations qu'il s'agira d'entreprendre. Dès que vous serez suffisamment édifié sur la situation, que vous aurez établi avec chacun l'entente ou les relations qui devront faciliter vos démarches, et que vous vous serez assuré de la coopération sur laquelle vous pouvez compter, vous vous rendrez avec lord Elgin, à qui ses instructions le prescrivent déjà, et avec le représentant des États-Unis, s'il est disposé à se joindre à vous, ce qui ajouterait certainement à l'effet moral de votre démarche, à l'embouchure du Peï-ho. Les amiraux français et anglais devront vous faire accompagner d'une force navale imposante, si la présence n'en est pas, toutefois, nécessaire à

Canton. Lorsque vous serez arrivé à l'entrée de la rivière du Peï-ho, la manière dont vous devrez agir dépendra de la situation des choses. Si elles sont toujours à l'état où nous les savons actuellement, vous aviserez aux moyens qui vous paraîtront les meilleurs pour entrer en communication avec la cour de Pé-king, et lui faire savoir que vous êtes prêts à vous aboucher, sur un point fixé d'un commun accord, avec le plénipotentiaire, d'un rang convenable, que désignera l'Empereur de la Chine afin de régler tous les sujets de litige existant entre le Céleste-Empire et les puissances que vous représentez. Il ne saurait vous être rien prescrit, quant au lieu où vos conférences avec le plénipotentiaire chinois pourront se tenir, ni en ce qui concerne le mode de négociations qu'il sera à propos d'adopter, mais vous aurez soin de ne pas accepter, comme lieu de conférence, un point où vous vous trouveriez à la discrétion des autorités chinoises, ou qui, par sa distance de Pé-king, mettrait obstacle à ce que le plénipotentiaire chinois pût facilement et rapidement communiquer avec son gouvernement. Vous attendrez, pour vous expliquer sur les demandes que vous aurez à formuler, de savoir l'accueil fait à cette première ouverture. Si le cabinet de Pé-king y répond par la nomination d'un plénipotentiaire, vous pourrez aborder, sans plus de délai, les questions qui doivent être l'objet des négociations et sur lesquelles il me reste à m'expliquer.

Il s'agit, pour la France et pour la Grande-Bretagne, je ne parle point des États-Unis, puisque leur participation matérielle à cette négociation n'est point encore décidée, il s'agit, dis-je, pour le gouvernement français et pour le gouvernement anglais, d'obtenir à la fois du gouvernement de Pé-king des réparations pour des griefs passés et des concessions d'une grande importance au point de vue politique et commercial, pour leurs relations ultérieures avec le Céleste-Empire. Le gouvernement français attend une réparation que les démarches réitérées de son représentant en Chine n'ont pu encore obtenir, pour le meurtre d'un missionnaire français odieusement torturé et mis à mort dans la province de Kwang-si, en violation des clauses formelles de notre traité avec la Chine. Le gouvernement britannique en réclame une pour les faits qui se sont produits à Canton, pour les dommages qui en ont été la suite pour ses nationaux; il demande l'exécution complète à Canton, comme dans les autres ports déjà ouverts, des stipulations diplomatiques, ce qui implique à ses yeux l'admission, dans la ville de Canton, des représentants étrangers, admission opiniâtrément refusée jusqu'ici. A côté de ces demandes motivées par des actes du passé, doivent se placer celles qui intéressent l'avenir de nos relations en Chine. Nous pensons, avec le gouvernement anglais, que le moment est venu d'obtenir pour nos ministres accrédités en Chine le droit de résider à Pé-king, sinon d'une manière permanente, du moins toutes les fois qu'ils croiront ou que nous-mêmes nous croirons leur présence dans la capitale utile au soin des affaires. Lorsqu'ils en seraient éloignés, il importerait qu'ils eussent la faculté de communiquer directement avec les ministres à Pé-king, et de leur faire parvenir leur correspondance par des courriers de leur choix. Nous sommes pareillement depuis longtemps d'accord avec le cabinet de Londres, touchant la nécessité de renouveler les conventions conclues avec le Céleste-Empire, et qui ne sont plus en harmonie avec les besoins qu'elles ont fait naître. Nous en voulons donc la révision, en vue d'ouvrir au commerce, dans une plus large mesure, l'accès du Céleste-Empire. Il faut que nos négociants puissent désormais remonter ses grandes rivières, s'établir dans ses grands centres de consommation et fréquenter librement tous ses ports.

Si le gouvernement chinois nous accordait sans difficulté les satisfactions que nous autorisent à exiger de lui les faits que je rappelais tout à l'heure, vous aborderiez avec le plénipotentiaire de la cour de Pé-king la négociation des concessions nouvelles qu'il y a lieu de substituer aux stipulations antérieures. Mais si ce gouvernement, ou refusait absolument d'entrer dans aucune négociation, ou ne consentait point à nous accorder les réparations dont je viens de parler, vous seriez, dès ce moment, en droit de recourir à l'emploi des mesures coercitives. Une fois cette détermination extrême adoptée et sa mise à exécution commencée, vous ne devriez plus conclure d'arrangement définitif qui n'embrasserait pas tout l'ensemble des propositions dont vous êtes porteur, et auxquelles vous seriez autorisé à ajouter, dans ce cas, une demande d'indemnités pour les frais de la guerre.

Je n'ai pas besoin de dire qu'en tous cas le désir des deux gouvernements est d'éviter toute effusion de sang où tous dommages matériels seraient inutiles. On devra en outre s'attacher à ne point troubler le commerce dans les ports où il n'a pas jusqu'ici souffert d'interruption et se maintenir sur ces points dans les rapports les plus amicaux avec la population locale.

Si, lorsque vous arriverez en Chine, il nous était, contre toute prévision, déjà donné, ainsi qu'à la Grande-Bretagne, pleine et entière satisfaction pour les griefs rappelés plus haut, vous n'en devriez pas moins vous rendre toujours à l'embouchure du Peï-ho, à l'effet de chercher à entrer en communication avec la cour de Pé-king : vous n'auriez plus seulement à vous préoccuper que de la négociation des propositions qui touchent à la révision des conventions conclues avec la Chine.

Dans le cas où le Gouvernement chinois aurait, avant votre arrivée, donné raison aux procédés du vice-roi et des autorités de Canton, et où les hostilités auraient déjà pris, par suite, un caractère international, vous vous dirigeriez encore vers le Peï-ho pour tâcher d'entrer en rapport avec la cour de Pé-king, mais il serait opportun que les approches et la rade de Chusan fussent alors occupées et que des forces fussent même envoyées dans le Yang-tsé-kiang pour interrompre la communication par le grand canal, tandis que vous vous rendriez au Peï-ho. Les amiraux auraient à décider si les forces mises à leur disposition leur permettraient de prendre ces mesures en laissant ce qui serait nécessaire à Canton.

Telles sont, monsieur le baron, les instructions que je crois devoir vous adresser en ce moment, pour me conformer aux ordres de l'Empereur. Elles me paraissent suffisantes pour vous indiquer les objets principaux et l'importance de la mission qui vous est confiée. L'étude que vous ferez de la question sur les lieux mêmes, les renseignements que vous fournira M. de Bourboulon et l'entente que Sa Majesté Impériale désire que vous établissiez de la manière la plus intime avec lord Elgin, vous éclaireront, d'ailleurs, plus complétement que je ne puis le faire, à la distance où nous sommes des événements dont la Chine est le théâtre, sur l'attitude que vous aurez à prendre pour atteindre, sans précipiter l'emploi toujours regrettable de la force, les résultats que la France et la Grande-Bretagne poursuivent en Chine, autant dans un but général de progrès de civilisation que dans leur intérêt propre.

III

Traité d'amitié, de commerce et de navigation entre la France et la Chine, signé à Tien-Tsin, le 27 juin 1858[1].

Sa Majesté l'Empereur des Français et sa Majesté l'Empereur de la Chine, animés l'un et l'autre du désir de mettre un terme aux différends qui se sont élevés entre les deux empires, et voulant rétablir et améliorer les relations d'amitié, de commerce et de navigation qui ont existé entre les

---

1. *Archives diplomatiques* 1861, t. II, p. 248.
Voir aux *Archives diplomatiques* 1861, tome II, les traités de la Chine avec la Russie, la Grande-Bretagne et les États-Unis.

deux puissances, comme aussi en régulariser l'existence, en favoriser le développement et en perpétuer la durée, ont résolu de conclure un nouveau traité, basé sur l'intérêt commun des deux pays, et ont en conséquence nommé pour leurs plénipotentiaires, savoir :

Sa Majesté l'Empereur des Français, le sieur Jean-Baptiste-Louis baron Gros, grand officier de la Légion d'honneur, grand-croix de l'Ordre du Sauveur de Grèce, commandeur de l'Ordre de la Conception de Portugal, etc.;

Et sa Majesté l'Empereur de la Chine, Kouëï-Liang, haut commissaire impérial de la dynastie Ta-Tsing, grand ministre du Palais-Oriental, directeur général des affaires du conseil de justice, etc. ; et Hoûa-Cha-na, haut commissaire impérial de la dynastie Ta-Tsing, président du conseil des finances, général de l'armée sino-tartare de la bannière bordée d'azur, etc.;

Lesquels, après avoir échangé leurs pleins pouvoirs, qu'ils ont trouvés en bonne et due forme, sont convenus des articles suivants :

Article 1er. Il y aura paix constante et amitié perpétuelle entre Sa Majesté l'Empereur des Français et Sa Majesté l'Empereur de la Chine, ainsi qu'entre les sujets des deux empires, sans exception de personnes ni de lieux.

Ils jouiront tous également, dans les États respectifs des hautes parties contractantes, d'une pleine et entière protection pour leurs personnes et leurs propriétés.

Art. 2. Pour maintenir la paix si heureusement rétablie entre les deux empires, il a été convenu entre les deux parties contractantes qu'à l'exemple de ce qui se pratique chez les nations de l'Occident, les agents diplomatiques dûment accrédités par Sa Majesté l'Empereur des Français auprès de Sa Majesté l'Empereur de la Chine pourront se rendre éventuellement dans la capitale de l'empire, lorsque des affaires importantes les y appelleront.

Il est convenu entre les hautes parties contractantes que si l'une des puissances qui ont un traité avec la Chine obtenait pour ses agents diplomatiques le droit de résider à poste fixe à Pé-king, la France jouirait immédiatement du même droit.

Les agents diplomatiques jouiront réciproquement, dans le lieu de leur résidence, des priviléges et immunités que leur accorde le droit des gens ; c'est-à-dire que leur personne, leur famille, leur maison et leur correspondance seront inviolables, qu'ils pourront prendre à leur service les employés, courriers, interprètes, serviteurs, etc., qui leur seront nécessaires.

Les dépenses de toute espèce qu'occasionneront les missions diplomatiques de France en Chine seront supportées par le gouvernement français. Les agents diplomatiques qu'il plaira à Sa Majesté l'Empereur de la Chine d'accréditer auprès de Sa Majesté l'Empereur des Français seront reçus en France avec tous les honneurs et toutes les prérogatives dont jouissent, à rang égal, les agents diplomatiques des autres nations accrédités à la cour de Sa Majesté l'Empereur des Français.

Art. 3. Les communications officielles des agents diplomatiques et consulaires français avec les autorités chinoises seront écrites en français, mais seront accompagnées, pour faciliter le service, d'une traduction chinoise aussi exacte que possible, jusqu'au moment où le gouvernement impérial de Pé-king, ayant des interprètes pour parler et écrire correctement le français, la correspondance diplomatique aura lieu dans cette langue pour les agents français et en chinois pour les fonctionnaires de l'Empire. Il est convenu que jusque-là, et en cas de dissidence dans l'interprétation à donner au texte français et au texte chinois au sujet des clauses arrêtées d'avance dans les conventions faites de commun accord, ce sera le texte français qui devra prévaloir.

Cette disposition est applicable au présent traité. Dans les communications entre les autorités des deux pays, ce sera toujours le texte original et non la traduction qui fera foi.

Art. 4. Désormais, les correspondances officielles entre

les autorités et les fonctionnaires des deux pays seront réglées suivant les rangs et les positions respectives, et d'après les bases de la réciprocité la plus absolue. Ces correspondances auront lieu entre les hauts fonctionnaires français et les hauts fonctionnaires chinois, dans la capitale ou ailleurs, par dépêche ou *communication*. Entre les fonctionnaires français en sous-ordre et les hautes autorités des provinces, pour les premiers par *exposé*, pour les seconds par *déclaration*. Entre les officiers en sous-ordre des deux nations, comme il est dit plus haut, sur le pied d'une parfaite égalité.

Les négociants et généralement tous les individus qui n'ont pas de caractère officiel, se serviront réciproquement de la formule *représentation* dans toutes les pièces adressées ou destinées pour renseignements aux autorités respectives.

Toutes les fois qu'un Français aura à recourir à l'autorité chinoise, sa représentation devra d'abord être soumise au consul, qui, si elle lui paraît raisonnable et convenablement rédigée, lui donnera suite, et qui, s'il en est autrement, en fera modifier la teneur ou refusera de la transmettre. Les Chinois de leur côté, lorsqu'ils auront à s'adresser au consulat, devront suivre une marche analogue auprès de l'autorité chinoise, laquelle agira de la même manière.

Art. 5. Sa Majesté l'Empereur des Français pourra nommer des consuls ou des agents consulaires dans les ports de mer ou de rivière de l'Empire chinois dénommés dans l'article 6 du présent arrêté pour servir d'intermédiaires entre les autorités chinoises et les négociants et les sujets français, et veiller à la stricte observation des règlements stipulés.

Ces fonctionnaires seront traités avec la considération et les égards qui leur sont dus. Leurs rapports avec les autorités du lieu de leur résidence seront établis sur le pied de la plus parfaite égalité. S'ils avaient à se plaindre des procédés de ladite autorité, ils s'adresseraient directement à l'autorité supérieure de la province, et en donneraient immédiatement avis au ministre plénipotentiaire de l'Empereur.

En cas d'absence du consul français, les capitaines et les négociants français auront la faculté de recourir à l'intervention du consul d'une puissance amie, ou, s'il était impossible de le faire, ils auraient recours au chef de la douane, qui aviserait au moyen d'assurer à ces capitaines et négociants le bénéfice du présent traité.

Art. 6. L'expérience ayant démontré que l'ouverture de nouveaux ports au commerce étranger est une des nécessités de l'époque, il a été convenu que les ports de Kiungtchau et Chaou-chaou dans la province de Kouang-ton, Taïwan et Taashwi dans l'île de Formose, province de Fokien; Tan-tchau dans la province de Chan-tong et Nanking dans la province de Kian-nan, jouiront des mêmes priviléges que Canton, Chang-haï, Ning-pô, Amoy et Foutchéou.

Quant à Nan-king, les agents français en Chine ne délivreront de passe-ports à leur nationaux pour cette ville que lorsque les rebelles en auront été expulsés par les troupes impériales.

Art. 7. Les Français et leurs familles pourront se transporter, s'établir et se livrer au commerce ou à l'industrie en toute sécurité et sans entrave d'aucune espèce dans les ports et villes de l'Empire chinois situés sur les côtes maritimes et sur les grands fleuves dont l'énumération est contenue dans l'article précédent.

Ils pourront circuler librement de l'un à l'autre s'ils sont munis de passe-ports; mais il leur est formellement défendu de pratiquer sur la côte des ventes ou des achats clandestins, sous peine de confiscation des navires et des marchandises engagés dans ces opérations, et cette confiscation aura lieu au profit du gouvernement chinois, qui devra cependant, avant que la saisie et la confiscation soient légalement prononcées, en donner avis au consul français du port le plus voisin.

Art. 8. Les Français qui voudront se rendre dans les

villes de l'intérieur ou dans les ports où ne sont pas admis les navires étrangers, pourront le faire en toute sûreté, à la condition expresse d'être munis de passe-ports rédigés en français et en chinois, légalement délivrés par les agents diplomatiques ou les consuls de France en Chine, et visés par les autorités chinoises.

En cas de perte de ce passe-port, le Français qui ne pourra pas le présenter, lorsqu'il en sera requis légalement, devra, si l'autorité chinoise du lieu où il se trouve se refuse à lui donner un permis de séjour, pour lui laisser le temps de demander un autre passe-port au consul, être reconduit au consulat le plus voisin, sans qu'il soit permis de le maltraiter ni de l'insulter en aucune manière.

Ainsi que cela était stipulé dans les anciens traités, les Français résidant ou de passage dans les ports ouverts au commerce étranger pourront circuler sans passe-port dans le voisinage immédiat, et y vaquer à leurs occupations aussi librement que les nationaux ; mais ils ne pourront dépasser certaines limites qui seront fixées, de commun accord, entre le consul et l'autorité locale.

Les agents français en Chine ne délivreront de passe-ports à leurs nationaux que pour les lieux où les rebelles ne seront pas établis dans le moment où ce passe-port sera demandé.

Ces passe-ports ne seront délivrés par les autorités françaises qu'aux personnes qui leur offriront toutes les garanties désirables.

Art. 9. Tous les changements apportés d'un commun accord avec l'une des puissances signataires des traités avec la Chine, au sujet des améliorations à introduire au tarif actuellement en vigueur, ou à celui qui le serait plus tard, comme aussi aux droits de douane, de tonnage et d'importation, de transit et d'exportation, seront immédiatement applicables au commerce et aux négociants français, par le seul fait de leur mise à exécution.

Art. 10. Tout Français qui, conformément aux stipulations de l'article 6 du présent traité, arrivera dans l'un des ports ouverts au commerce étranger pourra, quelle que soit la durée de son séjour, y louer des maisons et des magasins pour déposer ses marchandises, ou bien affermer des terrains et y bâtir lui-même des maisons et des magasins. Les Français pourront, de la même manière, établir des églises, des hôpitaux, des hospices, des écoles et des cimetières. Dans ce but, l'autorité locale, après s'être concertée avec le consul, désignera les quartiers les plus convenables pour la résidence des Français, et les endroits dans lesquels pourront avoir lieu les constructions précitées.

Le prix des loyers et des fermages sera librement débattu entre les parties intéressées, et réglé, autant que faire se pourra, conformément à la moyenne des prix locaux.

Les autorités chinoises empêcheront leurs nationaux de surfaire ou d'exiger des prix exorbitants, et le consul veillera, de son côté, à ce que les Français n'usent pas de violence ou de contrainte pour forcer le consentement des propriétaires. Il est bien entendu d'ailleurs que le nombre des maisons et l'étendue des terrains à affecter aux Français, dans les ports ouverts au commerce étranger, ne seront point limités, et qu'ils seront déterminés d'après les besoins et les convenances des ayants droit. Si des Chinois violaient ou détruisaient des églises ou des cimetières français, les coupables seraient punis suivant toute la rigueur des lois du pays.

Art. 11. Les Français, dans les ports ouverts au commerce étranger, pourront choisir librement, et à prix débattu entre les parties, ou sous la seule intervention des consuls, des compradors, interprètes, écrivains, ouvriers, bateliers et domestiques. Ils auront en outre la faculté d'engager des lettrés du pays pour apprendre à parler ou à écrire la langue chinoise, ou toute autre langue ou dialecte usité dans l'Empire, comme aussi de se faire aider par eux, soit pour leurs écritures, soit pour des travaux scientifiques ou littéraires. Ils pourront également enseigner à tout sujet chinois la langue de leur pays ou des langues étrangères, et vendre sans obstacle des livres français ou acheter eux-mêmes toutes sortes de livres chinois.

Art. 12. Les propriétés de toute nature appartenant à des Français dans l'Empire chinois seront considérées par les Chinois comme inviolables et seront toujours respectées par eux. Les autorités chinoises ne pourront, quoi qu'il arrive, mettre embargo sur les navires français, ni les frapper de réquisition pour quelque service public ou privé que ce puisse être.

Art. 13. La religion chrétienne ayant pour objet essentiel de porter les hommes à la vertu, les membres de toutes les communions chrétiennes jouiront d'une entière sécurité pour leurs personnes, leurs propriétés et le libre exercice de leurs pratiques religieuses, et une protection efficace sera donnée aux missionnaires qui se rendront pacifiquement dans l'intérieur du pays, munis de passeports réguliers dont il est parlé dans l'article 8. Aucune entrave ne sera apportée par les autorités de l'Empire chinois au droit qui est reconnu à tout individu en Chine d'embrasser, s'il le veut, le christianisme et d'en suivre les pratiques sans être passible d'aucune peine infligée pour ce fait.

Tout ce qui a été précédemment écrit, proclamé ou publié en Chine par ordre du gouvernement contre le culte chrétien est complétement abrogé et reste sans valeur dans toutes les provinces de l'Empire.

Art. 14. Aucune société de commerce privilégié ne pourra désormais s'établir en Chine, et il en sera de même de toute coalition organisée dans le but d'exercer un monopole sur le commerce.

En cas de contravention au présent article, les autorités chinoises, sur les représentations du consul ou de l'agent consulaire, aviseront aux moyens de dissoudre de semblables associations, dont elles s'efforceront d'ailleurs de prévenir l'existence par des prohibitions préalables, afin d'écarter tout ce qui pourrait porter atteinte à la libre concurrence.

Art. 15. Lorsqu'un bâtiment français arrivera dans les eaux de l'un des ports ouverts au commerce étranger, il aura la faculté d'engager tel pilote qui lui conviendra, pour se faire conduire immédiatement dans le port; et, de même, quand après avoir acquitté toutes les charges légales il sera prêt à mettre à la voile, on ne pourra pas lui refuser des pilotes pour sortir du port sans retard ni délai.

Tout individu qui voudra exercer la profession de pilote pour les bâtiments français pourra, sur la présentation de trois certificats du capitaine de navire, être commissionné par le consul de France, de la même manière que cela se pratiquerait pour d'autres nations.

La rétribution payée aux pilotes sera réglée selon l'équité, pour chaque port en particulier, par le consul ou agent consulaire, lequel la fixera convenablement en raison de la distance et des circonstances de la navigation.

Art. 16. Dès que le pilote aura introduit un navire de commerce français dans le port, le chef de la douane déléguera un ou deux préposés pour surveiller le navire et empêcher qu'il ne pratique aucune fraude. Ces préposés pourront, selon leurs convenances, rester dans leurs propres bateaux, ou se tenir à bord du bâtiment.

Les frais de leur solde, de leur nourriture et de leur entretien seront à la charge de la douane chinoise, et ils ne pourront exiger aucune indemnité ou rétribution quelconque des capitaines ou des consignataires. Toute contravention à cette disposition entraînera une punition proportionnelle au montant de l'exaction, laquelle sera en outre intégralement restituée.

Art. 17. Dans les vingt-quatre heures qui suivront l'arrivée d'un navire de commerce français dans l'un des ports ouverts au commerce étranger, le capitaine, s'il n'est dûment empêché, et à son défaut le subrécargue ou le consignataire devra se rendre au consulat de France et remettre entre les mains du consul les papiers de bord, les connaissements et le manifeste. Dans les vingt-quatre heures suivantes, le consul enverra au chef de la douane une note détaillée indiquant le nom du navire, le rôle d'équipage, le tonnage légal du bâtiment et la nature de son chargement. Si, par suite de la négligence du capitaine, cette dernière formalité n'avait pu être accomplie, dans les quarante-huit heures qui suivront l'arrivée du navire, le capitaine sera passible d'une amende de 50 piastres par jour de retard au profit du gouvernement chinois, ladite amende toutefois ne pourra dépasser la somme de 200 piastres.

Aussitôt après la réception de la note transmise par le consulat, le chef de la douane délivrera le permis d'ouvrir la cale. Si le capitaine, avant d'avoir reçu le permis précité, avait ouvert la cale et commencé à décharger, il pourrait être condamné à une amende de 500 piastres, et les marchandises débarquées pourraient être saisies, le tout au profit du gouvernement chinois.

Art. 18. Les capitaines et négociants français pourront louer telles espèces d'allèges et d'embarcations qu'il leur plaira pour transporter des marchandises et des passagers, et la rétribution à payer pour ces allèges sera réglée de gré à gré par les parties intéressées, sans l'intervention de l'autorité chinoise et par conséquent sans sa garantie en cas d'accident, de fraude ou de disparition desdites allèges. Le nombre n'en sera pas limité, et le monopole n'en pourra être concédé à qui que ce soit, non plus que celui du transport, par portefaix, des marchandises à embarquer ou à débarquer.

Art. 19. Toutes les fois qu'un négociant français aura des marchandises à embarquer ou à débarquer, il devra d'abord en remettre la note détaillée au consul ou agent consulaire, qui chargera immédiatement un interprète reconnu du consulat d'en donner communication au chef de la douane. Celui-ci délivrera sur-le-champ un permis d'embarquement ou de débarquement. Il sera alors procédé à la vérification des marchandises dans la forme la plus convenable pour qu'il n'y ait chance de perte pour aucune des parties.

Le négociant français devra se faire représenter sur le

lieu de la vérification (s'il ne préfère y assister lui-même) par une personne réunissant les qualités requises, à l'effet de veiller à ses intérêts au moment où il sera procédé à cette vérification pour la liquidation des droits; faute de quoi, toute réclamation ultérieure restera nulle et non avenue.

En ce qui concerne les marchandises taxées *ad valorem*, si le négociant ne peut tomber d'accord avec l'employé chinois sur la valeur à fixer, chaque partie appellera deux ou trois négociants chargés d'examiner les marchandises, et le prix le plus élevé qui sera offert par l'un d'eux sera réputé constituer la valeur desdites marchandises.

Les droits seront prélevés sur poids net; on déduira en conséquence le poids des emballages et contenants. Si le négociant français ne peut s'entendre avec l'employé chinois sur la fixation de la tare, chaque partie choisira un certain nombre de caisses et de ballots parmi les colis objets du litige ; ils seront d'abord pesés bruts, puis tarés ensuite, et la tare moyenne des colis pesés servira de tare pour tous les autres.

Si, pendant le cours de la vérification, il s'élève quelque difficulté qui ne puisse être résolue, le négociant français pourra réclamer l'intervention du consul, lequel portera sur-le-champ l'objet de la contestation à la connaissance du chef des douanes, et tous deux s'efforceront d'arriver à un arrangement amiable ; mais la réclamation devra avoir lieu dans les vingt-quatre heures, sinon il n'y sera pas donné suite. Tant que le résultat de la contestation sera pendant, le chef de la douane n'en portera pas l'objet sur ses livres, laissant ainsi toute latitude pour l'examen et la solution de la difficulté.

Les marchandises importées qui auraient éprouvé des avaries jouiront d'une réduction de droits proportionnée à leur dépréciation. Celle-ci sera déterminée équitablement, et, s'il le faut, par expertise contradictoire, ainsi qu'il a été stipulé plus haut pour la fixation des droits *ad valorem*.

Art. 20. Tout bâtiment entré dans l'un des ports de la

Chine, et qui n'a point encore levé le permis de débarquement mentionné dans l'article 19, pourra, dans les deux jours de son arrivée, quitter le port et se rendre dans un autre port sans avoir à payer ni droits de tonnage ni droits de douane, attendu qu'il les acquittera ultérieurement dans le port où il effectuera la vente de ses marchandises.

Art. 21. Il est établi, de commun accord, que les droits d'importation seront acquittés par les capitaines ou négociants français au fur et à mesure du débarquement des marchandises et après leur vérification. Les droits d'exportation le seront de la même manière, lors de l'embarquement. Lorsque les droits de tonnage et de douane dus par un bâtiment français auront été intégralement acquittés, le chef de la douane délivrera une quittance générale, sur l'exhibition de laquelle le consul rendra ses papiers de bord au capitaine et lui permettra de mettre à la voile.

Le chef de la douane désignera une ou plusieurs maisons de change qui seront autorisées à recevoir la somme due par les négociants français au compte du gouvernement, et les récépissés de ces maisons de change pour tous les payements qui leur auront été faits, seront réputés acquis du gouvernement chinois. Ces payements pourront s'opérer, soit en lingots, soit en monnaies étrangères dont le rapport avec l'argent *sycé* sera déterminé de commun accord entre le consul ou agent consulaire français et le chef de la douane dans les différents ports, suivant le temps, le lieu et les circonstances.

Art. 22. Après l'expiration des deux jours mentionnés dans l'article 20, et avant de procéder au déchargement, chaque bâtiment de commerce français acquittera intégralement les droits de tonnage, ainsi réglés pour les navires de 150 tonneaux de la jauge légale et au-dessus, à raison de 5 maces (un demi-taël) par tonneau; pour les navires jaugeant moins de 150 tonneaux, à raison de 1 mace (un dixième de taël) par tonneau. Toutes les rétributions et surcharges additionnelles antérieurement imposées à l'arrivée et au départ sont expressément supprimées et ne pourront être remplacées par aucune autre.

Lors du payement du droit précité, le chef de la douane délivrera au capitaine ou au consignataire, un reçu en forme de certificat constatant que le droit de tonnage a été intégralement acquitté, et, sur l'exhibition de ce certificat au chef de la douane de tout autre port où il lui conviendrait de se rendre, le capitaine sera dispensé de payer de nouveau, pour son bâtiment le droit de tonnage, tout navire français ne devant être passible qu'une seule fois à chacun de ses voyages d'un pays étranger en Chine.

Sont exemptés des droits de tonnage, les barques, goëlettes, bateaux caboteurs et autres embarcations françaises, pontées ou non, employées au transport des passagers, bagages, lettres, comestibles et généralement de tous objets non sujets aux droits. Si lesdites embarcations transportaient en outre des marchandises, elles resteraient dans la catégorie des navires jaugeant moins de 150 tonneaux, et payeraient à raison d'un dixième de taël (un mace) par tonneau.

Les négociants français pourront toujours affréter des jonques et autres embarcations chinoises, lesquelles ne seront soumises à aucun droit de tonnage.

Art. 23. Toutes marchandises françaises, après avoir acquitté dans un des ports de la Chine les droits de douane liquidés d'après le tarif, pourront être transportées dans l'intérieur, sans avoir à subir aucune autre charge supplémentaire que le payement des droits de transit, suivant le taux modéré actuellement en vigueur, lesquels droits ne seront susceptibles d'aucune augmentation future.

Si les agents de la douane chinoise, contrairement à la teneur du présent traité, exigeaient des rétributions illégales ou prélevaient des droits plus élevés, ils seraient punis suivant les lois de l'Empire.

Art. 24. Tout navire français entré dans l'un des ports ouverts au commerce étranger, et qui voudra n'y décharger qu'une partie de ses marchandises, ne payera les droits de douane que pour la partie débarquée ; il pourra transporter le reste de sa cargaison dans un autre port et l'y vendre. Les droits seront alors acquittés.

Dans le cas où des Français, après avoir acquitté dans un port les droits sur les marchandises, voudraient les réexporter et aller les vendre dans un autre port, ils en préviendraient le consul ou agent consulaire ; celui-ci, de son côté, en informera le chef de la douane, lequel, après avoir constaté l'identité de la marchandise et la parfaite intégrité des colis, remettra aux réclamants une déclaration attestant que les droits afférents auxdites marchandises ont été effectivement acquittés.

Munis de cette déclaration, les négociants français n'auront, à leur arrivée dans l'autre port, qu'à la présenter, par l'entremise du consul, au chef de la douane, qui délivrera, pour cette partie de la cargaison, sans retard et sans frais, un permis de débarquement en franchise de droits; mais, si l'autorité découvrait de la fraude ou de la contrebande parmi ces marchandises ainsi réexportées, celles-ci seraient, après vérification, confisquées au profit du gouvernement chinois.

Art. 25. Aucun transbordement de marchandises ne pourra avoir lieu que sur permis spécial et dans un cas d'urgence. S'il devient indispensable d'effectuer cette opération, il devra en être référé au consul, qui délivrera un certificat, sur le vu duquel le transbordement sera autorisé par le chef de la douane. Celui-ci pourra toujours déléguer un employé de son administration pour y assister.

Tout transbordement non autorisé, sauf le cas de péril en la demeure, entraînera la confiscation, au profit du gouvernement chinois, de la totalité des marchandises illicitement transbordées.

Art. 26. Dans chacun des ports ouverts au commerce étranger, le chef de la douane recevra, pour lui-même, et déposera au consulat français, des balances légales pour les marchandises et pour l'argent, ainsi que des poids et mesures exactement conformes aux poids et aux mesures en usage à la douane de Canton, et revêtus d'une estampille et d'un cachet constatant cette conformité. Ces étalons seront la base de toutes les liquidations de droits et de tous les payements à faire au gouvernement chinois. On y aura recours, en cas de contestation sur le poids et la mesure des marchandises, et il sera statué d'après les résultats qu'ils auront donnés.

Art. 27. Les droits d'importation et d'exportation prélevés, en Chine, sur le commerce français, seront réglés conformément au tarif annexé au présent traité, sous le sceau et la signature des plénipotentiaires respectifs. Ce tarif pourra être revisé de sept en sept années pour être mis en harmonie avec les changements de valeur apportés par le temps sur le produit du sol et de l'industrie des deux empires.

Moyennant l'acquit de ces droits, dont il est expressément interdit d'augmenter le montant dans le cours des sept années susmentionnées, et que ne pourront aggraver aucune espèce de charge ou de surtaxe quelconque, les Français seront libres d'importer en Chine des ports français ou étrangers, et d'exporter également de Chine pour toute destination, toutes les marchandises qui ne seraient pas, au jour de la signature du présent traité, et d'après la classification du tarif ci-annexé, l'objet d'une prohibition formelle ou d'un monopole spécial.

Le gouvernement chinois renonçant à la faculté d'augmenter, par la suite, le nombre des articles réputés contrebande ou monopole, aucune modification ne pourra être apportée au tarif qu'après une entente préalable avec le gouvernement français, et de son plein et entier consentement.

A l'égard du tarif, aussi bien que pour toute stipulation introduite ou à introduire dans les traités existants ou qu seraient ultérieurement conclus, il demeure bien et dûment établi que les négociants, et en général tous les citoyens français en Chine, auront droit toujours et partout au traitement de la nation la plus favorisée.

Art. 28. La publication d'un tarif convenable et régulier ôtant désormais tout prétexte à la contrebande, il n'est pas à présumer qu'aucun acte de cette nature soit commis par des bâtiments de commerce français dans les ports de la Chine. S'il en était autrement, toute marchandise introduite en contrebande, par des navires ou par des négociants français dans ces ports, quelles que soient d'ailleurs sa valeur et sa nature, comme aussi toute denrée prohibée, débarquée frauduleusement, seront saisies par l'autorité locale et confisquées au profit du gouvernement chinois. En outre, celui-ci pourra, si bon lui semble, interdire l'entrée en Chine au bâtiment surpris en contravention, et le contraindre à partir aussitôt après l'apuration de ses comptes. Si quelque navire étranger se couvrait frauduleusement du pavillon de la France, le gouvernement français prendrait les mesures nécessaires pour la répression de cet abus.

Art. 29. Sa Majesté l'Empereur des Français pourra faire stationner un bâtiment de guerre dans les ports principaux de l'Empire, où sa présence serait jugée nécessaire pour maintenir le bon ordre et la discipline parmi les équipages des navires marchands, et faciliter l'exercice de l'autorité consulaire. Toutes les mesures nécessaires seraient prises pour que la présence de ces navires de guerre n'entraîne aucun inconvénient, et leurs commandants recevraient l'ordre de faire exécuter les dispositions stipulées dans l'article 33, par rapport aux communications avec la terre et à la police des équipages. Les bâtiments de guerre ne seront assujettis à aucun droit.

Art. 30. Tout bâtiment de guerre français croisant pour la protection du commerce, sera reçu en ami et traité comme tel, dans tous les ports de la Chine où il se présentera. Ces bâtiments pourront s'y procurer tous les objets de rechange ou de ravitaillement dont ils auraient besoin, et, s'ils ont fait des avaries, les réparer et acheter dans ce but les matériaux nécessaires; le tout sans la moindre opposition.

Il en sera de même à l'égard des navires du commerce français qui, par suite d'avaries majeures ou pour toute autre cause, seraient contraints de chercher refuge dans un port quelconque de la Chine.

Si quelqu'un de ces bâtiments venait à se perdre sur la côte, l'autorité chinoise la plus proche, dès qu'elle en serait informée, porterait sur-le-champ assistance à l'équipage, pourvoirait à ses premiers besoins et prendrait les mesures d'urgence nécessaires pour le sauvetage du navire et la préservation des marchandises. Puis, elle porterait le tout à la connaissance du consul ou agent consulaire le plus à portée du sinistre, pour que celui-ci, de concert avec l'autorité compétente, pût aviser aux moyens de rapatrier l'équipage et de sauver les débris du navire et de la cargaison.

Art. 31. Dans les cas où, par la suite des temps, la Chine entrerait en guerre avec une autre puissance, cette circonstance ne porterait aucune atteinte au libre commerce de la France avec la Chine ou avec la nation ennemie. Les navires français pourraient toujours, sauf le cas de blocus effectif, circuler sans obstacle des ports de l'une aux ports de l'autre, y trafiquer comme à l'ordinaire, y importer et en exporter toute espèce de marchandises non prohibées.

Art. 32. S'il arrive que des matelots ou autres individus désertent des bâtiments de guerre ou s'évadent des navires de commerce français, l'autorité chinoise, sur la réquisition du consul, ou, à son défaut, du capitaine, fera tous ses efforts pour découvrir et restituer sur-le-champ, entre les mains de l'un ou de l'autre, les susdits déserteurs ou fugitifs.

Pareillement, si des Chinois déserteurs ou prévenus de quelque crime vont se réfugier dans des maisons françaises ou à bord des navires appartenant à des Français, l'autorité locale s'adressera au consul, qui, sur la preuve de la culpabilité des prévenus, prendra immédiatement les mesures nécessaires pour que leur extradition soit effectuée. De part et d'autre, on évitera soigneusement tout recel et toute connivence.

Art. 33. Quand les matelots descendront à terre, ils seront soumis à des règlements de discipline spéciale qui seront arrêtés par le consul et communiqués à l'autorité locale, de manière à prévenir, autant que possible, toute occasion de querelle entre les marins français et les gens du pays.

Art. 34. Dans le cas où les navires de commerce français seraient attaqués ou pillés par des pirates, dans des parages dépendants de la Chine, l'autorité civile et militaire du lieu le plus rapproché, dès qu'elle aura connaissance du fait, en poursuivra activement les auteurs, et ne négligera rien pour qu'ils soient arrêtés et punis conformément aux lois. Les marchandises enlevées en quelque lieu et dans quelque état qu'elles se trouvent, seront remises entre les mains du consul, qui se chargera de les restituer aux ayants droit. Si l'on ne peut s'emparer des coupables ni recouvrer la totalité des objets volés, les fonctionnaires chinois subiront la peine infligée par la loi en pareille circonstance; mais ils ne sauraient être rendus pécuniairement responsables.

Art. 35. Lorsqu'un sujet français aura quelque motif de plainte ou quelque réclamation à formuler contre un Chinois, il devra d'abord exposer ses griefs au consul, qui, après avoir examiné l'affaire, s'efforcera de l'arranger à l'amiable. De même, quand un Chinois aura à se plaindre d'un Français, le consul écoutera ses réclamations avec intérêt, et cherchera à ménager un arrangement à l'amiable; mais si, dans l'un ou l'autre cas, la chose était impossible, le consul requerra l'assistance du fonctionnaire chinois compétent, et tous deux, après avoir examiné conjointement l'affaire, statueront suivant l'équité.

Art. 35. Si dorénavant des citoyens français éprouvaient quelque dommage, ou s'ils étaient l'objet de quelque insulte ou vexation de la part de sujets chinois, ceux-ci seraient poursuivis par l'autorité locale, qui prendra les mesures nécessaires pour la défense et la protection des Français ; à bien plus forte raison, si des malfaiteurs ou quelque partie égarée de la population tentaient de piller, de détruire ou d'incendier les maisons, les magasins des Français, ou tout autre établissement formé par eux, la même autorité, soit à la réquisition du consul, soit de son propre mouvement, enverrait en toute hâte la force armée pour dissiper l'émeute, s'emparer des coupables, les livrer à toute la rigueur des lois ; le tout sans préjudice des poursuites à exercer par qui de droit pour indemnisation des pertes éprouvées.

Art. 37. Si des Chinois, à l'avenir, deviennent débiteurs de capitaines ou de négociants français et leur font éprouver des pertes par fraude ou de toute autre manière, ceux-ci n'auront plus à se prévaloir de la solidarité qui résultait de l'ancien état de choses ; ils pourront seulement s'adresser, par l'entremise de leurs consuls, à l'autorité locale qui ne négligera rien, après avoir examiné l'affaire, pour contraindre les prévenus à satisfaire à leurs engagements suivant la loi du pays. Mais si le débiteur ne peut être retrouvé, s'il est mort ou en faillite, et s'il ne reste rien pour payer, les négociants français ne pourront appeler l'autorité chinoise en garantie.

En cas de fraude ou de non-payement de la part des négociants français, le consul prêtera, de la même manière, assistance aux réclamants sans que toutefois ni lui ni son gouvernement puissent, en aucune manière, être rendus responsables.

Art. 38. Si malheureusement il s'élevait quelque rixe ou quelque querelle entre des Français et des Chinois, comme aussi dans le cas où, pendant le cours d'une semblable querelle, un ou plusieurs individus seraient tués ou blessés, soit par des coups de feu, soit autrement, les Chinois seront arrêtés par l'autorité chinoise, qui se chargera de les faire examiner et punir, s'il y a lieu, conformément aux lois du pays. Quant aux Français, ils seront arrêtés à la diligence du consul, et celui-ci prendra toutes les mesures nécessaires pour que les prévenus soient livrés à l'action régulière des lois françaises, dans la forme et suivant les dispositions qui seront ultérieurement déterminées par le gouvernement français.

Il en sera de même en toute circonstance analogue et non prévue par la présente convention, le principe étant que, pour la répression des crimes et délits commis par eux en Chine, les Français seront constamment régis par les lois françaises.

Art. 39. Les Français en Chine dépendront également, pour toutes difficultés ou les contestations qui pourraient s'élever entre eux, de la juridiction française. En cas de différends survenus entre Français et étrangers, il est bien stipulé que l'autorité chinoise n'aura à s'en mêler en aucune manière. Elle n'aura pareillement à exercer aucune action sur les navires français; ceux-ci ne relèveront que de l'autorité française et du capitaine.

Art. 40. Si, dorénavant, le gouvernement de Sa Majesté l'Empereur des Français jugeait convenable d'apporter des modifications à quelques-unes des clauses du présent traité, il sera libre d'ouvrir à cet effet des négociations avec le gouvernement chinois, après un intervalle de douze années révolues à partir de l'échange des ratifications. Il est d'ailleurs entendu que toute obligation non consignée expressément dans la présente convention ne saurait être imposée aux consuls ou aux agents consulaires, non plus qu'à leurs nationaux; tandis que, comme il a été stipulé, les Français jouiront de tous les droits, priviléges, immunités et garanties quelconques qui auraient été accordées par le gouvernement chinois à d'autres puissances.

Art. 41. Sa Majesté l'Empereur des Français, voulant donner à Sa Majesté l'Empereur de la Chine une preuve des sentiments qui l'animent, consent à stipuler, dans des articles séparés, ayant la même force et valeur que s'ils étaient insérés mot à mot au présent traité, les arrangements convenus entre les deux gouvernements au sujet des questions antérieures aux événements de Canton et aux frais qu'ils ont occasionnés au gouvernement de Sa Majesté l'Empereur des Français.

Art. 42. Les ratifications du présent traité d'amitié, de commerce et de navigation seront échangées à Pé-king, dans l'intervalle d'un an à partir du jour de la signature, ou plus tôt si faire se peut, par Sa Majesté l'Empereur des Français et par Sa Majesté l'Empereur de la Chine.

Après l'échange de ces ratifications, le traité sera porté à la connaissance de toutes les autorités supérieures de l'Empire dans les provinces et dans la capitale, afin que sa publicité soit bien établie.

En foi de quoi les plénipotentiaires respectifs ont signé le présent traité et y ont apposé leurs cachets.

Fait à Tien-tsin, en quatre expéditions, le vingt-septième jour du mois de juin de l'an de grâce 1858, correspondant au dix-septième jour de la cinquième lune de la huitième année de Hien-Foung.

(L. S.) *Signé :* baron Gros.
(L. S.) *Les signatures des plénipotentiaires chinois.*

IV

Articles séparés servant de complément au Traité conclu entre la France et la Chine, à Tien-tsin, le 27 juin 1858.

Article 1er. Le magistrat de Si-lin-hien, coupable du meurtre du missionnaire français Auguste Chapdelaine, sera dégradé et déclaré incapable d'exercer désormais aucun emploi.

Art. 2. Une communication officielle adressée à Son Excellence, M. le ministre de France en Chine lui annoncera l'exécution de cette mesure, qui sera rendue publique et motivée convenablement dans la *Gazette de Pé-king*.

Art. 3. Une indemnité sera donnée aux Français et aux protégés de la France dont les propriétés ont été pillées ou incendiées par la population de Canton avant la prise de cette ville par les troupes alliées de la France et de l'Angleterre.

Art. 4. Les dépenses occasionnées par les armements considérables qu'ont motivés les refus obstinés des autorités chinoises d'accorder à la France les réparations et les indemnités qu'elle a réclamées, seront payées au gouvernement de Sa Majesté l'Empereur des Français par les caisses de la douane de la ville de Canton.

Ces indemnités et ces frais d'armement s'élevant à peu près à une somme de 2 millions de taëls, cette somme sera versée entre les mains du ministre de France en Chine, qui en donnera quittance.

Cette somme de 2 millions de taëls sera payée à Son Excellence M. le ministre de France en Chine, par sixièmes, payables d'année en année, pendant six ans, par la caisse des douanes de Canton; elle pourra l'être, soit en numéraire, soit en bons de douane, qui seront reçus par cette administration en payement des droits d'importation et d'exportation, et pour un dixième seulement de la somme qu'on aurait à lui payer, c'est-à-dire que, si un négociant doit à la douane de Canton une somme de 10 000 taëls, par exemple, pour droits d'importation ou d'exportation, il pourra en payer 9000 en espèces et 1000 en bons dont il s'agit.

Le premier sixième sera payé dans le cours de l'année qui suivra la signature du présent traité, à compter du jour où elle aura lieu.

La douane de Canton pourra, si elle le veut, ne recevoir chaque année, en payement de droits, que le sixième des bons émis, c'est-à-dire pour une somme de 333 333 taëls et 34 centièmes.

Une commission mixte, nommée à Canton par l'autorité chinoise et par le ministre de France, fixera d'avance le mode d'émission de ces bons et les règlements qui en détermineront la forme, la valeur et le mode de destruction dès qu'ils auront servi.

Art. 5. L'évacuation de Canton par les troupes françaises s'effectuera aussitôt que possible, après le payement intégral de la somme de 2 millions de taëls stipulée ci-dessus; mais, pour hâter la retraite de ces troupes, ces bons de douane pourront être émis d'avance par série de six années, et déposés dans la chancellerie de la légation de France en Chine.

Art. 6. Les articles ci-dessus auront la même force et valeur que s'ils étaient inscrits mot à mot dans le traité dont ils font partie, et les plénipotentiaires respectifs les ont signés et y ont apposés leurs sceaux et leurs cachets.

Fait à Tien-tsin, en quatre expéditions, le vingt-septième jour du mois de juin de l'an de grâce 1858, correspondant au dix-septième jour de la cinquième lune de la huitième année de Hien-Foung.

(*L. S.*) *Signé :* baron GROS.
(*L. S.*) *Les signatures des plénipotentiaires chinois.*

TABLE DES MATIÈRES

DE LA PREMIÈRE PARTIE.

LIVRE PREMIER.

CHAPITRE PREMIER.

Considérations générales sur la Chine. — Les lettrés chinois. — Appréciation de M. Guizot. — Premiers établissements des Anglais à Canton. — Ambassade de lord *Macartney* et de lord *Amherst*. — Guerre de l'*Opium*. — Traité de Nan-King avec la Grande-Bretagne, du 29 août 1842. — Ouverture des cinq ports à tout le commerce européen. — Négociations des États-Unis. — Traité de Wampoa avec la France, 24 décembre 1844. — Exécution irrégulière des traités par les Chinois. — Avénement de l'empereur *Hien Foung* en 1850. — Formidable insurrection en Chine. — Mesures injustes contre les Européens. — Les principales dispositions de l'édit du 18 mars 1846 en faveur de la religion chrétienne sont violées. — Martyre du missionnaire français *Chapdelaine*. — Lettre de M. *Libois* à sir J. *Bowring*. — La France et la Grande-Bretagne se décident à agir d'accord pour défendre en Chine les intérêts du commerce, de la civilisation et du christianisme............ 3 à 27

CHAPITRE II.

Affaire du bâtiment *Arrow*. — *M. Laurence Oliphant* et son livre. — Saisie de *l'Arrow* le 8 octobre 1856. — Réclamation de M. Parkes. — Réponse de *Yeh*. — Saisie d'une jonque par voie de représailles.

— Ultimatum de M. *Parkes* à *Yeh*, 21 octobre 1856. — Dépêche de l'amiral *Seymour*, 14 novembre 1856. — *Sir John Bowring* et l'amiral *Seymour* décident de s'emparer des fortifications de Canton. — Prise des forts de Bleinheim et de Macao par l'amiral *Seymour*. — Notification de l'amiral *Seymour* à *Yeh*. — Réponse non satisfaisante de *Yeh*. — L'amiral *Seymour* se prépare à agir énergiquement. — Il faut protéger les factoreries par des soldats de marine. — Prise du fort du *Nid des Oiseaux*. — Occupation de la *Folie Hollandaise*. — *Yeh* persiste dans sa résistance. — L'amiral *Seymour* adresse une lettre au gouverneur *Yeh* pour réclamer l'accomplissement des traités existants et le droit d'accès dans Canton par les représentants étrangers. — Proclamation de *Yeh* promettant 30 dollars par tête d'Anglais. — Le 28 octobre 1856, le feu s'ouvre contre Canton. — Le 29 novembre, la brèche est ouverte. — Les Anglais entrent dans la ville neuve de Canton. — Continuation du bombardement pendant 3 jours. — Incendie d'une partie des faubourgs. — Tentative de conciliation, 1er novembre. - Obstination du gouverneur *Yeh*. — Le feu recommence. — Prise de la *Folie française*. — Inflexibilité de *Yeh*. — Prise des forts du Bogue. — Protestation de M. de *Courcy*, chargé d'affaires de France, au vice-roi Yeh au sujet de la mise à prix des têtes des Anglais. — *Yeh* refuse une entrevue. — Les hostilités doivent être reprises sérieusement. — La *Folie française*, qui avait été abandonnée, est prise de nouveau. — La résistance des Chinois est mieux ordonnée. — Le 15 décembre 1856, les Chinois mettent le feu aux factoreries. — L'amiral *Seymour* occupe l'église, les casernes et se retranche dans les jardins des factoreries. — Violentes proclamations de *Yeh*. — Prise de M. Cowper, le 23 décembre. — Prise du paquebot-poste, *le Chardon*, 30 décembre. — L'assassinat est partout organisé. — Les agressions des Chinois se multiplient dans la rivière de Canton. — Leurs brûlots sont lancés contre les navires anglais. — L'amiral *Seymour* se retire sur le fort du Nid des Oiseaux et de Macao, le 14 janvier 1857. — Il demande un renfort au gouverneur des Indes. — Abandon du fort des Oiseaux. — Sir J. *Bowring* s'entend avec l'amiral *Guérin*, commandant en chef la division française, pour contenir la population chinoise de la colonie. — Des actes partiels remplacent des engagements sérieux. — Les Chinois ont repris courage. — Ils lancent des brûlots contre les navires anglais. — Les assassinats se renouvellent. — L'amiral anglais se voit forcé d'abandonner une à une toutes ses positions. — Discussions en Angleterre. — Motion de blâme de lord *Derby* à la chambre des Lords. — Elle est rejetée à la majorité de 36 voix. — Motion de M. *Cobden* à la chambre des Communes. — Elle est adoptée à la majorité de 16 voix. — Discours de lord *Palmerston*. — Dissolution de la chambre des Communes. — Les nouvelles élections donnent la majorité au ministère. — Une impulsion nouvelle est donnée aux affaires de Chine. — Le gouvernement anglais décide l'envoi de 5 mille hommes et d'un plénipotentiaire. — Lord *Elgin* est chargé de cette mission. — La France ne peut rester indifférente en présence des événements qui viennent de se passer. — Le baron *Gros* est désigné pour se rendre en Chine. — Les deux plénipotentiaires de France et d'Angleterre se prêteront un mutuel appui. — Les cabinets de Paris et de Londres engagent les gouvernements de Russie et des États-Unis à joindre leur action à la leur. — La Russie et les États-Unis décident l'envoi de plénipotentiaires. — Leur action est bornée à des négociations pacifiques. — Départ du baron *Gros* de Toulon, le 27 mai 1857....... 27 à 58

CHAPITRE III.

L'amiral *Rigault de Genouilly* est chargé du commandement en chef de la division navale Indo-Chine. — Instructions envoyées à l'amiral par le ministre de la marine. — Arrivée de l'amiral *Rigault de Genouilly* à Singapour. — La révolte de l'Inde vient entraver les opérations projetées en Chine. — Dépêche de l'amiral *Rigault de Genouilly* au ministre de la marine. — Lord *Elgin* a confiance dans les démonstrations navales qui seront faites. — Lord *Elgin* quitte Singapour pour Hong-kong le 23 juin 1857. — Progrès de la révolte des Indes. — Dépêches inquiétantes de lord *Canning*. — Les troupes anglaises destinées à la Chine sont dirigées vers l'Inde. — Le 15 juillet, l'amiral *Guérin* remet son commandement à l'amiral *Rigault de Genouilly*. — Composition de la division navale française. — L'amiral *de Genouilly* se rend auprès de M. *de Bourboulon*. — Il établit son quartier général à Castle-Peak Bay. — Conférences fréquentes avec lord *Elgin*, sir J. *Bowring* et l'amiral *Seymour*. — Lord *Elgin* se prépare à partir pour le golfe de Petchi-li. — L'amiral *Rigault de Genouilly* combat ce projet et, appuyé par l'amiral *Seymour*, décide lord *Elgin* à l'abandonner. — Dépêche de l'amiral *Rigault de Genouilly* au ministre de la marine, 22 juillet 1857. — Départ de lord *Elgin* pour Singapour et Calcutta. — La lutte paraît inévitable à l'amiral français.— Sa dépêche au ministre de la marine. — Il faut faire disparaître la croyance que Canton est imprenable. — L'amiral français complète l'instruction de ses équipages et recueille tous les renseignements utiles, en attendant l'arrivée du baron *Gros*. — La situation va s'aggravant. — L'empereur de la Chine approuve *Yeh*. — Le gouvernement chinois, enhardi par la révolte de l'Inde, envoie à *Yeh* de l'argent et des renforts. — Blocus de la rivière de Canton par l'amiral *Seymour*. — Arrivée de l'amiral *Poutiatine* à Shang-haï. — Lord *Elgin* est à Calcutta pour s'entendre avec lord *Canning*. — Massacre de Cawnpore. — Gravité de la position. — Aucun renfort ne peut être dirigé de l'Inde sur la Chine. — Lord *Elgin* revient à Hong-kong. — Préoccupations de lord *Elgin* et de l'amiral *Rigault de Genouilly*. — Arrivée du baron *Gros*, 13 octobre 1857.............. 58 à 85

LIVRE II.

CHAPITRE PREMIER.

La question chinoise entre dans une phase nouvelle. — Entrevue de l'amiral *Rigault de Genouilly* avec le baron *Gros*. — Conférence du baron Gros avec M. *de Bourboulon*. — Le baron *Gros* se rend à Hong-kong auprès de lord *Elgin*. — Conférences entre les deux plénipotentiaires. — L'amiral Poutiatine n'a pu réussir à être admis dans la capitale de l'Empire. — Il ne reste plus d'espoir de rien obtenir par la conciliation. — *Pee-Kwee* est nommé gouverneur de Canton. — L'amiral *Seymour* resserre le blocus de la rivière. — Mémorandum du baron *Gros* établissant l'attitude des deux gouvernements à l'entrée de la lutte. — Conférence de l'amiral *Rigault de Genouilly* avec l'amiral *Seymour*. — Discussion du projet d'attaque sur Canton. — Plan d'attaque de l'amiral *Seymour*. — Objections de l'amiral *Rigault de Genouilly*. — Note de l'amiral français à l'amiral anglais. — Plan d'attaque proposé par l'amiral *Rigault de Genouilly*. — Parfait accord entre les commandants en chef. — Le général *van Straubenzee* est investi du commandement des troupes anglaises. — Conférences fréquentes entre les plénipotentiaires anglais et français. — Arrivée de M. *Reed*, ministre des États-Unis à Hong-kong. — L'amiral *Poutiatine* est aussi de retour. — *Yeh* élève de nouvelles batteries. — L'amiral *Rigault de Genouilly* a ravitaillé son escadre à Macao. — Le baron *Gros* lui adresse la réquisition d'établir le blocus de la rivière de Canton. — La dernière communication officielle des plénipotentiaires au vice-roi sera remise à Canton par des parlementaires. — Départ des parlementaires. — Notification du blocus de la rivière de Canton. — Retour des parlementaires aux escadres alliées. — La division française se réunit au mouillage de Wampoa et se rend au fort de Macao le 14 décembre. — Le 15, conférence entre les amiraux français et anglais. — *Yeh* envoie un message. — Les deux divisions navales se rendent à l'île d'Honan. — Reconnaissances devant Canton. — *Yeh* refuse d'obtempérer aux demandes des représentants de la France et de l'Angleterre............. 89 à 116

CHAPITRE II.

Mémorandum de lord *Elgin*, 18 décembre 1857. — Conseil à bord de la frégate française *l'Audacieuse*. — La solution de la question est remise entre les mains des amiraux et du général *van Straubenzee*. — Une sommation sera remise au vice-roi et aux autorités supérieures de Canton. — Réponse du baron *Gros* à la note du gouverneur *Yeh*. — Proclamation aux habitants de Canton. — Exploration vers l'île Kapper. — Reconnaissance sur Thong-poo. — Le plan définitif d'attaque est arrêté. — Réponse du commissaire *Yeh* à la sommation des commandants en chef des forces alliées. — Note des chefs militaires alliés au commissaire *Yeh* en réponse. — L'attaque est décidée pour le 28 décembre. — Le 26, les bâtiments prennent position devant Canton. — Aspect général de la ville. — Un observatoire est établi sur *la Folie hollandaise*. — Ordre général de l'amiral *Rigault de Genouilly* indiquant les dispositions particulières à prendre pour l'attaque de Canton. — Le feu ouvrira le 28, à six heures du matin... 116 à 136

CHAPITRE III.

Les dispositions du combat sont prises. — Le 27 au soir, les montres sont réglées pour commencer sur toute la ligne le feu le lendemain matin. — Le 28 avant le lever du jour, les équipages sont à leur poste. — *Le Phlégéton* et *l'Actéon* ouvrent le feu. — Étonnement des habitants. — Le 28, le feu continue lent et régulier. — Des incendies se déclarent dans Canton. — Le 29, les troupes doivent monter à l'escalade. — L'amiral *Rigault de Genouilly* prend le commandement des troupes françaises. — Le 29, commencement du débarquement. — L'ennemi abandonne successivement les positions, dont s'emparent les troupes alliées sans beaucoup de résistance. — Les bâtiments continuent leur feu pendant la nuit. — Le 30 au matin, ordre de marcher en avant. — L'assaut est donné. — Les remparts sont occupés et les pavillons des deux nations y sont arborés. — Prise des hauteurs de Magazine et de City-hill. — L'ennemi évacue les forts Gough et Blue-Jackett. — Une dernière barricade est enlevée. — A 2 heures, le feu a cessé..... 136 à 156

CHAPITRE IV.

Aspect de Canton après le bombardement. — Ordre du jour de l'amiral *Rigault de Genouilly*. — Envoi d'un message de la part du général tartare. — Le 1ᵉʳ janvier 1858, les ambassadeurs alliés se rendent sur les hauteurs de Canton. — Les mineurs français et anglais font sauter les forts Gough et Blue-Jackett. — Indécision de la population de Canton. — Le 5 janvier, les alliés pénètrent dans la ville. — La colonne française cerne la demeure du général tartare, qui est conduit au quartier général. — Le gouverneur de la ville *Pee-Kwee* est bientôt après réuni prisonnier au général tartare *Muh*. — Les Anglais s'emparent du vice-roi *Yeh*. — Sa hauteur et son dédain. — Physionomies des trois prisonniers. — *Yeh* est embarqué à bord de *l'Inflexible* — *Pee-Kwee* et *Muh* sont retenus au quartier général. — *Pee-Kwee* est chargé du gouvernement de la ville, sous la juridiction d'un comité mixte. — Le 9 janvier, cérémonie d'installation. — Ordre général de l'amiral *Rigault de Genouilly*.............. 156 à 180

LIVRE III.

CH PITRE PREMIER.

L'amiral *Rigault de Genouilly* reçoit une dépêche du ministre de la marine pour lui annoncer qu'il a été décidé de faire une expédition en Cochinchine. — Le nombre des bâtiments sous ses ordres va être augmenté. — Il est chargé de la direction en chef de l'expédition. — Mais la présence de l'amiral est encore impérieuse en Chine, pour conserver à la France la part d'action qui lui revient. — Indécision des plénipotentiaires sur leurs démarches futures. — Préoccupation de l'amiral *Rigault de Genouilly*. — Il envoie *la Durance* à Manille pour engager des matelots tagals catholiques. — La situation du corps allié dans Canton va s'améliorant. — La population est rentrée dans ses foyers, mais les nouvelles de l'extérieur sont moins rassurantes. — Énergie et vigilance de la commission mixte instituée pour le gouvernement intérieur de la ville. — La commission visite les prisons. — Extrait du journal du lieutenant *Ribourt*, aide de camp de l'amiral. — Lourde responsabilité du gouvernement militaire de Canton. — Tentatives de révolte. — Les commandants en chef attendent avec impatience une réponse catégorique du gouvernement chinois pour mettre fin à un état de choses aussi précaire. — Nouvelle conférence entre les plénipotentiaires et les commandants en chef, 25 janvier 1858. — Les plénipotentiaires prennent la résolution de se porter dans le nord pour agir sur la cour de Pé-king. — Notification de la suspension des hostilités en Chine, sauf à Canton. — Cette suspension a pour but de permettre aux ministres de Russie et des États-Unis de se joindre aux plénipotentiaires alliés pour adresser une sommation collective au gouvernement chinois. — Communications officielles arrêtées entre les quatre puissances pour être adressées aux autorités de Shang-haï. — Levée du blocus du port et de la rivière de Canton. — Règlements de police intérieure pour la ville de Canton. — Départ de *Yeh* pour Calcutta. — Mort du commandant *Collier*. — Arrivée de France du capitaine de génie *Labbe*. — Il annonce l'envoi prochain de renforts. — Le commerce extérieur reprend toute son activité. — Décrets impériaux dégradant *Yeh* et nommant un nouveau commissaire impérial. — L'agitation continue dans les campagnes. — Lord *Elgin* est parti pour Shang-haï. — Le baron *Gros* part le 11 mars pour le nord.............. 183 à 209

CHAPITRE II.

La mission des envoyés des plénipotentiaires à Shang-haï s'est heureusement accomplie. — Curieux détails sur les divers incidents de cette mission. — Le 26 mars, l'amiral *Rigault de Genouilly* quitte Canton. — Le capitaine de vaisseau *d'Aboville* reste chargé du commandement supérieur du corps d'occupation. — L'amiral *Seymour* est parti le 25 mars. — Arrivé aux îles Saddle, l'amiral *Rigault de Genouilly* reçoit une dépêche du baron *Gros*, datée de Shang-haï. — La réponse adressée de Pé-king aux plénipotentiaires français est peu satisfaisante. — Les réponses transmises à lord *Elgin* et à M. *Reed* ne le sont pas davantage. — Quant à l'amiral *Poutiatine*, l'on ne pourra s'entendre avec lui qu'aux frontières russes de l'Amour. — Les quatre plénipotentiaires ont résolu de se porter dans le golfe de Pe-tchi-li pour faire une démonstration devant le Peï-ho. — L'amiral *Rigault de Genouilly*, au reçu de la dépêche du baron *Gros*, part immédiatement pour Shang-haï. — Les troupes chinoises sont en mouvement. — Les fortifications à l'embouchure du Peï-ho ont été augmentées. — Incertitude sur la navigabilité du fleuve. — Le 15 avril, départ du baron *Gros* pour le golfe de Pe-tchi-li. — Trois commissaires impériaux sont arrivés de Pé-king. — Leurs pouvoirs ne sont pas régulièrement établis. — Les ambassadeurs refusent d'entrer en négociations avec eux. — L'amiral *Poutiatine* et M. *Reed* entrent en pourparlers avec les commissaires pour les sonder. — La question n'a pas fait un pas vers une solution possible. — Le 19 avril l'amiral *Rigault de Genouilly* quitte Shang-haï. — Il mouille le 25 dans le golfe de Pe-tchi-li. — Mesures coercitives proposées par les deux plénipotentiaires. — Opinion des amiraux sur ces projets. — *La Dragonne* et *la Fusée*, ainsi que deux canonnières anglaises, reçoivent l'ordre de franchir la barre de l'embouchure du Peï-ho. — Le lieutenant de vaisseau *de Besplas* et deux officiers ont été chargés de baliser le passage. — Question d'une expédition sur Tien-sing. — La décision à prendre sur cette expédition est réservée. — L'intervention de l'amiral *Poutiatine* est sans effet. — Le refus de concéder le séjour même temporaire de Pé-king aux agents diplomatiques étrangers renverse tout espoir de conciliation. — Grand conseil du 18 mai entre les plénipotentiaires et les amiraux alliés. — Décisions prises. — Le 19 mai, toutes les dispositions d'attaque sont prises. — Ordre général du chef d'état-major *Reynaud*. — L'amiral *Rigault de Genouilly* se rend à bord de *l'Avalanche* pour arrêter les derniers détails du combat. — Les corps de débarquement passent la barre et viennent s'installer pour la nuit sur les canonnières françaises en amont des forts. — Les deux amiraux arborèrent leur pavillon sur le même bâtiment. — Le 20, à 8 heures du matin, la sommation des plénipotentiaires sera remise au commissaire impérial. — Si une réponse favorable n'est pas arrivée, l'attaque commencera à 10 heures. — Départ des parlementaires. — Le capitaine de vaisseau *Reynaud* et le capitaine *Hall* sont chargés de remettre les sommations. — Pendant ce temps une jonque portant un officier supérieur chinois s'est dirigée vers *l'America*, où flotte le pavillon amiral russe, pour remettre une communication à l'amiral *Poutiatine*. — L'amiral russe saisit cette occasion pour engager les autorités chinoises à adhérer aux dernières propositions des alliés. — Assurance des Chinois. — A 10 heures, aucune réponse des autorités supérieures n'a été faite aux sommations des alliés.......................... 210 à 232

CHAPITRE III.

Les deux amiraux sont à bord du *Slaney*. — Les deux pavillons de France et d'Angleterre montés au mât d'artimon du *Slaney* sont salués par les cris des équipages des deux nations. — C'est le signal. — Les bâtiments alliés s'avancent. — Les canons des forts et des batteries ennemies commencent le feu. — Pas un coup de canon parti des bâtiments alliés ne leur répond encore. — Le signal d'ouvrir le feu est donné. — Décharge général de toute l'artillerie navale. — Un immense nuage de fumée enveloppe la rivière et les forts. — Les boulets, les obus, la mitraille sifflent de tous côtés et s'abattent sur les ouvrages ennemis, qu'ils commencent à ébrêcher. — Le feu dure depuis une heure. — Les armements des forts ont subi de grands désastres, mais les Chinois n'abandonnent pas la place. — La ténacité de la défense est remarquable dans les forts du sud. — A 11 heures, le feu des forts du nord est complétement éteint. — Les embarcations qui doivent agir de ce côté abordent la rive. — Les troupes s'élancent. — L'ennemi abandonne les forts et se jette dans la campagne. — Les forts du sud sont ravagés par nos projectiles. — Les détachements d'attaque ont sauté à terre. — Les amiraux *Rigault de Genouilly* et *Seymour* suivent la colonne. — Un corps de cavalerie tartare est refoulé. — Les défenseurs des forts n'essayent plus de résister et fuient dans la plaine. — Quelques groupes de soldats tartares tiennent encore, mais ils sont dispersés à l'arme blanche. — Il est midi. — Les drapeaux de France et d'Angleterre flottent sur tous les forts. — Ce rapide succès a coûté à la marine française quatre jeunes officiers. — Explosion d'une poudrière dans le fort du nord. — Enlèvement d'une batterie. — Les deux amiraux remontent la rivière. — Les troupes impériales sont en retraite sur Tien-tsin. — Exploration par les amiraux dans le haut du fleuve. — Le 26, arrivée des amiraux devant Tien-tsin. — Décret impérial nommant deux commissaires pour examiner et régler les affaires. — Arrivée des commissaires impériaux à Tien-tsin le 2 juin. — Les commandants en chef font venir des renforts. — Le 3 juin, le lieu de l'entrevue entre les plénipotentiaires et les commissaires impériaux est désigné. — Le 4, lord *Elgin* fait une visite officielle aux commissaires. — Le 6, le baron *Gros* rend aussi sa visite officielle. — Discussion des articles du traité avec M. *de Bellecourt*, qui est, pour cause de maladie, remplacé par M. *de Contades*. — Le traité est signé entre la Russie et la Chine. — Les commissaires chinois s'offrent à signer le traité si les ambassadeurs n'exigent que la résidence temporaire de leurs agents à Pé-king. — La Russie et l'Amérique ont déjà accepté cette condition. — Les ambassadeurs cèdent d'un commun accord sur cet article, afin de ne pas retarder la conclusion de la paix. — Signature du traité, 27 juin. — Les plénipotentiaires décident qu'ils attendront à Tien-tsin la ratification du traité par l'empereur de la Chine. — 4 juillet, réception d'un décret portant acceptation du traité. — Le 8 juillet, départ de Tien-tsin. — Le 30, toute la division est à Shang-haï. — Le baron *Gros* se prépare à partir pour le Japon. — L'amiral *Rigault de Genouilly* fait ses préparatifs de départ pour la Cochinchine.................... 233 263

LIVRE IV.

COCHINCHINE.

CHAPITRE PREMIER.

Traité d'alliance de Versailles entre la France et la Cochinchine, 28 novembre 1787. — Rapport de l'abbé *Huc* à l'Empereur. — Une commission est nommée par le ministre des affaires étrangères pour examiner les droits de la France sur la Cochinchine. — Le baron *Bremer* est président de la commission. — Le résultat des travaux de la commission est soumis à l'Empereur. — Une expédition en Cochinchine est décidée. — Des négociations sont entamées avec l'Espagne pour l'engager à y prendre part. — Dépêche à l'amiral *Rigault de Genouilly*, 25 novembre 1857, pour lui annoncer la volonté de l'Empereur d'agir en Cochinchine. — Les événements de Chine n'avaient pas permis à l'Amiral d'exécuter immédiatement les ordres de l'Empereur. — Arrestation du missionnaire *Diaz* en Cochinchine. — *Le Catinat* est envoyé pour le délivrer, mais arrive trop tard. — Martyre de Mgr *Melchior*. — Les affaires de Chine terminées, l'amiral s'occupe de l'expédition de Cochinchine. — Les bâtiments partent pour Tulykan. — L'amiral quitte Shang-haï pour rejoindre la flotte. — Exercice des équipages en attendant l'arrivée des troupes espagnoles. — L'escadre mouille à l'entrée de la baie de Tourane le 31 août. — Description de la baie de Tourane et de ses défenses. — Aspect général de la baie. — 1ᵉʳ septembre 1858, sommation au gouverneur des forts de se rendre. — La sommation reste sans réponse. — Les bâtiments entrent dans la baie. — Bombardement et prise des forts. — La chaleur est accablante. — Sondage de la partie sud-ouest de la baie. — Prise du fort de l'ouest. — Reconnaissances en rivière. — Des expéditions, vu la nature du terrain, ne peuvent être tentées que par eau. — Établissement d'une ligne de défense pour la garnison. — Les moyens de transport par terre manquent pour agir contre Hué. — Arrivée de *la Durance* de Manille avec cent cinquante Espagnols. — Maladies dans le camp. — Mort des capitaines *Gout* et *Labbe*. — Départ d'une expédition sous les ordres du commandant *Jauréguiberry* dans le haut de la rivière. — Prise de deux estacades. — Exploration du *Primauguet* dans le golfe de Tonquin. — Le contre-amiral *Rigault de Genouilly* est nommé vice-amiral. — Lettre du ministre de la marine. — Mission du commandant *d'Aboville* et du capitaine *Lassano*. — Saigon est choisi pour point d'attaque. — Engagements du commandant *Jauréguiberry* avec les troupes anamites. — Dépêche de l'amiral au ministre de la marine, relative aux difficultés de la situation. — L'amiral se dirige le 2 février sur le fleuve de Saigon.. 267 à 301

CHAPITRE II.

Composition de la division navale. — Son arrivée le 9 février à l'embouchure du fleuve de Saigon. — Prise des deux forts de Vantaü. — Le 11, la flotte se remet en marche et remonte la rivière. — Aspect des rives du fleuve. — Prise de plusieurs forts du 11 au 15 février. — Le 15, arrivée devant Saigon. — *Le Préjent*, venant de Hong-kong, rejoint la division navale. — Prise de la citadelle qui défend l'approche de Saigon. — Description de la ville de Saigon et du pays environnant. — Reconnaissances poussées à cinquante milles au delà de Saigon. — Types cochinchinois. — Un matériel considérable est trouvé dans la forteresse de Saigon. — Il n'y a aucun concours à espérer de la part des chrétiens. — Les Cochinchinois se préparent à une énergique résistance pour défendre Tourane. — Attaques du 6 et du 7 février. — Destruction de la citadelle de Saigon, 8 mars. — Expédition du colonel *Reybaud*. — L'amiral dirige les bâtiments sur Tourane. — Le commandant *Jauréguiberry* est investi du commandement de la subdivision navale dans la rivière de Saigon. — Dépêche de l'amiral au ministre de la marine, 14 mars, au sujet des moyens à employer pour maintenir une occupation sérieuse. — Il quitte le 13 avril le mouillage du cap Saint-Jacques et entre le 18 dans la baie de Tourane.. 301 à 330

CHAPITRE III.

Le capitaine *Tricault* amène des renforts à l'amiral. — L'ennemi entasse ouvrages sur ouvrages pour couvrir la route de Hué. — Dépêche du ministre de la marine à l'amiral, en date du 24 février, pour lui dire de ne rien tenter contre Hué sans avoir des chances réelles de succès. — Réponse de l'amiral, 26 avril. — Les Anamites font des préparatifs d'attaque sur la rivière de Saigon. — Expédition dirigée par le commandant *Jauréguiberry* pour détruire les travaux de défense de l'ennemi. — Les Cochinchinois poursuivent leurs travaux du côté de Tourane, pendant l'absence du corps expéditionnaire dirigé sur Saigon. — L'amiral exécute son projet général d'attaque contre l'ennemi. — Occupation des ruines du fort de l'ouest. — Le 7, enlèvement de batteries. — Le 8, attaque générale contre toutes les lignes de l'ennemi et contre un camp retranché. — Dispositions générales prises par l'amiral. — L'ennemi est chassé, après une lutte très-acharnée, de toutes ses positions. — Les renseignements qui ont été donnés sur la Cochinchine sont erronés. — La guerre d'Italie absorbe l'intérêt général. — Grande responsabilité de l'amiral. — Embarras de sa situation. — Maladies dans la petite armée. — Dépêche de l'amiral au ministre de la marine, 15 juillet 1859. — Réponse du ministre. — Aucun renfort ne peut être envoyé. — L'amiral doit tenter de conclure un traité. — Il sera juge de la question d'évacuation de la Cochinchine — L'amiral répond au ministre. — Une tentative de traité de paix rencontrera des difficultés. — Il restera en Cochinchine tant qu'il aura le commandement en chef. — Il demande à être remplacé dans son commandement par suite du mauvais état de sa santé. — Des rapports sont entamés avec le mandarin, commandant en chef. — Il est décidé qu'une conférence aura lieu avec les délégués du mandarin. — Le capitaine *Lafont* est envoyé à cette conférence. — La première entrevue a lieu le 22 juin. — Les pourparlers traînent en longueur. — Armistice d'un mois. — Le mandarin de Saigon fait des ouvertures au commandant *Jauréguiberry*. — Affaire du Peï-ho. — La nouvelle en arrive à Tourane. — Préoccupations de l'amiral. — Ultimatum. — Rupture des négociations, 7 septembre. — Opérations militaires contre les Cochinchinois. — Destruction de leurs ouvrages de défense. — Arrivée du vice-amiral *Page* à Tourane. — Nouvelle de la paix avec l'Autriche. — L'amiral *Rigault de Genouilly* retourne en France.. 330 à 378

PIÈCES JUSTIFICATIVES.

I. Mémoire supplémentaire, détaillant les particularités relatives à la réception des envoyés barbares de différentes nations, présenté, en 1845, à l'Empereur *Tao-Kouang* par *Kyng*, vice-roi de Canton............................. 381

II. Instructions du Gouvernement français au baron *Gros*. 9 mai 1857... 386
III. Traité d'amitié, de commerce et de navigation entre la France et la Chine, signé à Tien-tsin, le 27 juin 1858........... 391
IV. Articles séparés servant de complément au traité conclu le 27 juin 1858, à Tien-tsin entre la France et la Chine..... 411

FIN DE LA TABLE DE LA PREMIÈRE PARTIE.

www.ingramcontent.com/pod-product-compliance
Lightning Source LLC
Chambersburg PA
CBHW050901230426
43666CB00010B/1978